班级经营

创意型班级的营造

钟启泉 —— 编著

华东师范大学出版社
·上海·

图书在版编目(CIP)数据

班级经营：创意型班级的营造/钟启泉编著.
上海：华东师范大学出版社,2024.—ISBN 978-7
-5760-5406-4
Ⅰ.G632.421
中国国家版本馆 CIP 数据核字第 2024KT7826 号

班级经营：创意型班级的营造

编　　著	钟启泉
策划编辑	彭呈军
责任编辑	朱小钗
特约审读	王全欣
责任校对	郑海兰　时东明
装帧设计	刘怡霖

出版发行	华东师范大学出版社
社　　址	上海市中山北路3663号　邮编 200062
网　　址	www.ecnupress.com.cn
电　　话	021-60821666　行政传真 021-62572105
客服电话	021-62865537　门市(邮购)电话 021-62869887
地　　址	上海市中山北路3663号华东师范大学校内先锋路口
网　　店	http://hdsdcbs.tmall.com

印 刷 者	上海展强印刷有限公司
开　　本	787毫米×1092毫米　1/16
印　　张	20.25
字　　数	325千字
版　　次	2025年1月第1版
印　　次	2025年1月第1次
书　　号	ISBN 978-7-5760-5406-4
定　　价	78.00元

出版人　王　焰

(如发现本版图书有印订质量问题,请寄回本社客服中心调换或电话 021-62865537 联系)

前　言

一

"班级"这一团体,对教师而言是头等重要的实践据点;对儿童来说,是他们要全身心地投入,以达到"自我实现"的学习与生活的据点,是交织着忧与乐、酿造着明天的希望与收获的"生活舞台"。可以说,作为学习主体的儿童,正是在这样一个团体里磨炼本领、学会生存的;而不断地引导这个团体成长与走向成熟的,正是我们每一位教师。

本书的主旨是从社会心理学的角度,将理论与实践相结合,阐释班级这种团体得以健康发展的指导观念与过程。

教师的教育工作,尤其是班主任的班级经营,是通过班级所有成员参与的种种活动,激发他们的成就感与成功感。这种成就感对每一个人的成长来说都是相当重要的。倘若您的班级不能给儿童一定的成就感,而是日复一日地让他们尝尽挫折感、失败感,那么,班级便不能称之为"班级";身为教师的您,也不堪以"教师"自许。儿童一时遇到困难,遭受挫折或失败乃是不可避免的,甚至是必要的;持续地付出辛劳、付出努力,同样也是必要的。不过,归根究底,总要使每一个儿童都有实现了某个目标、获得了某种成功的充实感。因为唯有成就感、成功感,才能为每一个儿童带来尊严、勇气和光明。

如何提高我国中小学的班级经营水准,使每一个班级都真正称得上"学习团体",使每一个儿童都真正不愧为"学习主体",尚需我们在班级理论与班级实践两个层面上不断地艰苦努力。本书分为第一编"班级团体"(第1—13章)、第二编"班级改造"(第14—23章)、第三编"班级愿景"(第24—25章)三个部分,系统地介绍了班级经营的基本概念和具体策略。

二

第一编"班级团体"透视班级组织的演变,考察班级团体的本质及其形成过程的基本要素与心理结构。这种透视和考察,从教育方法的角度看,可以说是对教学的个别化与团体化的对立与调和的历史分析,也是对班级团体所拥有的教育意义的心理学分析。班级组织尽管经历了严峻的舆论责难,但它终究在学校教育中扎下了根,其作为今日学校教育的单位团体、基本团体,确立了不可动摇的地位。

如今,班级团体的研究日益受到重视,"班级经营"也成为师范院校的独立学科之一[①]。这是什么道理呢?

其理由之一在于,教育本身就是在团体中才能形成的社会现象。团体成员通过班级中的人际交往,可以更容易、更强烈地受到相互影响和感化。正如杜威(J. Dewey)所说:"社会是由个人组成的,个人不可能孤立存在。也就是说,个人是在社会中、为了社会,也借助社会才得以生存的。"[②]倘若将杜威所说的"社会"换成"班级",同样可以贴切地传达班级所具有的重要意义。

其理由之二在于,班级团体内的师生关系、同学关系左右着班级团体及班级中儿童的学习活动。亦即,由于班级规模,儿童的学习与生活的主要据点——教室,教室的设施设备,儿童的家庭环境,学校周围的社区环境,儿童自身的智力、情感、社会性发展,以及班主任和其他教师的个性及其教育方法的优劣,班级团体中的人际关系是相当复杂多样的。要阐明这些问题,就得依赖心理学、社会学、社会心理学、心理卫生学、团体动力学等领域的研究。

---

① 据联合国教科文组织国际教育统计局编制的《国际教育标准分类》(1976),"班级经营"是当今师范学校教育类课程中的一门独立学科。
② J. Dewey. Ethical principles underlying education[C]//大河内一男,等. 教育学全集(第12卷). 东京:株式会社小学馆,1976:14.

第二编"班级改造"是以阿德勒（A. Adler）心理学为理论基础，以中小学和幼儿园教师的教育探索为实践基础而得出的班级经营心理学分析。众所周知，奥地利精神病学家阿德勒在第一次世界大战后从事战争孤儿和不良少年的教育工作，并创立了划时代的"阿德勒心理学"的咨询理论与方法，被世人誉为"勇敢和希望的使徒"。在他逝世后，其弟子德雷克斯（R. Dreikurs）继承和发展了他的思想和方法，把原本仅限于一部分咨询专家独享的理论扩展为简明实用而人人能掌握的知识体系，因此被誉为"教师的教师"。本编的中心议题就在于为一线教师提供一套灵活的咨询理论与方法，引导教师着眼于班级结构的改造，使班级从传统的"竞争原理"的轨道转入"合作原理"的轨道。

第三编"班级愿景"旨在为读者提供必要的概念架构或观点，并使读者相信，面对 21 世纪的挑战，班级团体不仅不会灭亡，而且愈益显示出其对教育的重要性。

三

本书系《班级管理论》（上海教育出版社，2001 年版）的修订本，各章主要依据下列文献编著而成：稻越孝雄等人编著的《班级团体的理论与实践》（1991）；细谷俊夫所著的《教育方法》（1980）；田野俊作、萩昌子所著的《班级复苏的策略》（1991）；片冈德雄所著的《学习与指导——班级社会学》（1987）；大河内一男等人主编的《教育学全集》第 12 卷《团体与教育》（1976）；柳治男所著的《"班级"的历史学》（2005）；兰千寿、高桥知己所著的《创意型班级的进展》（2016）等。笔者在此谨向原著者表示衷心的感谢！

本书力图尽可能准确地为读者展示全新的班级观念和心理咨询技术。可以预期，新旧教育观念碰撞所激起的串串火花势必会引爆出您无穷的教育灵感与教育机智。谨以本书献给默默耕耘于班级园地的园丁们，以及立志献身教育事业的年轻朋友。

钟启泉
2023 年 12 月

目 录

第一编　班级团体　　1

第1章　班级组织发展史略　　3
一、班级组织的确立　　3
二、班级组织的改造　　5
三、道尔顿制　　7
四、班级组织的再认识　　9
五、耶拿制　　12
六、协同教学　　13
七、不分级制　　13
八、班级组织改革　　14

第2章　班级团体的特性　　16
一、班级团体的特性　　16
二、班级团体的基本视点　　17
三、班级团体的社会心理学架构　　19
四、班级团体发展的制约因素　　24
五、班级团体发展阶段论　　26
六、班级团体的功能　　30

第3章　学习目标的共享与合作性学习活动　　33
一、学科内容与学习团体的关系　　33

二、学习活动的团体性　　34
　　三、标准参照评价中的学习观与团体观　　36
　　四、合作性学习活动与成就目标　　37
　　五、学习目标的共享与学习活动的合作　　39

第 4 章　互相学习的组织化与学习团体的形成　　44
　　一、班级中的个别差异　　44
　　二、通过互相学习加深学习　　45
　　三、作为团体的自立指导　　47
　　四、团体自立的指导　　49
　　五、学科、教材固有的学习方法的指导　　51
　　六、与教授方式相对应的学习方法的指导　　53

第 5 章　班级内的成绩分化与选拔　　57
　　一、以学业成绩为标准的筛选过程　　57
　　二、筛选的机制　　63
　　三、寻求与实践的接点　　65

第 6 章　儿童的自律性动机　　67
　　一、课堂中的三种强化与动机作用　　67
　　二、自我调整模式中的动机作用说　　70
　　三、自我调整模式在教育实践中的应用　　72

第 7 章　儿童的归因与教师的指导　　77
　　一、儿童的归因　　77
　　二、教师对儿童的归因　　80
　　三、教师的指导与儿童归因的变化　　81

四、教师指导方法的新课题　　　　　　　　　　　　　　84

第 8 章　影响生活主体形成的班级团体的作用　　　　　86
　　一、儿童的生活文化与班级　　　　　　　　　　　　　86
　　二、班级中儿童的发展　　　　　　　　　　　　　　　88
　　三、教师的课题之一：班级创造　　　　　　　　　　　92

第 9 章　教师的指导与民主型价值观的发展　　　　　　　99
　　一、班级团体的指导　　　　　　　　　　　　　　　　99
　　二、教师的指导方式与儿童的活动　　　　　　　　　　100
　　三、教师影响力的源泉　　　　　　　　　　　　　　　102
　　四、与儿童的发展水准相应的教师指导　　　　　　　　104
　　五、教师的指导与儿童"民主型价值观"的发展　　　　106
　　六、使每一个儿童得到发展的班级团体指导　　　　　　110

第 10 章　教师的说服性沟通及其影响力　　　　　　　　112
　　一、班级团体中形形色色的沟通　　　　　　　　　　　112
　　二、教师与儿童的沟通　　　　　　　　　　　　　　　113
　　三、说服性沟通与教育性影响过程　　　　　　　　　　114
　　四、教师的说服性沟通　　　　　　　　　　　　　　　116
　　五、对教师说服性沟通的逆反　　　　　　　　　　　　121

第 11 章　班级"规则"的接受与排斥　　　　　　　　　125
　　一、对"规则"的理解方式与感受方式　　　　　　　　125
　　二、社会心理学领域中的"规则"研究　　　　　　　　127
　　三、从道德发展研究看"规则"　　　　　　　　　　　129
　　四、儿童对"规则"的反应　　　　　　　　　　　　　133

第 12 章　教师的理解与学生指导　　138

一、教师对班级成员的认知　　138

二、教师理解儿童的推论过程　　139

三、教师对儿童所拥有的势力　　141

四、儿童的角色行为　　141

五、班级的认知与团体活动　　143

六、团体课题解决与班级团体　　144

第 13 章　班级团体的基本课题　　147

一、对班级团体研究的要求　　147

二、关于班级团体的若干问题　　152

第二编　班级改造　　159

第 14 章　社会化的目标与班级建设　　161

一、学校帮助儿童实现社会化　　161

二、减少问题儿童的产生，变革学校制度　　163

三、确立健康的生活方式之形象　　164

四、班级经营的含义　　167

第 15 章　班级"患病"的原因　　169

一、别提"这个孩子的家庭有问题"　　169

二、只有教师才能把"灰姑娘"变成"公主"　　171

三、问题儿童是整个班级的病征，其病根为何？　　172

四、不要徒增心理咨询的人数　　173

五、与大量的差生形成对比的软弱的优等生　　174

第 16 章　"班级病"恶化的原因　　176
　　一、儿童为归属于班级做出种种抗争　　176
　　二、抗争之一：博取赞赏　　177
　　三、抗争之二：惹是生非　　178
　　四、抗争之三：分庭抗礼　　179
　　五、抗争之四：伺机报复　　181
　　六、抗争之五：自暴自弃　　183
　　七、恶化的症结不在儿童而在班级　　184

第 17 章　您属于哪一类教师？　　186
　　一、谁是造成班级病理结构的元凶？　　186
　　二、教师成为专制者的原因　　187
　　三、无为而治的放任型教师　　189
　　四、如何当一名民主型教师　　190
　　五、教师易犯的五种毛病　　191

第 18 章　如何使儿童学会合作？　　195
　　一、只放弃"竞争原理"也许会更糟　　195
　　二、以"竞争原理"为基础的教育能否培养出竞争社会所需要的人　　196
　　三、真诚地尊重儿童　　197
　　四、完全信赖儿童　　199
　　五、切忌批判　　202
　　六、帮助儿童"自我宽容"　　203
　　七、无论如何不要发号施令　　204
　　八、儿童以教师为榜样采取行动　　205

第 19 章　如何提高儿童的积极性？　　207
　　一、给儿童勇气　　207
　　二、表扬未必能鼓起儿童的勇气　　208
　　三、对儿童的合作表示感谢　　212
　　四、对儿童的积极态度表示喜悦　　213
　　五、儿童失败时给他勇气　　214
　　六、如何鼓起失意儿童的勇气　　216
　　七、注意自己的感情色彩　　218

第 20 章　如何使儿童学会负责？　　220
　　一、绝对不惩罚儿童　　220
　　二、让儿童尝到行为结局的苦果　　223
　　三、谁该负起解决问题的责任　　229
　　四、厘清应当合作解决的问题　　232

第 21 章　如何在班级中确立民主秩序？　　234
　　一、构筑互相帮助的场所——班级　　234
　　二、培养班级中的民主精神　　235
　　三、透彻理解何谓"民主型规则"　　238
　　四、如何对待违反规则的儿童　　240
　　五、把班级交给儿童　　242
　　六、我们为什么说得这么刻薄　　243

第 22 章　创造儿童相互帮助的环境　　245
　　一、班级的共同课题：帮助问题儿童　　245
　　二、请小心措辞　　246

　　　　三、寻求全班的帮助 　　　　　　　　　　　249
　　　　四、摸清儿童施展的抗争手法 　　　　　　250
　　　　五、定期开设咨询课 　　　　　　　　　　252

第 23 章　如何处置儿童的问题行为？　　　　255
　　　　一、让儿童学会尊重 　　　　　　　　　　255
　　　　二、惹是生非的儿童 　　　　　　　　　　257
　　　　三、分庭抗礼的儿童 　　　　　　　　　　259
　　　　四、顽童 　　　　　　　　　　　　　　　262
　　　　五、自暴自弃的儿童 　　　　　　　　　　263
　　　　六、乱班 　　　　　　　　　　　　　　　264
　　　　七、打架儿童 　　　　　　　　　　　　　264
　　　　八、所谓"恶作剧" 　　　　　　　　　　　265
　　　　九、逃学儿童 　　　　　　　　　　　　　266
　　　　十、拥有不良行为的儿童 　　　　　　　　267

第三编　班级愿景　　　　　　　　　　　　　　269

第 24 章　作为学习团体的班级　　　　　　　　271
　　　　一、班级・学习・指导 　　　　　　　　　271
　　　　二、作为学习团体的班级的形成 　　　　　279
　　　　三、班级的纪律与氛围 　　　　　　　　　287

第 25 章　走向创意型班级的营造　　　　　　　292
　　　　一、班级与"班级经营" 　　　　　　　　　292
　　　　二、"创意型班级"与能动学习 　　　　　　295
　　　　三、社会关系资本与"创意型班级" 　　　　298

四、"创意型班级"的营造　　301

结语　四种团体理论述略　　304
　　一、团体动力学理论　　304
　　二、社会计量理论　　305
　　三、集体主义理论　　306
　　四、学习共同体理论　　307

第一编
班级团体

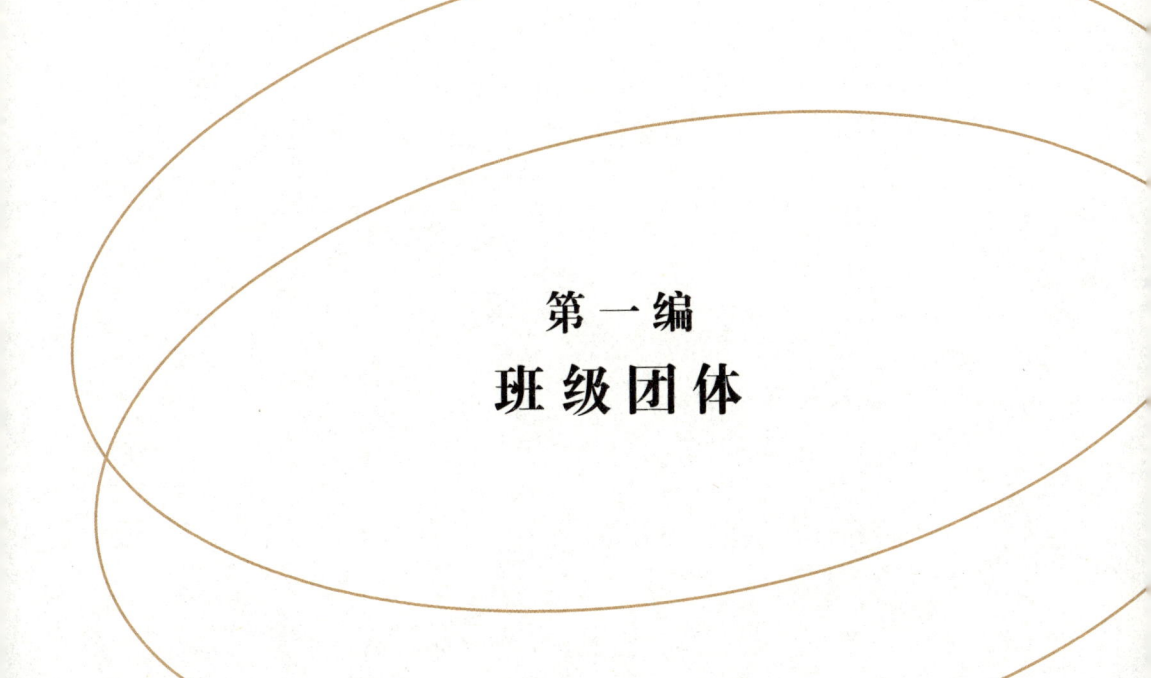

第1章　班级组织发展史略

班级编制、同步教育、个别教学、促进班级、辅导班级、道尔顿制、劳作共同体、生活共同体、耶拿制、协同教学、不分级制

一、班级组织的确立

学校教育史的研究表明,中世纪的学校是没有班级的,多数场合下只是一间房子,且并不是"教室"(class room),而是"教场"(school room)。在这种教场中的儿童年龄各异,看不到同样年龄儿童的集合,完全不存在我们称为"课程"的关于整个教学活动的计划。所谓"班级"是近代学校特有的组织。

近代意义上的班级组织与一名教师同时教授大量学生的同步教育方法密切相关。最早设计班级组织的是17世纪的夸美纽斯(J. A. Comenius)。他在《大教学论》一书中将儿童按年龄划分为六个班级,分别为各班级配备适合的教科书,并提出与之相应的教学方法提案。此外,法国的拉萨尔(J. B. de La Salle)于1682年创设"基督教学校同胞会",为穷人子女开办学校,并把儿童按学业成绩分为优、中、差三级,进行班级授课。不过,这种班级授课在当时世俗教育中的普及极其缓慢,个别施教的方式直至19世纪中叶依然盛行于德国和法国。

对班级组织的发展产生巨大刺激的是19世纪初期出现在英国的"导生制"。它是由贝尔(A. Bell)和兰卡斯特(J. Lancaster)倡导的。构成这一制度的基础就是划分等级,对进度相同的儿童同步施教,然后系统性地开设科目、编制班级。除教师之

外,还配备"导生",他们在教师指导下从事低年级学生的教学与管理。导生制的教育理念与其说是卢梭(J.-J. Rousseau)倡导的新教育观,不如说近似于17世纪的教育观:强调死记硬背的学习,全然不注重儿童的兴趣与思考。尽管如此,这个制度却受到世人的重视,深受许多有识之士的赞赏和欢迎。在19世纪初期的德国,很多儿童的家长由于工业革命而被迫成为工厂工人,为了拯救他们,使其免受工业区贫民窟生活的污染,社会痛感必须对他们施以简易的教育,保护其成长。在当时的条件下,迅捷而有效地教授最低限度的读、写、算知识,而且收取极为低廉的费用,是对贫困儿童施行初等教育的最好方法,因此理所当然地受到欢迎。这种制度的目的并不在于实施过分高等的教育,因此也较容易得到富裕阶层的支持。

但是,拉萨尔、贝尔、兰卡斯特所倡导的学校,在当时仍属罕见。19世纪初期,各国的小学依然普遍实施个别教学,并未考虑把儿童聚集在一起形成"班级"。必须认识到,从班级的本质来看,它的出现原本就是基于经济上的考虑。亦即,班级教学的组织方式因其能以最低廉的费用向大量儿童传授知识而被采用。总之,它是为大众的知识教育——作为富裕阶层的个别教学的替代品——而设计的。因此,这种班级组织的确立与国民教育制度的形成密切相关。19世纪前半叶,普鲁士实施了以6～14岁儿童为对象的国民义务教育制度,当时普鲁士所推崇的是裴斯泰洛齐(J. H. Pestalozzi)的教育主张,故以其主张的同步教学法为基础的班级教学组织因而得以在普鲁士的小学中实施。

当然,在当时的普鲁士,并非所有学校都采用班级组织。恰恰相反,即使到了19世纪中叶,单级的小学仍被视为标准的形式。班级组织真正得到普及是1872年《小学及教员养成一般规程》公布之后的事。这个规程将历来被视为标准的单级小学合并,鼓励多级小学,并将小学课程分上中下三阶段;而且规定,儿童人数在80名以上者应设两个班级,120名以上者应设三个班级。这种三阶段的划分促进了六年制城市小学的发展,进而逐步出现了七年制或八年制的小学。

随着这种分学年的班级组织的确立而出现的一个明显现象是,除了小学的传统学科——阅读、拼字、算术之外,新增了文法、地理、历史一类的新学科。可以说,学年制度的整顿为教授新学科腾出了充分的时间。而与此相关的是,各学年所应教授的事项也有了明确的规定。早期的学科课程只是列举应当使用的教科书、建议教授的页数而已,此后则是根据应当教授的事项来编订学科课程。如此一来,了解儿童是否学习了所规定的一定量的教材成了教师的任务,笔试因而成为升级教育的手段。教育者进而根据新的学校制度修订各学年的教科书,同时编撰新学科的教科书。

二、班级组织的改造

班级教学替代了数百年以来主要的教学方式——个别教学,近代的教学方式正式登上了舞台。随着近代都市和分年级学校的发展,学校管理方面也逐渐把班级教学与班级编制视为规划教育的重心。然而从19世纪70年代开始直至今日,这种班级教学遭到了越来越严厉的批判。

班级教学隐含了诸多问题。为了解释这些问题,日本学者柳治男在《"班级"的历史学》中把"班级"同类似的组织"旅游团"加以比较——学生按照教师的指令进行学习,同旅游团成员根据"旅游指南"进行游览的行为状态是非常相似的。两者的相似点如下:

1. 是由指导者与被指导者构成的团体。
2. 是限定期限而形成的团体。
3. 是参与者的选择自由度极少的团体。

不过,"旅游团"与"班级"这两种团体又有不同点。考察两者的特征并进行比较,可以归纳出如下几点:

1. 人们自发地集合的团体与强制地集合的团体之间的差异。
2. 不问参与者年龄的团体与参与者年龄划一的团体之间的差异。
3. 参与者的相互关系处于非竞争关系的团体与竞争性团体之间的差异。
4. 参与者组成的短期内终结的团体与长期存在的团体之间的差异。
5. 主要是成人利用的团体与主要是儿童利用的团体之间的差异。

两者在"不自由"(个人不能自由地选择项目)这一点上是共同的。不过相较于"旅游团"是只有喜欢旅游的人才会参与的团体,所谓"班级"是即便没有学习动机的儿童也必须参与、必须是同龄儿童参与,且时刻充满竞争的团体。简而言之,所谓

"班级"具有强制性包办代替的特征。而从强制性包办代替看来,"班级"具有如下诸多问题:

1. 班级集体必须吸纳没有学习意愿的儿童。

2. 学习的步骤不由儿童自己决定。

3. 由于年龄划一,形成了扭曲的团体——不存在儿童中较年长者占支配地位的自然秩序。

4. 在某种程度上均质的团体中,儿童处于成绩胶着的竞争状态。

5. 能结识好友自然是幸运的,然而,难以成为好友的同级生会长期不合拍。

也就是说,尽管学校必须重视每一个儿童,根据每个儿童的个别需求实施教学,但同步的班级教学并不能做到这一点。于是,适应个别差异的班级教学组织的改造运动就以美国为中心开始活跃起来。这场运动有两个方向:一是编制上的改革方案;二是教学上的改革方案。

根据儿童能力的个别差异改革班级编制的代表是哈利斯(W. T. Harris)创始的"圣路易编制法",其特点是根据儿童的能力在短期间内随时升级,它是尔后出现的各种班级编制法的基础。其重点是将小学八个年级的学科内容分配在几个学期之间,一个学期以5周或10周计,学期结束时编制新的班级,视儿童能力予以升级。这个方案原本是美国圣路易市小学提出的改革方案,打破了过去僵化的班级编制,率先尝试根据能力来编制班级。

从教学法角度改造传统的班级教学组织的代表是1898年创始于美国纽约州巴达维亚地区的"巴达维亚法",其特点是减少同步教学时间,增加个别教学时间。它规定,该市当时凡有班级招收60名以上儿童的学校,应设辅导教师,以收到个别教学之功效。传统的教学是同步的班级教学,结果牺牲了优等生和差生,且教师负担过重。为了纠正这个弊端,提高教学效率,"巴达维亚法"把同步教学与个别教学结合起来,要求有50名以下儿童的班级设一名教师;有50名以上儿童的班级需分成两个团体,并设两名教师。一名教师的场合,每日必须有一段时间用于个别教学,监督儿童学习;两名教师的场合,其中一名专门从事个别教学,另一名负责同步教学。这种教学方法可以培养儿童的自尊心,提高每个儿童的学习效率,此外还有消除师生间过度紧张的关系、节约经费等优点。

针对儿童个别差异的班级教学组织改造方案当然不止这些。例如,早在19世纪末,德国就已经出现了著名的"曼海姆班级编制法"。其特点在于另设特别班,与普通班并行。普通班招收智力正常的儿童,分8个年级。特别班则分促进班和辅导班,促进班接纳智力低下、不能正常学习的儿童,分5~7个年级;辅导班则收容弱智儿童,分4个年级。班级的人数也随班级类型而异,一般规定普通班的班额为45人、促进班30人、辅导班15人。"曼海姆班级编制法"打破了传统的单凭年龄作为分班编制唯一标准的思想束缚,根据儿童能力来编制班级。此编制法有它的长处,对各国造成了巨大影响。

此外,视儿童能力设三种不同程度学习团体的"杉达·巴尔巴拉制"、在班级内按不同能力进行分组教学的分组法、除导师外另设从事个别教学教师岗位的"牛顿法"、允许小学优等生旁听中学课程的"包尔迪摩制"等,都是典型代表。

三、道尔顿制

上述各种改革方案都是通过引进适应个别差异的教学组织,借以改进传统的划一的班级教学组织的尝试。不过,这些尝试都只是在维持班级组织原状的前提下,通过种种方案在一定程度上弥补班级教学的缺陷罢了。道尔顿制则不然,它是对班级组织的一次彻底的革命。从这个意义上说,它在班级组织史上占有极为重要的地位。

道尔顿制由帕克赫斯特(H. H. Parkhurst)创立,因1920年在美国马萨诸塞州的道尔顿市中学实施而得名。确切地说,应当谓之"道尔顿实验室法"。由此可知,这个方案中,"实验室"是最重要的一个概念。亦即,使儿童成为亲自操作实验的社会实验室主体,把他们从传统的固定的学校组织中解放出来。道尔顿制以将学校还原为一个使现实生活中的社会条件发挥实际作用的场所为宗旨。正如帕克赫斯特本人所说,它不是学科内容和教授法的问题,而是学校生活的新方式,是使学校生活社会化的一种尝试。亦即,学校是一个共同体,其理想是陶冶其成员——儿童的人格。道尔顿制以自由与合作为基本原理,就是基于这个理由。

这里所谓的"自由"是指儿童按照自定步调(速度)学习一定的学科,而且不受其他因素的束缚,能兴趣盎然地持续学习。因此,这个方案废除了传统学科中占有重要地位的课程时间表和班级中的同步教学。

所谓"合作"是指团体生活的相互作用。在传统的学校组织中,儿童只有通过"课程"这一公共的安排,才能与团体有较多的接触,在多数场合,还是离开团体而生活的。不过,真正的社会生活并不局限于单纯的接触,还有合作和交互作用。因此,在该方案中,学校的所有部分都应当有效地彼此关联起来。

根据这种自由与合作的原理,道尔顿制适用于小学四年级以上及中等学校。首先,它将原来的学科分为主要学科与次要学科。主要学科包括数学、历史、理科、语文、地理、外语等,次要学科包括音乐、美术、家政、劳作、体育等。道尔顿制的特色主要表现在主要学科上。这些主要学科的教学方式全部废除了班级授课,而代之以分学科设置的实验室。各科实验室里备有该学科所需的教具及参考书,并配有任课教师负责指导儿童。其次,儿童的学习以"作业指定"(assignment)的方式进行。作业指定揭示了应当学习的主题、要点、着眼点、参考书、问题等等。教师根据儿童各自的能力制作三阶段分配表,儿童根据这个作业指定随意进入各自的实验室,进行自学,因此该方案取消了课程时刻表和上课铃。儿童按照自己的速度学习,可以尽早地结束擅长的学科,以便腾出较多的时间学习不擅长的学科。这种学习仅限于上午,学习结束之后儿童回到各自的班级,以作业指定为中心,比较各自的进度,讨论难题,谓之"会议"。到了下午,则以班级为单位进行图画、劳作、体育等次要学科的教学。

道尔顿制的特点在于,改善传统教授法几乎不顾及每个儿童本身特点的弊端,使学习者能按照自定的步调学习;针对传统方法中各科的课程时刻表不分学优学困生一律平等的弊端,依据每个儿童学习各学科的难易度,适当分配课程时间。不过整体看来,该方案的最大特征是个别学习,它是使个别学习成功的实际手段。因此,运用该方案的基本原理——自由与合作,实际上是矛盾的。如前所述,帕克赫斯特所倡导的"自由"这一概念,意味着儿童按照自定步调学习一定的学科,而且不受其他因素的干扰,得以兴趣盎然地持续学习,这里的自由指的是个人主义的自由,因而隐含着陷入个人主义竞争的危险。"合作"原本是针对个人主义竞争而提出的,但如何具体地实施合作原理,在道尔顿制中并未得到明确的阐释。因此,道尔顿制是自改进班级组织的"圣路易编制法"以来若干改革方案精神的一种极端的表现形式。从由学习中心("学习学校")转变为作业中心("作业学校")这一教育观立场来看,应当说,它依然受到"学习学校"观念的束缚。

在以"作业学校"观念为基础的学校教育中,班级团体作为一个共同体具有积极的意义,对此,基于"学习学校"观念的学校教育甚至可以认定班级的解体是理想的。道尔顿制在主要学科的教学中得以实施,就是一个实例。当然,在道尔顿制中,次要学科的教学也是肯定班级教学的,但在这个场合,不能认定它是以积极的意义来看待班级这一团体的。整体而言,注重知识性学科的主智主义教育观的班级概念,可以透过把学科分为主要学科、次要学科等名称窥其全貌,但其旨在真正以自由与合作为基础的教学方法改革方案,不应当以此种名称谓之。在对抗传统的意义上,这里所谓的次要学科被置于重点地位,因此就必须重新认识班级组织本身。

四、班级组织的再认识

在重新认识班级组织方面,最积极的努力可以追溯到20世纪初的德国。在此之前的德国,班级乃是基于经济上的需要而产生的组织,而个别教学优于班级教学的看法长期支配着教育界。然而,进入20世纪,根据种种实验开始倡导班级教学本身是必要的。例如,依据梅耶(E. Mayer)和莫依曼(E. Meuman)的研究,团体作业在正常条件下比之个别作业更为有效。从这个结论出发,正如莫德(W. Moede)所主张的,班级教学并非一无是处,它拥有许多优于个别教学的特色。

这种实验性研究有助于修正传统的班级组织观念,这是客观事实。不过,在以班级问题为中心的研究中,能从根本上改变传统的班级观的,是劳作学校的思想与教育社会学的理念。当然,要严格地区分改变班级观的这两种思想是很困难的。概括而言,前者产生"劳作共同体"的班级思想;后者则产生"生活共同体"的班级思想。换言之,就教学的场所——班级而言,产生"劳作共同体"的思想;而就训育的场所——班级而言,则产生"生活共同体"的思想。这两种思想阐明了班级的重要意义:班级不是单纯的基于经济需要的产物,实际上是在学校教育管理中形成的根本组织。

德国教育家凯兴斯泰纳(G. Kerschensteiner)因倡导以"劳作共同体"作为学校教育改革的基础而知名。他认为,将来学校教育的着眼点不是传授知识,而在于发展学生精神的、道德的、技术的能力,而规定"劳作"是其方法论原理。他主张,不仅小学,所有学校都必须以自由劳作为中心,构建活动的共同体。在这个共同体中,所有儿童都应该自己给自己规定作业,并且自己完成这些劳作。这样不仅可以提高儿童本身的能力,还可以使其可以养成勤勉、忍耐、合作、服务等美德,从而得到社会训练。

这一思想完全不同于传统的个人主义教育观,它主张的是合作主义教育。从这个立场出发,必须从根本上对传统的班级观加以改造。也就是说,以"作业共同体"为主的班级不是炫耀个人功名的场所,而是社会服务的场所;不是施行片面的、理论的主智教育的场所,而是实际进行人类多方面教育的场所;不是习得知识的场所,而是应用知识的场所。在这种班级中,儿童作为贯穿真正共同体精神的班级的一员从事活动,借此为未来的职业、阶级、国家、民族乃至更大的共同体中的生活做准备。因此,凯兴斯泰纳把传统的以语言教学为中心的"读书学校"(Lernschule)转变为以作业为中心的"劳作学校"(Arbeitsschule),为共同的教育揭示了新的目标。

根据这种劳作教育观念,新的班级观可以沙伯纳(O. Scherbner)的看法为例。他认为,个体生活与团体生活与其说是对立的,不如说是相互制约的。拥有这种双重性乃是人类的本质,而班级则是陶冶这种人格的场所。由此观点来看,教育承担着双重任务:一是使学生从班级的束缚中解脱出来,协助他们寻求完全独立的个体生活;二是使学生作为班级的一员,和其他同学在精神上相互沟通,从而得以经营团体生活。既离又合,既异质化又同质化——这正是他所主张的立足于人格主义立场的班级观之真谛。因此,班级必须废止原来的僵化模式,成为具有弹性的组织。

基于这一立场,沙伯纳将班级教学的方式加以分类。亦即,班级是儿童进行活动的场合(集约性班级教学)和儿童各自在个别小组进行活动的场合(分工性班级教学)的结合。此外还可以考虑三种方式:第一,在"专心性教学"中,儿童各自自由地从事一定的作业;第二,在"自由讨论"中,整个班级形成一体,就一个问题展开研究讨论;第三,在"分工性教学"中,儿童围绕一个问题各自分开学习,然后再返回班级总结。这三种教学方式是作业学校应有的教学模式。沙伯纳尤其强调分工性教学,认为这是一种更能适应"作业共同体"的班级教学方式，通过确立这一模式，可以克服传统的讲解式教学。

沙伯纳对教学方式的分类是否完善，这个问题姑且不谈。但值得我们注意的是，班级组织得到了新的诠释，同时引出了新的教学方法。虽然在传统的班级组织中发现了新的意义，但这绝不是对传统的讲解式以及同步教学的班级组织的修补，而是通过引进新的方法而赋予班级组织以积极的意义。梅耶和莫依曼的实验印证了班级教学优于个别教学，这一结论也可以视为对班级组织的再认识。凯兴斯泰纳和沙伯纳发现的班级意义更有其积极的一面。在这里，教学方法得到改进，只有凭借种种新方法的尝试，才能揭示班级的新意义。正如沙伯纳所倡导的分工性教学，只有以班级为基础形成的教学方式才能使教育的目的、方法和组织得以有机结合并持续发展。

而以"生活共同体"为基础的班级观，一般被认为是与"劳作共同体"的班级观互相对立的。但事实上，这两者很难严格区分。也就是说，"劳作共同体"的重心是教学的设施，而从反对严格区分教育与训练的赫尔巴特教学论的作业教育思想来看，是不可能存在与训练无关的教学的。因此，"劳作共同体"未必纯粹是施教的组织。但是，"生活共同体"迥异于"劳作共同体"。它的特点是从儿童的共同生活出发，自然地使团体成为一个训练组织并发挥作用。这种"生活共同体"的思想最早体现在"乡村教育之家"（Lan derziehungsheim）和"自由学校共同体"（Freie Schulgemeinde）之中。利茨（H. Lietz）所创设的乡村教育之家，把学校当作"家"的一种形式，视学校为"生活共同体"，同时将一群儿童视为家居式朋友而构成诸多的"生活共同体"，借此进行教学的训练。"自由学校共同体"是由温纳肯（G. Wyneken）创设的，它以自治原理为教育的根本，师生完全处于同等地位，共同决定学校的问题，以此作为自治训练的手段。

这种尝试也影响到一般的学校，不少学校引进了自治会、远足、乡村宿舍等活动设施，形成了把班级作为"生活共同体"加以编制的倾向，其中特别引人注目的是儿童自治训练的组织问题。第一次世界大战后成为教育界潮流的公民教育，把这种以班级为基础的自治训练视为有力的手段，借此使儿童体会自治的精神，激发自觉性，养成责任观和社会的、政治的德性。如此一来，传统上被作为单纯的教学场所的班级,从训练的角度看,也有其积极的意义。

五、耶拿制

在各种值得注意的班级组织方案的尝试中,必须提及耶拿制。1924年,彼得森(Petersen)在耶拿大学附属实验学校主持实施了这一制度。其根本思想是,真正的国民学校必须是人类最高的"生活共同体"的缩影。从这一见解出发,他认为理想的学校既是"劳作共同体",又是"生活共同体"。耶拿制的特色是,废除原来分年级的班级,将全校儿童分成三个团体:一到三年级为低年级,四到六年级为中年级,七、八年级为高年级。其主导观念是,在以教学为中心的传统学年制班级中,个人是教育的中心;与此相反,将几个年级合并起来所构成的团体不像传统的班级那样是人为的、机械的团体,而是接近真实生活的团体,可以形成一定的指导与服从的秩序,通过训练成为最好的"社会"。而且,所有的儿童在整整8年间各有三次机会担任指导角色与服从角色,因此,其在指导者的训练上具有传统班级所没有的特色。再者,教师不是单纯的教书匠,而是拥有该团体中心地位的指导者,所以师生之间可以进行完全自由的人际交往,这是过去不曾有过的现象。

耶拿制的学校课业与生活极其多样化,以教学而言,可分为"课程"与"团体教学"。课程以数学和语文的教学为内容,以教师的指导为主,且布置家庭作业。在这种场合,团体暂时解体,根据以能力水平分组的个别团体为基础实施教学。数学及语文以外的学科则是以团体教学进行的,可以分为以自然为对象的团体教学和以文化为对象的团体教学,以一定的主题为中心,实施合科教学,其内容是综合性的。总之,像数学、语文一类需反复练习的工具学科仍然保留较传统的班级教学方式,而其他学科的教学则以团体教学形式实施,这就是耶拿制的特色。

这样看来,耶拿制是将班级教学的组织加以解体的一种大胆尝试。它不像道尔顿制是以个人本位为主导观念的教学方式,正好相反,它以团体训练为基础,立足于新型学校教育观。

六、协同教学

设计适应个别差异的教学方式乃是班级教学组织形成以来学者们长期研究的课题,这一点前文已述。近来较受注目的寻求彻底个别教学的方案之一,是"协同教学"(team teaching)。协同教学是哈佛大学倡导的教学组织制度。其重点是,从小学阶段开始就将教师和儿童从固定的班级中解放出来,采取较有弹性的教学组织。该制度将儿童按不同学科分为大组与小组,如看电影时以150~200人为一大组;数学课则以10~15人为一小组。通过编制大组,教师们才有时间专注于小组教学与教材研究。

作为教学组织,该制度的特色之一是在小学阶段就在某种程度上采取学科责任制,这样可以发挥教师各自的特长。就儿童方面而言,可以消弭分年级的隔阂,实施分年级制度无法实施的学科教学,这是它的优点。此外,这一做法也方便将专科教师聘为定时制教师。这样,众多的教师同时担任同一名儿童的指导,有助于准确地发现儿童的需要及其个性特长。

总之,协同教学的实践说明,这种方式可以避免坚持40~50人大小、班级成员固定的僵化的学科教育,而视不同学科的性质,使儿童团体具有弹性。例如,大组采取讲课式的同步教学,小组就可以彻底地实施个别教学。这样一来,既可以发挥教师的专长,又可以唤起儿童的学习动机,为充实、提高教学活动奠定基础。

七、不分级制

类似"协同教学"的教学组织改善方案,还有"不分级制"(nongrading system)。由于传统的学年制度无法适应儿童的个别差异,这一教学制度废除了传统的学年制,进而废止分年级的课程,升留级制度也随之废止。确实,在分年级的升留级制度下,以未能达到年级目标为理由迫使学生留级的制度,不过是一种强制性的方式,并非明智的办法。为了消除这一弊端,不分级制规定,只要修完了规定的教学内容就可毕业。

根据这种制度，小学低年级三年的课程既可以在两年内修完，也可以花四年时间修完，儿童依其自定步调持续地进行学习。尽管废除了分年级的课程，但不分级制的班级编制方式还是千篇一律的。有的学校设一般的分年级的班级，但在特定的学科中设跨年级小组进行教学；有的学校则根据学业成绩编制班级，而不以年龄划分。如此一来，进度快的学生在小学期间也许可以修完初中的课程。

以上述实践为基础，斯托达特（G. D. Stoddard）倡导双重升学制[1]。他认为，要成为社会有用的人才，最必要的基础学科是语文和社会，而语文和社会之外的学科则可依儿童的能力与兴趣的个别差异，分别独立地升级。据此，数学（除基本的运算技术外）、理科、美术、音乐等学科均采取不分级的学科责任制，而语文、社会之类的公共学科则采取分年级的班级编制。

综合了分年级的班级编制与不分级制的双重升级制以如下两个明确的升留级依据为基础：一方面，语文、社会之类的学科像一般学校那样采取分年级的班级授课制；另一方面，数学、理科、音乐、美术之类则采取不分级制，儿童不受年级的约束，各自按其能力与成绩进行分组，接受相应的授业。根据双重升级制，儿童半天（上午或下午）学习语文与社会，体育也排在这段时间里；另外半天到别的教室学习数学、理科、美术、音乐。

不分级制及其发展形态——双重升级制，是针对传统的学年制度及分年级的班级编制无法适应儿童的个别差异之弊端而提出的。它旨在打破分年级的课程及班级编制、班级责任制、教室中心的教学，使教学活动有高度的弹性。不过，教学的组织及其管理的理想模式仍然有待探索。

八、班级组织改革

改革班级组织的基本目标是创造新型的教学组织，使每个儿童在大团体的教学条件下，学习进度不受阻、不放任自流，保障每个人的学习过程畅通无阻地进行。同时，要考虑如何把儿童分成若干小团体，发挥教师的指导作用，亦即要探讨出一套能

---

[1] G. D. Stoddard. *The Dual Progress Plan*[M]. New York, NY: John Wiley, 1961.

最有效地发挥教师的指导职能的学习组织形式。前者,即儿童从入学到毕业随着学习的进展而渐次升级的构造,称为"垂直组织"(vertical organization);后者,即将一定数量的儿童分成便于施教的团体,搭配相应教师的构造,称为"水平组织"(horizontal organization)。今后的课题是寻求能够更灵活地适应每个儿童学习进度、垂直与水平两个维度彼此和谐的教学组织。图1-1概括了当代对教学组织方式的种种探索。

在设计教学组织时,应当注意下列事项:第一,不要拘泥于班级、年级的架构,应从学校全局的角度去发掘、应用教育资源。第二,不宜使教学组织僵化,应把它当作更灵活、更具通融性的可变组织加以探索和开发。第三,设想和研究适合所有儿童个别能力的学习过程,创造出能有效运用并促进这种学习过程的组织。

FNG① UAG SCO	FNG② MAG SCO	FNG⑨ UAG ICO	FNG⑩ MAG ICO	FNG⑰ UAG TT	FNG⑱ MAG TT	⑬最进步
NNG③ UAG SCO	NNC④ MAG SCO	NNG⑪ UAG ICO	NNG⑫ MAG ICO	NNG⑲ UAG TT	NNG⑳ MAG TT	
MG⑤ UAG SCO	MG⑥ MAG SCO	MG⑬ UAG ICO	MG⑭ MAG ICO	MG㉑ UAG TT	MG㉒ MAG TT	
FG⑦ UAG SCO	FG⑧ MAG SCO	FG⑮ UAG ICO	FG⑯ MAG ICO	FF㉓ UAG TT	FG㉔ MAG TT	

⑦最保守

FG:完全的学年制　　　　　UAG:同年龄组织
MC:稍有灵活性的学年制　　MAG:多年龄组织
NNG:松弛的学年制　　　　 SCO:导师制
FNG:完全的不分级制　　　 ICO:合作组织
　　　　　　　　　　　　　TT:协同教学

资料来源:R. H. Anderson. Teaching in a World of Change[M]. New York, NY: Harcourt Brace & World Inc., 1966:42.

图1-1　教授组织的各种方式(美国的类型)[1]

---

[1] 筑波大学教育学研究会. 现代教育学基础[M]. 钟启泉,译. 上海:上海教育出版社,1986:427.

第 2 章　班级团体的特性

班级团体的特性、公共组织层面、个人属性层面、人际行为、个体行为、班级团体规范、班级团体结构、班级团体气氛、班级团体发展阶段、班级团体功能

一、班级团体的特性

　　团体各有其独特的性质。班级除了具有团体的共性之外,还有班级团体的特性。不认识到这一点,就不能正确地理解班级团体中的各种现象。著名的班级研究专家弗兰德斯(N. A. Flanders)说:"关于团体动力学的所有理论,如要适用于班级这一现实,就得作必要的变更。……班级情境的所有局面,则完全迥异于一般的动力学中所研究的团体现象。"[①]

　　那么,班级团体有哪些特性呢？这里参考盖泽尔(J. M. Getzels)和西伦(H. A. Thelen)[②]、宇留田敬一[③]、根本橘夫[④][⑤]等人的研究,将班级团体的特性列述如下:

　　1. 班级团体是针对学校教育这一社会制度编制的,其目标、内容、方法的架构

[①] 弗兰德斯. 班级中学习的社会结构的诊断与利用[M]//全美教育学会. 学习团体的力学. 末吉悌次,等,译. 名古屋:黎明书房,1967:219.
[②] 盖泽尔,西伦. 作为独自的社会体系的班级团体[M]//全美教育学会. 学习团体的力学. 末吉悌次,等,译. 名古屋:黎明书房,1967.
[③] 宇留田敬一. 班级团体与学生指导[M]//铃木清,等. 班级团体的指导. 东京:日本文教出版社,1967.
[④] 根本橘夫. 班级团体的独特性与班级团体研究的若干问题[J]. 心理科学,1982,5(2):14—22.
[⑤] 根本橘夫. 从班级团体的独特性看班级团体的规范、结构及风气[J]. 心理科学,1987,11(1):1—16.

是由外部演绎决定的。也就是说,是遵照宪法、教育基本法、学校教育法及课程标准来决定教育目标、教育内容及课程时间分配,等等。

2. 班级团体的目标是儿童自身的发展。这一点不同于以产品的生产为目的的作业团体。

3. 班级团体为了实现其目标,要接受教师有目的、有意识的影响,而不是以儿童的好恶为准。

4. 对于儿童来说,班级团体的编制是偶然的,归属则是强制性的。因此,即使年龄相同,儿童的需求、能力、性格也不会完全一样。

5. 班级团体也是儿童每日度过的绝大部分时间,而且持续一年以上的生活团体。这十分符合拜昂(W. R. Bion)所谓的"基本团体"(basic group)的特性。

由上可见,班级团体的目的与目标的架构是由外部决定的,儿童的归属是偶然的、带有强制性的。尽管如此,为了实现团体的目标,还是要激发儿童的自觉性,而且自觉性的培养本身也是团体的目标之一。这就是班级团体的显著特性。

二、班级团体的基本视点

从上述班级团体的特性,可以引申出有关班级团体的三个基本视点。

1. **班级团体具有源于正式组织层面的特性与源于个人属性层面的特性**

教师为了实现学校教育目标而被分配到各个班级里,而为了实现教育目标,就得进行以儿童的学习为主的种种系统化的活动。而且,由于是众多儿童有组织的活动,不能不要求遵守一定的纪律。这就是源于正式组织层面的班级团体的特性。所谓"正式组织层面",是把班级团体视为旨在开展教育活动的社会制度中的某一单位而来的概念。"正式组织层面"可用下列一连串的环节表示:社会价值→学校教育制度→学校教育目标→教师的教育目标与教学法→班级有组织的活动。

另一方面,凭借强制性集中和偶然性而形成团体的儿童,拥有各式各样的需求、能力、性格。他们都想在班级团体中以自身的方式满足自身的需求,从而寻觅自由的、非组织的活动。因此,倘若没有教师适当的指导,班级团体只能处于"分散""分裂""停滞"等状态。这种源于儿童个人属性的班级团体的特性,就是"个人属性层面"。这种把握方式将焦点对准班级团体的生活团体层面。"个人属性层面"可用如下一连串环节表示：强制而偶然性的团体归属→儿童多样的需求、能力、性格→多样的个人目标→非组织性的活动。

2. 从"正式组织层面"对儿童提出的要求，与儿童"个人属性需求"之间，或多或少会发生矛盾

如上所述，正式组织层面要求儿童遵循组织的活动和纪律。具体而言是：(1)学科的学习；(2)班级和学校的活动；(3)在进行(1)和(2)时遵守班级和学校的规则。这种出于正式组织层面的要求，正如课程时刻表所表示的，大多预先决定好时间、场所、活动内容，要求儿童接受。班级中的所有儿童不一定都有接受这一安排的准备，而且"正式组织层面"的要求总是强调实现更高的价值，通常需要自我抑制和努力。相反，"个人属性需求"往往要求安逸。这样，在正式组织要求和个人属性需求之间，或多或少会发生矛盾。

3. 实现正式组织要求的力，与实现个人属性需求的力的碰撞，制约着班级团体的模式

教师作用于儿童以实现教育目标，这种影响作用引导着儿童的心理与行为向理想方向发展，因此不可以将它视为一种"力"(power)。另一方面，置个人需求于首位的儿童，也会影响到教师和其他儿童，使团体要求变质。倘若教师的力量取胜，则儿童按照教师指示的方向行动，教师所期待的班级团体便能形成。反之，倘若团体要求遭到排斥，自我需求优先的儿童的力量取胜，则班级会朝着与教师期待相反的方向变化。儿童战胜教师所采取的通常是暴力之力或怠惰之力。因此，在这种情形下，往往会形成恃强凌弱的暴力班级或放任自流的怠惰班级。

需要注意的是，实现团体要求的教师力量不限于强制性的力量。许多教师力量源泉研究的结果显示，教师力量的源泉是相当多样的。使儿童采取教师所期望的行为的教师"控制法"研究发现，构成教师力量的不仅是处罚、批评，还有说服、以身作则、同学关系、等待、称赞、与家长的关系等因素。此外还有教师的专业力量，这种力量源于教师的整个人格。

实现团体要求的力量的中心人物毕竟还是教师。团体要求接受性高的儿童会按照团体要求的方向发挥其力量，这就是自觉性。多培养这种儿童，就可以创造"自

觉、自治的活动得以展开"的班级团体。

从上述观点看班级团体,我们可以得出关于班级团体及其指导的诸多启示:

第一,班级团体的结构性隐含着一种危险——教师一不留意便会陷入"管理主义"的泥淖。这是因为实现团体要求的教师容易把与之相矛盾的儿童的个人属性需求视为障碍,往往强制性地压抑儿童的这种需求。这就是管理主义教育。正因为有这种危险,教师必须具有坚定的教育信念、热情及专业素养。

第二,班级团体是贯彻团体要求的团体,所以教师必须细心钻研,精选团体要求的内容。钻研与精选的对象不限于学科的内容与活动,教学方法也是当然的对象。

第三,所谓班级中的问题行为是团体要求与个人属性需求之间的矛盾,所以只从儿童方面找原因是错误的。

第四,把班级团体中的儿童的问题局限于个人与团体之间的矛盾来研究是不充分的。因为儿童不仅要适应班级团体要求,而且要适应伙伴团体要求。当班级团体要求和伙伴团体要求之间发生矛盾时,儿童往往会陷入烦恼之中,不知道该忠于哪一方。

三、班级团体的社会心理学架构

(一) 班级内相互作用

小团体内的行为可以分为"人际行为"(interpersonal behavior)和"个体行为"(personal behavior)。后者包含了"个体内行为"(intrapersonal behavior)和"个体表现"(personal performance)。[1] 所谓"个体内行为",是指紧张或不安之类的行为。所谓"个体表现",就班级内而言,是指儿童完成各自课题的行为。班级团体内的行为中,人际行为占了大部分。即使是"个体表现",也会对其他成员产生某种影响,因而具有人际性质。例如,某儿童在上课时偷懒,也会对其他儿童产生影响。班级内的"个体行为"不会对其他儿童产生某些影响的情况,几乎是不存在的。

教师对儿童施加的行为包括直接实现团体要求的行为指导,以及相对于团体要

---

[1] A. P. Hare. *Handbook of Small Group Research* [M]. New York: Free Press, 1976.

求较为间接的亲和性行为。行为指导的内容包括学科学习的指导和学科外活动的指导。所谓亲和性行为,是指对每一个儿童施加的影响甚于教师角色的行为。不过,对教师而言,亲和性行为与教师角色的指导难分难解,是制约指导有效性的重要因素。

儿童的行为是以班级团体内复杂的力量布局为背景表现出来的。在这些力量中,主要的是团体要求之力与同辈团体之力。儿童在团体要求之力与同辈团体之力的场合中,不断调整自己的需求,不断采取行动。因此,要使儿童的行为有所改变,不仅要使团体要求之力强烈地作用于个体——儿童,同时也要使其作用于同辈团体。

教师、儿童及儿童相互之间的作用是多样化的。但是其中对团体产生重大影响的,如上所述,是以团体要求与个人属性需求的矛盾为背景的相互作用,如图2-1所示。

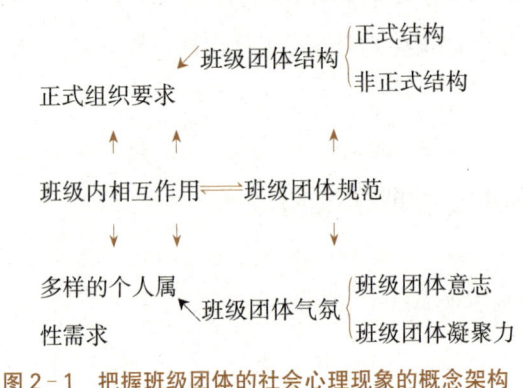

图2-1 把握班级团体的社会心理现象的概念架构

(二) 班级团体规范

班级成员间的人际行为是在团体要求和个人属性需求的矛盾中产生的。一连串的人际互动逐渐使矛盾的团体规则得到调整及确立,这就是班级团体规范。班级团体规范可以界定为"班级团体成员所共同拥有的认知、态度、行为的持续的参照架构"。班级团体规范是衡量两种冲突力量之调整的规则,因此,规范的模式取决于这两种力量的关系。实现团体要求的力量加强了,规范便成了遵循团体要求的规范;倘若源于个人属性需求的力量加强了,规范便成了遵循个人需求的规范。例如,教师要求"专心听讲",儿童却想说悄悄话,于是喋喋不休地说开了。倘若教师不对其进行严守纪律的指导,不久,"上课时也准许说话"亦将变成规范。

在班级团体中,同学之间也存在个人需求属性上的矛盾,对这种矛盾的处理也会逐渐形成规则。不过,这种规则并不独立于解决团体要求与个人需求属性之间矛盾的规则之外。例如,要是团体要求比较僵硬,儿童对此种要求便会形成"面从心不从"的规范,这时,儿童之间解决矛盾的规则便不会是民主型的。

班级中有许多规定和规则,但规定和规则不等于规范。规定和规则只有成为多数成员的参照标准时才能成为规范。这时它们就会发生实质性的变化:一方面接受团体要求,另一方面又可以尽可能地满足个人属性需求。例如,即使有了"铃声一响就坐好,打开课本"这一规则,也无人遵守,因为儿童总想多玩一会儿。因此,儿童实际上是"在老师进入教室的瞬间坐好,等老师指示后才翻开课本"的,这就成了规范。

班级规范赋予儿童的认知、态度、行为以同步性。这种同步性不仅因其他儿童对统一步调的压力而发挥作用,也是社会现实(social reality)使然。而且,我们不应当认为,由于有了同步性规范就只能限制儿童的行为,这是片面的看法。规范的确立也使儿童的行为获得了自由——因为确定了应当禁止的行为,不受禁止的行为也就明确了。

在规范中,仅仅适用于特定位置与地位的规范,一般称为"角色"(role)。班级团体的正式组织性质,使教师和儿童扮演社会性角色。在教师的社会性角色中,有"作为指导者的角色"和管理、组织一个单位——班级团体的"作为管理者的角色"。而在儿童的场合,有"作为学习者的角色"和"干部""班长"之类的社会性角色。

成员对于与一定地位和位置相应的行为的认知,就是"角色期待"(role expectation)。班级团体成员对这个角色有一定的理解与承认,亦即抱着角色期待进入班级。然而,所谓"社会角色",从某种意义上说,不过是表示处于该地位的人所应发挥的功能,因而仅凭这些尚不足以构成具体的行为指引。因此,"社会角色"期待必须在各自的班级团体中加以特殊化。在这种特殊化中,交织着教师的教育理念和儿童的特点,从而形成班级团体各自的特色。

班级内的相互作用使每个人分担特有的"非社会角色",亦即个人角色。"社会角色"虽不排斥个人属性的参与,但基本上是因遵守团体要求而形成的。而"个人角色"则大部分是由其他儿童的个人属性与该儿童的需求决定的。因此,一般说来,个人角色可以发挥满足该儿童之需求的功能。不过,由于团体要求之力与伙伴团体(其他儿童的个人属性)之力的缘故,个人角色有时会违背该成员的需求,或者违背团体要求。

"个人角色"与"社会角色"之间存在相互制约的关系。也就是说,个人属性上有人缘的儿童会被推举扮演社会角色;反过来说,由于有了社会性角色,也要求儿童在私下情境里起带头作用。就教师而言,其社会角色行为必须加以贯彻,而其个人属性为社会角色的扮演抹上了个性色彩。

(三) 班级团体结构

班级团体规范基本上是谋求调整两种力——实现团体要求的力和满足个人属性需求的力之间的矛盾的规则。因此,规范也规定了包括教师在内的各成员间关系的规则。因为发挥这种力量的是教师,是儿童。这样,关于成员间关系的团体规范使得成员表现出比较稳定的关系,将这种成员间关系模式的概念加以抽象化,就是班级团体结构。班级团体结构可以界定为"班级团体成员间比较持续的种种关系的总体状态"。

班级团体反映了正式组织层面与个人属性层面,其结构上就存在"正式结构"(formal structure)与"非正式结构"(informal structure)。所谓班级团体中的"正式结构",就是"旨在实现班级团体的公共目标与组织管理,从而在成员间形成的关系的总体配置"。干部、班长之类的角色就是其代表性角色。所谓"非正式结构",是源于班级团体的个人属性层面的人际关系。也就是说,"不是旨在直接实现教育目标与组织管理而结成的关系,而是伴随它的实现,基于成员间的需求、能力、特点的不同而产生的关系的总体配置"。"非正式结构"可以从种种不同的关系维度,诸如感情关系、角色关系、势力关系、次级团体关系等来加以把握。

"正式结构"与"非正式结构"之间是相互制约的。例如,由于非正式结构中的角色而被推选为正式结构的领袖。哪一种关系维度会对其他维度产生根本性影响呢?最根本的维度是指导与被指导的维度,但随着年级的递升,其制约的程度也不断降低。关于这一点,弗兰德斯阐述道:"教师是引导并支撑创造出社会结构所期望的变化的影响之源泉。"①

在结构及功能上,正式关系与非正式关系中存在着相互制约的性质。考虑到这一点,正式关系与非正式关系这一关系形式是不可分割的,把两者视为相互交织的结构维度来掌握,对于班级团体动力学是相当适合且有效的。那么,班级团体中重要的结构维度是什么呢？参考詹森(G. F. Jensen)②、弗兰德斯等人的研究,可列述以下重要的维度:

1. 师生关系

- 感情关系的维度——儿童对教师的尊敬与畏惧、亲近与疏远、好与恶、信赖与否等感情关系;教师对儿童的中意与否、好与恶、信赖与否等感情关系。
- 势力关系的维度——师生之间的相互影响关系。
- 权力关系的维度——师生旨在作出决定并遵守决定的参与程度。
- 角色关系的维度——儿童和教师在学习与活动时所承担的角色。也就是说,当教师发挥作用时,是儿童主宰班级呢,还是教师主宰、儿童服从呢？
- 通讯关系的维度——师生之间的通信网络。

2. 同学关系

- 感情关系的维度——好与恶、信赖与否、尊敬与轻蔑、嫉妒与憎恨等同学间的关系。
- 势力关系的维度——同学之间某种影响关系的配置。
- 角色关系的维度——在学习、活动、游戏等场合中儿童的某种角色与配置,特别是主从关系,尤其重要。
- 次级团体关系的维度——次级团体间的关系,包括男生团体和女生团体之间的关系。

(四) 班级团体的社会氛围

班级团体规范赋予归属该班级的儿童以认知、态度、行为的同步性。把握这一

---

① 弗兰德斯.班级中学习的社会结构的诊断与利用[M]//全美教育学会.学习团体的力学.末吉悌次,等,译.名古屋:黎明书房,1967:219.
② 同上。

同步性的概念就是"社会氛围"(social climate)。"社会氛围"这一术语有许多意义，因此必须明确地加以界定。根本橘夫把班级团体的社会氛围界定为"班级团体成员在班级中某种持续的情感、态度或行为的整个班级团体的倾向"。所谓班级团体规范，基本上是解决团体要求与个人属性需求之间矛盾的团体规则；所谓班级团体氛围，就是指整个班级团体依据这种规范的认知、情感、态度、行为的倾向。

班级团体氛围的基本状态可以从两个维度来把握，即班级团体状态和班级团体凝聚力。当然，也还可以根据其他种种观点加以把握，诸如民主型氛围与专制型氛围、支持型氛围与防御型氛围、排斥型氛围与接纳型氛围、竞争型氛围与合作型氛围、积极型氛围与怠惰型氛围，等等。

也有人将班级团体氛围界定为"班级成员或局外人从大多数班级成员的情感、态度、行为倾向中感受到的关系，从而形成的对整个班级的概括性印象"，这和氛围有所不同。

四、班级团体发展的制约因素

班级团体在形成初期和学年末，会显现出不同的状态。一般而言，这种变化表现为成员的心理结合强化、团体的分化加剧、团体的功能提高，因此可以视为班级团体的发展。有关班级团体发展过程的阐述必须满足下列条件，以有助于教育实践：

1. 明确作为目标的班级团体形象。
2. 不是从班级团体的层面，而是从整体上掌握团体结构。
3. 明确向下一阶段发展的契机。
4. 明确划分各发展阶段的状态和阶段的尺度。

广田君美等人在20世纪50年代曾经提出了出色的班级团体发展阶段论，但对上述1、2、3点则未能完全论述。此后的相关研究获得了长足的发展，为分析班级团体的发展过程积累了极有价值的资料：第一，以本尼斯(W. G. Bennis)为代表的"体验团体"中的团体发展过程研究。第二，以贝尔斯(R. F. Bales)为中心的课题解决团体的发展过程研究。尤其重要的是第三项研究——教育实践中班级团体形成的研究与实践的进展。综观这些领域的团体发展阶段论，可以归纳出团体发展过程的若干共性：

1. 团体的形成时期并不是受随机因素制约而无定向地变化的。例如，尽管不同研究者主张不同的阶段划分，但一般都将其分为三个阶段：起初是对权威的依存状态；其次是超越这一阶段进入矛盾时期；最后是成员间的相互依存状态。

2. 团体的发展是团体各层面的综合发展。亦即：成员的主要兴趣、核心人物、成员间的关系（团体结构）、团体的社会气氛、团体规范、活动内容等相互关系发生变化。

3. 团体发展的过程是变革期与稳定期的反复曲折交替。当然这不是简单的反复，而是交织着矛盾与扬弃的辩证的变化。

4. 团体发展的阶段不同，作为团体必须满足的功能就会不同。这种功能应和成员的兴趣、需求相对应，一旦团体满足不了这种功能，便会加深成员的不满，团体就会陷入分裂和混乱。

5. 承担变革的主要成员是在各阶段出现的。不只在这些成员的周围集合起有同样要求的成员，而且以次级团体间对立与矛盾的状态推进团体发展过程。

6. 为了团体的发展，就必须有成员间的信赖、宽容、团体意识等的发展。这些都是经历了团体成员间的矛盾之后才形成的。

一般认为，团体是包含着彼此矛盾要求的"矛盾的体系"。这些矛盾正是造成团体发展与变化的契机。正如第一章已阐述过的，从根本上制约班级团体发展过程的，是源于"正式组织层面"的力与源于"个人属性需求"的力之间的矛盾。这两种力采取何种形式相互作用，取决于团体的发展与阶段。再者，随着阶段的发展，这两种力的矛盾退居后位，个人属性间的矛盾将会成为团体发展过程的主要问题。总之，这种力的冲突将会产生团体规范，并形成相对稳定的状态。从成员间关系的层面看，这就是团体结构；从整个团体的认知、态度、行为倾向来看，这就是团体氛围。由于这种规范跟两种力的一定平衡相对应，所以倘若某种力造成了平衡的崩溃，那么规范也会崩溃。一连串的相互作用就是这样引发规范的变化的。因此，班级团体发展过程不断地进行，就会不断地产生有一定相对持续特征的成员间的关系（结构）与氛围。因此，着眼于这一点，可以划分班级团体发展的阶段。

不过，班级团体的发展过程是多样化的。那么，或许有人会提出这样的问题：能

不能概括出共同的发展过程来呢?一般而言,教师所期望的班级团体有如下特征:

1. 所有儿童都能参与包括自觉地进行学习在内的班级活动,以求得自我实现。

2. 没有歧视,没有恃强凌弱,所有儿童都乐于从事班级活动,并且建立包括援助关系在内的友情。

3. 自由而开放的氛围确立了团体的纪律与可能的自治。

当您抱着这种理想的班级团体目标从事实践时,班级团体总会存在着共同的发展过程。例如,在同学们彼此不熟悉的阶段,团体氛围是不可能"安心"的,"同学发生了差错不得取笑"这一类规范无法形成,大家都不能畅所欲言。在同学之间尚未形成相互信赖,也尚未选出领导者的阶段,团体是不可能展开自觉、自治的班级活动的。

五、班级团体发展阶段论

(一) 第一阶段:个人属性间的矛盾阶段

在班级团体形成之后不久,儿童的注意力主要集中于了解教师,以及建立与同学的稳定关系,尚不能明目张胆地反抗教师。因此,班级中的主要问题是同学之间的纠纷。

这个阶段可分两个小阶段。

班级编制之初是第一期,即探索期。班级团体刚刚形成时,同学们对新的情境或多或少尚有疑虑。这种疑虑源于不熟悉教师、不熟悉同学,以及不了解新班级的行为规则。因此,儿童主要关心的是了解教师、了解同学,以及了解班级的基本行为准则。团体充满拘谨的氛围,旧的伙伴关系已失去效用,儿童在试探与其他同学交往的同时,也试探教师的行为,以便了解教师。

第二期是小团体形成期。儿童一旦获得某种程度的安心,其注意力便转向建立并稳定新的伙伴关系,以满足自己的需求。渐渐地,在同学关系中出现了"地盘",形成了基于需求、兴趣、游戏倾向等类似因素而结合起来的次级团体。在次级团体达到稳定之前,会产生决定所谓"胜负"的小纠纷和同学之间的拉拢。因此,小团体形成期同时也是班级中的个人之间及友好小组之间的序列得以形成的时期。

（二）第二阶段：团体要求与个人属性之间的矛盾阶段

在次级团体稳定下来后，儿童们总想在班级中积极地采取行动以满足各种需求，但这样往往与旨在实现团体要求的力相冲突。因此，班级团体中产生的主要问题是，"旨在满足团体要求之力"和"旨在满足个人需求之力"之间的矛盾。

这个阶段又可分为下列三个次级阶段。

首先是第三期，即师生矛盾的时期。儿童们的注意力集中于如何满足受到同学和教师承认的承认需求、卓越需求、自尊需求等。一般说来，团体要求接受度高的儿童和较为依赖教师的儿童，由于依据教师的指示展开活动和学习，将会受到教师和伙伴的承认。

但有的儿童却在寻求承认怪癖和威胁。此时儿童们的注意力还集中在教师的指导活动和对活动内容的评价上。他们对教师的做法和教师决定的班级规则及活动内容，会明显地、直接地作出好与恶、有趣与乏味之类的评价。对教师的指导加以消极评价的儿童和团体要求在诸多方面不能适应自身需求的儿童，会以次级团体为据点，开始对教师的指导作出公然或隐藏的对抗。怠惰的儿童也会在开放型的班级气氛中公然表明自己的需求，抗拒教师的指导。如此一来，在这个阶段，抗拒团体要求的儿童、次级团体，与顺应团体要求的儿童、次级团体，就表现出截然不同的态度。

在这个阶段，同学之间的融洽关系和开放型的班级氛围是完全可以实现的。但是教育的目标不能只停留在培养依赖教师才能展开学习与活动的儿童。正如课程标准所指明的，必须借助"自觉的、自治的活动"发展儿童的自主性与自治能力。为使班级从依赖教师的状态发展为进一步自主的状态，就得培养带领团体的干部，以代替教师的角色。

第四期为教师、儿童与儿童间的矛盾期。在这一时期，不仅教师发挥旨在实现团体要求之力，而且在前一阶段培育的干部也和教师一起发挥适应团体要求之力。也就是说，干部接受教师的支持和指导，带领全班开展各种活动。因此，"教师、干部、支持的儿童们"和"与之对抗的儿童们"，就构成了活动之中的典型对立。

与班级中的这种活动相对应，儿童的注意力转向活动内容、决定方法及干部的做法。同时，维护和提高获得承认的自尊，仍然继续受到重视。如此一来，在不满干部的做法时，儿童就要求改变，于是产生对立。

对抗干部的不仅仅是那些把个人需求置于优先地位的带头者及其次级团体。形成自主性的活动需以各成员积极地参与活动为前提，因此，"扫兴"的儿童也会妨碍自主的活动。

在儿童对教师的信赖、拥有杰出统率能力的干部，以及由违反团体要求的需求结合而成的次级团体力量薄弱的场合，学习与活动将会活跃地展开，儿童们将会感到这一阶段班级生活的满足、充实。不过，在这一时期，其他儿童处于依赖教师和干部的状态，所有儿童的主体性、自立性的形成尚不充分。为了培育所有儿童的主体性、自立性，必须提高他们的统率能力。

随后是儿童团体之间相互矛盾的时期。在这个阶段，以拥有力量的干部为中心的干部群一方面接受教师的指导，另一方面自主地带领全班同学开展多种活动。这样，教师与儿童之间的矛盾减少了，"干部群与支持干部的儿童"和"抗拒干部群的领导作用的儿童"之间的矛盾却增加了。由于这两种矛盾的性质不同，这一时期可以划分为第五期（前期）和第六期（后期）。第五期是遵从团体要求之力与违背团体要求之力相矛盾的时期；第六期，基本上所有儿童按照团体要求的方式展开活动，是团体要求架构内的矛盾阶段。

第五期，新的干部约占班级全员的 1/4～1/3。由于大量干部的出现，儿童的活动更加多样化了。儿童为个别干部的多样化活动所吸引，也就满足了儿童的种种需求。再者，反映团体意识提高的班级整体活动也更丰富多彩。生动活泼的活动频繁地激发沟通，进一步加深了班级全员的亲和性。各种活动即使在教师不在场的场合也能照常计划和实施。但是，正如皮亚杰（J. Piaget）和科尔伯格（L. Kohlberg）所揭示的，在七八岁之前，儿童把规则绝对化、机械地将规则套用于成员的倾向极强，因而也会发生团体将不适当要求强加于有困难的儿童的现象。因此，只有小学高年级以上才能完全进入第五期。总之，在这个阶段，教师无需对每个儿童一一提出要求，只要指导干部群或以干部为中心的成员，就可以展开多样化的活动，可以体现出自立、自由的规范，儿童在课堂教学中也能活跃地发言和讨论。此外，儿童们本身也可以维护纪律，即使在长时间的自修课上也能安静地学习。儿童之间建立了坦率、亲密的关系。他们主要关注的是借助班级的承认获得自尊需求的满足，并在活动中获得自我要求的满足。因此，他们会评价活动内容、方法、干部的做法等，毫无顾忌地发表不同看法，并要求改弦更张。

（三）第三阶段：团体要求架构内的矛盾阶段

当大多数儿童基本上都能接受团体要求时，班级内的主要矛盾就不是团体要求与个人属性需求间的矛盾，而是团体要求架构内个人属性需求间的矛盾。

这一阶段也可以根据矛盾的性质划分成两个次级阶段。

首先是第六期，即儿童团体与儿童团体矛盾期（后期）。主动积极的团体学习与活动的规范一旦确立，在班级中得到承认的行为就是积极地参与活动的行为。儿童的自尊心由于在各种活动中发挥了积极作用而得到提高，其关注焦点随之转向积极参与活动、发挥作用。频繁地从事违反团体要求行为的儿童和次级团体在班级中会趋于孤立。因此，即使强烈违反团体要求的儿童也会试图在参与活动中满足自身的需求。这类儿童往往精力旺盛，也不能在团体要求方面发挥太大的作用。干部队伍一旦扩充，与活动内容和实施方法有关的修订案和不同方案便会不断出现；而且，替代现有干部、争夺统率力的竞争也会频繁地进行。这些统率力之争并不是感情上的对立，而是所有儿童之间亲和的、无所顾忌的必要关系的反映。

在这些活动中，即使没有教师的指导，儿童也会遵从团体要求，自主地发挥成长的能量。班级的自主活动将更趋活跃，活动内容亦将更臻丰富。在学习活动中，他们会自己制订一套学习计划展开学习。团体活动不限于课堂教学，甚至会扩展至其余班级、年级及其他团体的活动。为了在学习方面进一步培养儿童的自主性，必要时可变更课程时刻表。全校的划一性有时也可能会妨碍儿童自主活动的发展。

最后的阶段是第七期，即个性矛盾期。在这一阶段，认为违反团体要求的行为有价值的儿童已经不复存在。每个儿童都能各自制订适合自己进度的学习计划，无论在教室还是在家里，都能自主地开展学习。儿童们关注的已经不再是通过夺取各种活动的主要角色去提高自尊，他们较重视谋求自我实现，愿意为了自身及其他同学的成长而共同合作。此时，谁都可以视需要扮演主要角色。班级中主要的对立不再是情感上的对立，而是对逻辑原则的贯彻。认识深浅的不同、价值观和体验的不同、个性的不同等,造成了逻辑上和个性上的对立。由于班级中的矛盾是逻辑原则的对立,活泼的儿童不再具有影响力,只有视野广、洞察力强的儿童才能引导班级团体。班级活动几乎无需教师的指导就能进行,教师的指导集中于学科的教学,只有在特别困难的场合,儿童才会要求教师的指导。

由于上述的发展过程并不顺利,教师一旦放松了指导,班级团体就会倒退至前一阶段。因此,教师必须根据具体的发展阶段,组织充实的班级活动,以便使所有儿童都感受到自我价值感,激发其活动积极性,并使其获得必要的社会技能。

六、班级团体的功能

(一)班级团体功能的源泉

班级团体具有与家庭、游戏伙伴、所属运动队伍等团体共同的功能。从功能方面来看,班级团体的最大特征是对儿童提出团体要求。也就是说,在归属被引导的状态下,以所获得的课程为代表,促进全面发展的系统而有组织的体验,就是班级团体的独特性。从这一观点出发,可以概括出形成班级团体功能的因素:

1. 在班级内提示多样化的范例。在班级团体中,教师与同学之间互相发挥范例的作用。范例有下列功能:其一,模仿效应,即获得新的行为模式。其二,抑制效应与解脱效应,即业已习得的行为受到抑制或解脱。其三,催化效应,即唤起或引导观察者的行为。根据研究,观察者感到敬重和亲切的范例较之不感到敬重和亲切的范例更为有效。班级团体内的范例在这一点上影响极大。范例还有社会比较的功能与将现实社会化的功能,即范例是比较的对象和判断的标准,给予观察者安心和确信。

2. 在班级内发现矛盾并寻求矛盾的解决。在班级团体中,团体要求与个人属性需求之间及同学之间存在矛盾。在归属被长期强制的班级团体中,都会面临这种矛盾并谋求某种解决。要解决这种矛盾虽然应接受教师的指导,但基本上仍依赖儿童自身,同时这种体验将使儿童获得各种能力。

3. 由于班级内的团体压力,儿童的行为是受强制的。在班级团体中,团体规范得以形成。团体规范是团体压力对成员行为的控制,而团体压力对于儿童的行为有抑制或引发的作用。这种团体压力可以实现一个人无法达成的行为。但团体压力不应被视为对个人的强制力,因为在大多数情况下,对伙伴团体的信赖、履行自己责任的儿童的诚实性,是团体压力得以形成的前提。

4. 在班级内获得的情感体验。团体生活赋予儿童多样而深刻的情感体验。这种情感具有唤起动机的功能,发挥了深化或巩固教学内容的作用。

5. 在班级内,教师的指导要使上述因素有效地发挥作用。所谓班级团体,就是凭借这种体验的组织化,以谋求儿童的全面发展。

(二) 班级团体功能的分类

参考斯特朗(R. Strang)等人的研究,根本橘夫将班级团体所发挥的功能分为以下四项:

1. 满足需求功能——班级团体提供了满足归属需求与依存需求等基本需求,以及自我实现需求与社会有用性需求等高阶需求的机会。

2. 促进发展功能——班级团体提供儿童发展的机会。这些发展涉及多种领域包括:知识及认识的发展;情感的发展;兴趣态度的发展;社会技能的发展。

3. 诊断功能——在团体中,儿童缺乏社会技能和缺乏自我控制力等能力发展上的问题会暴露出来。特别是在班级团体有团体要求时,儿童违反这种要求的倾向将会显现无遗。

4. 矫正功能——班级团体具有矫正行为的功能。例如,自我中心的儿童会因受到伙伴的批评而改变行为等。

团体的这些功能一般称为团体教育力。团体教育力并不是自动地发挥作用的,必须形成积极的团体规范,否则,团体便不可能发挥所期待的功能。例如,在排斥型氛围中,有安全需求的儿童的基本需求一旦得不到满足,儿童就会形成我们所不期望的防卫性行为方式。在竞争激烈的氛围中,在仅止于评价个人学业表现的班级团体中,利己主义之类的问题即使存在也会被忽略,否则,反而会加深儿童的利己主义倾向——包括这些"逆发展"的可能性在内。班级团体的功能可归纳为如表2-1所示的各个方面。

表2-1 班级团体的功能

需求的满足或不满足		安全的需求、归属需求、亲和需求、依存需求、独立需求、承认需求、显示需求、自我价值观的需求、自我实现需求、社会有用性需求
发展或发展分化	知识、认识的发展	知识的增长、认识的深化、观点的扩大、自我理解的深化、他人理解的深化、人际关系的证明
	情感的发展	友情、亲和感、共鸣、优越感、自卑感、称赞、嫉妒、憎恨、敌意
	关心、态度的发展	对自己、对他人、对规范和规则、对文化与社会的关心与态度
	社会技能的发展	自我控制、讨论与决策的技能、人际沟通的技能、处理人际矛盾的技能、解决社会问题的技能
问题的发现或忽略		社会技能的欠缺、共鸣的欠缺、情绪不稳定、自我控制的欠缺或过剩、过度利己主义、极端个人主义、极端内向或外向、过度的焦虑、洁癖、坏心眼、粗暴、说谎、其他人格偏颇
问题的矫正或恶化		上述行为特征的矫正或恶化

第 3 章　学习目标的共享与合作性学习活动

学习的合作性、学习目的的认知、合作与协同、目标共享、学力差异、诊断性评价、形成性评价、终结性评价

一、学科内容与学习团体的关系

　　本章论述学习团体的理论,从标准参照评价的观点考察学习中成就目标的共享与合作性学习活动。在心理学中,学习的概念主要着眼于结果,并将个人的学习当作研究的对象。但是人类的学习不少是以团体的方式展开的。团体的性质不仅体现在学习的方式上,而且隐含于学习内容本身的科学性与学习过程之中。

　　然而,作为学科学习成就的学力,多数被视为个人的能力,因而学习本身也完全是个人的活动——这种认知是不恰当的。我们必须创造出保障所有儿童基础学力的教学系统,同时在这个过程中组织合作性学习活动,并揭示它与每一个儿童学力之间的关系。

　　从 20 世纪 60 年代初开始,日本"全国生活指导研究协会"(以下简称"全生研")开始进行学习团体的研究,并开展有关学习团体性的研究与实践。讨论学习团体性的一个问题是,学科内容与学习团体性的关系。在辩论中,这个问题又引发了两种观点:其一,强调学习团体与学科内容相结合的观点,亦即学科内容直接要求学习团体的形成;其二,以学科内容的科学性为前提,主张学习活动本身要求团体性。

　　在这里,我们首先来回顾一下关于学科内容与学习团体性的关系的辩论。坂本

光男及全生研常务委员会编辑部[1]认为,"文化遗产(文化价值)原本是团体的产物,是由团体创造的",因此他们主张,倘若去除了团体本身的因素,便不能把握学科的本质。铃木秀一[2]则认为:"在教学中,学习的内容使儿童组织起来,结成团体。学习内容的性质及其提示方式乃至原则,是使儿童的认识活动得以交流和发展的首要条件。"

主张学习团体与学科内容紧密结合的学者还包括大西忠治和竹内常一。大西忠治[3]强调,所谓班级创造,是相对独立的学习团体的特殊指导与经营问题。"教学中的'学习团体'正是受各学科内容的科学性所支持的。各学科都有其独特的方法与风格。""在各学科的教学过程中,学科的科学内容自然必须有相应的学习团体的组织与行为方式。"竹内常一[4]主张学科的科学内容不同,学习团体也不同,他认为必须确立起"贯彻学科内容与科学性的学习团体的独特的指导,求得学习团体与学科、教材的结合,并决定学习团体的指导所必不可少的学科、教材是什么"。

二、学习活动的团体性

另一种观点是,以学科内容的科学性为前提,主张学习活动本身要求团体性。

大桥精夫[5]强调"学习活动的团体组织化"的必要性。他认为,"应通过每一个儿童的学习活动,使人类的文化遗产转化为所有儿童的个人资产,成为他们思维与实践的武器"。为此,学习活动必须"团体化地加以组织"。他进而提出了一个研究课题:揭示"如何组织师生的共同表现——智力劳动"的逻辑。大西忠治[6]也认为,着眼于学习与劳动的类似性,"学习"同样具有劳动的团体性质,这一论点是完全可以成立的。

---

[1] 坂本光男,全国生活指导研究协会常务委员会编辑部. 教学过程中小组学习活动应有怎样的地位[J]. 生活指导,1963(49):73—78.
[2] 铃木秀一. 授业过程中学习团体的创造[J]. 生活指导,1963(51):69—75.
[3] 大西忠治. 小组学习活动是课堂教学的基本环节[J]. 生活指导,1963(54):78—85.
[4] 竹内常一. 学习团体的研究课题[J]. 生活指导,1972(168):12—15.
[5] 大桥精夫. 今日学习团体的思想——科学与团体主义[J]. 生活指导,1962(37):5—11.
[6] 大西忠治. 学习团体的教育构造(2)[J]. 现代教育科学,1965(90):15—23.

其后,大西忠治[1]以学习本身的团体性为重点加以讨论。他认为,学习团体的形成是受学科内容、教学内容制约的。在这个前提之下,"学习的团体性,从'学习'所具有的性质来看,也存在与学科(个别的科学内容)的形成并不直接相关的层面"。亦即,"'学习'是相对独立于学科内容之外的。因为这种活动本身已经具有团体性"。大西忠治[2]指出:"与其说数学、语文之类的学科内容要求团体,倒不如说'学习'行为和'教授'行动要求'团体'更加自然、更加直接。"这说明学科内容与内容的指导(教学)相结合时,应以团体为基础。

此外,吉本均[3][4]也认为,与其说是学习内容,不如说是"作为媒体的行为"在呼唤团体,他强调不抓住这个层面,就不能充分地表现"学习团体的结构"。当然,这种观点绝不是轻视学科内容的研究,也就是说,不是等待学科内容的研究完成之后才开始研究学习团体,而是通过实践,求得学科内容的科学性与真实性。

进入20世纪70年代,对学习团体性的研究继续展开,且涉及学习团体的特性及其指导,包括对课堂教学实践的探讨。全生研第14届大会的报告[5]以三个视点阐明了学习团体性。这里试述其中的第二、三个观点:

第二个视点是,保障"学习的团体"。亦即,儿童围绕教师所指示的教材,针对其真理、真实展开论争,容许儿童对教师提出挑战。

第三个视点是,教师的指导应使每个儿童理解程度的差异不至于放任自流或扩大。这样,儿童就可以"统一起来",形成团体。亦即,在教师的指导下,儿童集体揭示真理、真实,相互竞赛,借以获得每一个儿童都可以接受的共同理解,并且"统一起来"。

由上可见,有关学习团体性的研究不仅是学习团体组成方式的问题,也是一个关系到揭示人类学习的本质,并据此确立学科内容及教师指导的应有模式的问题。

---

[1] 大西忠治. 学习团体的基本理论[M]. 东京:明治图书,1967.
[2] 大西忠治. 学习团体实践论[M]. 东京:明治图书,1978.
[3] 吉本均. 教育性教学的理论[M]. 东京:明治图书,1974.
[4] 吉本均. 提问与团体思维的理论[M]. 东京:明治图书,1977.
[5] 全国生活指导研究协会常务委员会. 如何创造、培育民主型儿童学校[J]. 生活指导,1972(174):14—32.

三、标准参照评价中的学习观与团体观

标准参照评价是基于成就目标进行评价的目标参照评价,因此,在相对评价中所表现出来的那种排他性竞争,理论上是不会发生的。这一点,对于儿童的学习观和团体观也会带来巨大的影响。

在相对评价的制度下,唯有通过排他性竞争,取胜者才能成为学习的成功者。因此,在这种评价制度下,儿童的合作性学习在本质上是不可能形成的。它只会造成儿童的畏惧,害怕"不会",害怕出错,其行为只注重结果的正误,而忽略了学习的过程。

相反,在标准参照评价制度下,儿童可以期待人人学懂、学会,达到一定的成就目标。这不仅是教师对儿童的期待,也是同学之间的互相期待。当然,在标准参照评价实践之初,也许不能期望所有儿童都能立刻做到互相期待。但是,改变学习观的客观基础仍然存在。重要的是能不断地以儿童可以体会的方式,具体地表达教师保障所有儿童学力的心愿。标准参照评价所指示的明白易懂的教学方式与以记忆为主的教学方式不同,前者包含了尝试错误在内的复杂过程。儿童在理解的过程中会产生挫折和错误,明白易懂的教学方式可以一步一步地纠正他们的错误,形成科学概念与思维的过程。在这里,伙伴之间批判性地探讨彼此观点的团体学习活动是必要的。根据这种标准参照评价的观点可以断定,保障学力的学习观是以学习团体为必要条件的。

我们可以从若干层面,列述标准参照评价制度之下学习观的变化:

1. 伙伴之间可以互教互学,互相促进。

2. 对学习过程中的挫折的评价发生变化。亦即,在积极地看待挫折、进行教学的过程中,挫折本身甚至可以被视为学习的契机而加以活用;即使发生了挫折,也不视之为"失败"。

因此,在标准参照评价中,所有儿童彼此合作,能够而且必须形成旨在提高学力的民主型的合作性学习团体。

不过,标准参照评价的理论与实践虽已揭示了学习团体问题的重要性,但有待

今后研究的问题仍不少。例如,柏木正[1]揭示了学习团体是提高学习积极性的基础,提出了"形成儿童相互竞赛、彼此合作鼓励的团体系统的发展"之课题。他同时指出,在考虑团体目标时,应把这一目标作为儿童必要的学习目标。

四、合作性学习活动与成就目标

首先应区分一下"合作"与"协同"。全生研常务委员会[2]将"共同"界定为"共同体或团体共同拥有事务,其成员以同等资格参与生活上共同课题的解决","合作"则是"团体齐心合力解决共同课题"。在这里,齐心合力从事学习即应使用"合作"这一术语。区分"合作"与"协同"乃是近年的事,在 20 世纪 60 年代时尚无这种区分。

不过,儿童的合作学习一向是以形成班级团体与自治团体的成果表现出来的。例如,宫坂哲文[3]针对形成班级团体与"真正的学习团体"之间的关系,这样写道:"借助合理的学科教学尚不能保障科学知识与能力的学习团体,不能说是真正的学习团体,而是借以帮助班级团体的形成;不能保障以团体目的为主的统一性、凝聚力、自由的团体思维的班级团体,也不能说是真正的学习团体。"此外,吉本均和森小学[4]也认为,自治团体的确立对于教学的教育性的影响,就是"对教学的自主与共同的愿望和态度"以及"共同领悟到学习目的"。但是,学习团体特有的问题,诸如联系教学内容、儿童是为了什么目的而学习、如何展开共同活动等,尚无研究成果问世。因此,儿童学习时抱着一定目的进行的合作性活动,是基于同学习活动的特点关系不大的班级团体与自治团体形成的结果构想出来的。吉本均[5]列述了生活指导运动中团体形成理论下"团体"概念的特征,其中一个特征就是团体应"朝着共同目标从事共同活动"。这种"共同目标""共同活动"的概念是在自治团体形成的研究与实践中展开的,往往也被引入学习场合,但似乎被当作学习活动的一个指标来加以考虑。

不过,研究者最近在关于学习团体的讨论中提出了学习的合作性问题。以下试

---

[1] 柏木正. 学习积极性与团体的质[J]. 标准参照评价,1986(6):25—30.
[2] 全国生活指导研究协会常务委员会. 新版班级创造入门——小学[M]. 东京:明治图书,1990.
[3] 宫坂哲文. 班级管理入门[M]. 东京:明治图书,1964.
[4] 吉本均,森小学. 形成团体思维的态度[M]. 东京:明治图书,1966.
[5] 吉本均. 授业课程与团体形成[J]. 现代教育科学,1966(102):120—125.

举析出健二①②关于"学习团体"的定义：

1. 同一年龄层的青少年在共同的课程标准之下，根据同一成就目标从事学习的班级团体。

2. 熟悉学科固有的学习方法，抱着共同的目的意识以掌握教材的学生团体。

这些定义说明，团体统一的契机是儿童达成目标和共同目的意识。亦即，展开合作性学习的基础意味着直接与学习相关的概念所提示的内涵。析出健二③进一步列述了学习团体概念所不可缺少的表征之一——"儿童面对学习课题的团体性集结"。在这里，要求通过"学科固有的学习方法论"的团体化，去探讨有别于自治团体的学习团体的性质。

虽然自治团体与学习团体中展开的活动不同，但都必须引导儿童并展开合作性的学习活动。合作性学习活动的基础是成就目标。成就目标具体陈述了各门学科所应授受的基本概念、知识与技能，这种目标是各学科中教学内容的研究与教学实践的基础因素。此外，该目标所显示的内容也应当保障所有儿童掌握的学力内容。再从成就目标与授业的关系来看，成就目标具有指引教师的教授活动与儿童的学习活动的性质。重要的是，需要依据与学习活动直接相关的概念去考察合作性；合作性学习活动可以借标准参照评价的实践得到保障。这样，我们就能对个人学习作出批评：陷入个人主义的学习，因而丧失团体学习的喜悦；在标准参照评价的实践中，儿童的学习变成"填鸭式"教育。

为了构筑合作性学习活动的概念，还需要探讨作为心理学研究对象的学习概念本身，重新界定这一概念。吉田章宏④详尽阐述了创建实践性学习理论的理论家的活动与观点所应具备的13个特点。这里只列举两个特点来讨论：其一，学习不但指向"有效的学习"，而且指向"出色的学习"。人类的学习在此之前主要着眼于效率，今后需要以价值的问题，亦即以价值更高的"出色的学习"为对象进行研究，并作出理论分析。其二，提出"从教学的脉络"思考人类的学习。亦即把儿童的学习视为与

---

① 析出健二. 学习团体的指导过程论[M]. 东京：明治图书，1982.
② 析出健二. 学习团体的今日课题[J]. 生活指导，1986(354)：23—28.
③ 析出健二. 晚近"学习团体"若干问题[J]. 现代教育科学，1983(324)：102—106.
④ 吉田章宏. 探索"为了"教育的学习理论——教育与学习理论[J]. 教育学研究，1975(42)：104—115.

教授者——教师的"有目的的活动的相互作用"。这些都是学习内容所具有的价值问题,也可以说是点明了应当教授的学科内容与应当掌握的学力内容,以及人类学习所具有的合作性。

五、学习目标的共享与学习活动的合作

在教学中,班级儿童以某种成就为目标进行学习,全体都在追求该目标的实现。这时,每一个儿童对于成就目标的理解程度如何、是否共同拥有,决定着学习活动合作性的性质,甚至会影响到教学的性质。

一般认为,产生学力差异的原因之一是未能根据学习内容去设定学习的目的、目标的表述、先行教学与相对性评价。为了改变这种教学与评价,就得首先揭示儿童这一真实的"学习主体"的成长道路。

(一)学习目的的认识

小川太郎[1]在阐述教学中团体的作用与团体教育的问题时,论述了学习的目的意识与认识学习目的的重要性。其基本内容如下:

第一,儿童自身必须抓住教学的学习课题,形成"主体的团体目的意识"。这个目的既是个人的目的,同时又是团体的目的。

第二,如何使儿童自身将主体的目的意识与实现教师传递文化遗产的客观课题结合起来。在这种场合,教师提示的学习课题与儿童的主体性学习课程之间总会存在"落差",要赋予儿童拒绝填补这种落差的自由。

第三,谋求儿童自身对学习目的的理解。

上述三项都是儿童作为真正的学习者在成长过程中所必需的。使儿童正确地认识学习的目的是教师指导的根本所在。现在,在许多场合,儿童的学习乃是忍受排他性竞争、实现"个人成功"的手段,这是谁都不能否认的。这种"个人成功"加剧了学习本身的个体化,并与所有人获得"成功"的愿望处于对立状态。如果儿童执意

---

[1] 小川太郎. 授业过程与团体[J]. 生活指导,1963(48):11—17.

追究学习本身的意义,则以"个人成功"为目的的学习,将不能产生令儿童信服的论据。

因此,我们不仅要使儿童在生活和教学中思考学习的目的,而且要使他们实际地感受到自己的学习成果和自身见识的发展,确信自身的成长;要使儿童认识学习团体的学习目的,培育其"学习权"的意识等。这些都是相当重要的。

(二) 成就目标的形成与目标共享

何谓目标共有?试考察一下目标共享的方法之一——儿童成就目标的形成问题。

合作性学习活动的前提之一乃是所期望的成就目标的共享。日本全国标准参照评价研究会1989年发布的《标准参照评价的基本认识——面对21世纪的21条原则》中,第三条原则是"儿童的目标设定由教师代行"。成就目标原本就是儿童学习与发展的目标,是"为了儿童"的成就目标。然而儿童自身无法制定成就目标,通常由教师暂时替他们制定。因而所谓成就目标的共享,即意味着把教师代行制定的成就目标当作儿童和教师合作的目标加以认可。但是,学习目标的共享不仅表示儿童理解今后该学习哪些内容,还包含学习内容所拥有的价值共享。伙伴之间一旦"共享"了学习内容所拥有的价值,就能接受成就目标,这就产生了合作性的学习观——务使人人弄懂,不放过"不懂"之处。这样来考虑教学的成就目标的共享,就代表了揭示每一个儿童所拥有的学习目标本身的意义与价值。即使他们当前的学习课题不一样,儿童也可以领悟到课题意义与价值的共同性,彼此承认各自的课题。这样,只有在成就目标共享时,教师指导、儿童学习的教学才能形成。

那么,儿童与教师,以及儿童之间,是如何共享成就目标的呢?这就是小川太郎[1]所说的课题——"如何集体实现客观课题的主体目的意识化"。它也是学习者——儿童如何参与制定成就目标的问题。成就目标的制定一般是由教师代理的,但有必要让儿童亲自参与,使之进一步意识到目标的意义。成就目标必须在学习的起点、学习的过程,乃至学习的终点——成就标准上实现共享。从儿童的角度来看,

---

[1] 小川太郎.授业过程与团体[J].生活指导,1963(48):11—17.

起始点的成就目标共有是展开合作性学习活动的前提。可以设想根据标准参照评价使学习者有机会参与教学的目标、内容、课程时间等的安排。这里要考察一下视教学设计过程来参与目标设计与目标共享的问题。虽说是参与目标设计，但儿童的参与方式是一种学习者的参与，是有一定限制的参与，这是不容置疑的。

在诊断性评价中，从评价的目的出发，儿童参与决定新单元的学习目标与内容。也就是说，儿童会通过诊断性评价发现学习内容中尚未被掌握的部分，那么在新单元的学习过程中就需要一面复习一面推进。即使不改变该单元的成就目标，达到单元目标的过程目标也必须变更。在这种场合，教师不仅设定目标，而且可以将评价结果反馈给儿童，并加以说明，然后设定儿童也能接受的目标。不过，即使在这种场合，也无法设定儿童可以透彻地理解整个单元的学习目标。

形成性评价又是如何的呢？在这里，儿童与目标设定之间的关系更加生动活泼。形成性评价是指在一节课或一个段落的教学结束之后，评价教师在教学中的指导和儿童的理解程度，并将其结果用于下一个教学设计。考察形成性评价的结果，倘若未达到该教学成就目标的儿童很多，则在发生严重错误的场合就得修正目标、改进指导方法、改良教材。在这里，可以说儿童参与教学设计的道路是敞开着的。在修正教学成就目标的场合，可以将评价结果反馈给儿童，就修正目标和设计目标加以说明，使儿童接受。如此，目标的修正是依据教师指导的结果进行的，而不是教师随心所欲的行为。

那么，终结性评价又是如何的呢？在终结性评价中，儿童参与目标设计方面与前述两种评价有所不同。也就是说，单元目标是已经定型的，虽然通过教学已进行了修正，但目标的设计不可能从这个阶段才开始。因此，在这个评价阶段，要确认班级全员是否已经达到了成就目标，亦即终点的目标是否共享。这里的"共享"指的是具体地确认所达到的特定的学力。此处成就目标的共享构成了下一个成就目标共享的基础。即使儿童通过诊断性评价与形成性评价参与了目标设计，但倘若在终结性评价中目标并未共享，也将大大失去参与的意义。这是因为，以标准参照评价为基础的教学，其目的在于保障所有儿童的学力。

再考察一下拒绝成就目标的场合。为了共有成就目标，必须保障儿童有接受或拒绝的自由。儿童很少拒绝检讨成就目标本身，只有经历了挫折之后才可能拒绝。

从教学开始前的挫折来看,诊断性评价中所应反映出来的挫折,在进入新单元的学习时,该单元的成就目标是不可能被共享的,亦即儿童将会拒绝共享。这种拒绝有不同的程度,但只要修改教学计划,包括修正有关学习事项的成就目标,就可以开辟共享之道——儿童共享今后教学内容的成就目标。视挫折的程度不同,甚至可能要求重新编订教学的内容。也就是说,"在改革学科内容及其学科性方面,儿童本身就是一个批判性、改造性教学的合作者"。①

不过,从现实层面来看,也许会有人说,学力是有个别差异的,成就目标的共有是不可能的。但是,正因为存在学力差异,才强调目标的共有,一同合作展开学习是必要的。标准参照评价的目标设计旨在形成从教师向儿童及从儿童向教师这种双向的目标设计系统,使儿童自身清楚地意识到参与目标设计的意义。为此,培养儿童独立制定目标、评价学习结果这一系列的学习能力是必不可少的。

(三) 学习活动的合作与学力的形成

学习活动中包含了分析对象、互相比较和推论这一系列思维的要素,其结果是"行为的不断变化",且不限于具体行为的表现。在学习过程中,也有无法简单地表现出来的场合。我们有必要掌握包括这些过程在内的学习概念,在学科教学中更应特别强调这一点。

教学是隐含了师生之间及同学之间的合作性活动的过程。无论是教师的教授活动还是儿童的学习活动,都是作为合作性活动而展开的。维果茨基(Л. С. Выготский)曾经揭示了教学中教师对学生现有发展水平(过程)给予援助的重要性,提出了"最近发展区"的概念。② 他对教学中教师协助儿童的合作性学习活动给予了积极的评价。

合作性活动可以构想出种种不同的方式。试考察教学中常见的讨论。在假设实验教学中,"讨论"包括三层含义,即"争论"(debate)、"交谈"(discussion)、"协商"(conferment)。③ 所谓"争论"是指与对方的争议(激烈的说服活动),"交谈"是与对

---

① 吉本均. 授业过程与团体形成[J]. 现代教育科学,1966(102):120—125.
② 维果茨基. 学龄期儿童智力的发展与教育的问题[M]//维果茨基. 思维与语言(上). 柴田义松,译. 东京:明治图书,1935:274.
③ 庄司和晃. 假设实验表现与认知的理论——三阶段关联理论的创造[M]. 东京:季节社,1976.

方交换意见（借用别人的智慧），而"协商"是指使对方受益（助对方一臂之力）。显然，"讨论"可以视为"借用别人的智慧""帮助对方"之类的合作性活动。所谓"不同意见的争论"，是指意义上的讨论，其含义有些不同。另外，"讨论"可以指以共同的学习课题为媒介的合作性表现。

儿童对教材的理解程度及理解速度存在个别差异。所谓"合作性学习活动"，就是利用个别差异"借用别人的智慧"和"帮助对方"，在此基础上，通过"争论"逼近真理、真实，实现一定的成就目标的学习活动。下面试就这种过程作较详细的阐述。

从班级教学来看，组织合作性学习活动的过程和作为其活动的结果，是使每一个儿童掌握学力的过程。所谓组织"合作性学习活动"的过程，就是以学习目的的认知、成就目标的共享为前提，教师根据儿童业已掌握的学科知识与学力，在教学中使它们为团体所共享，组织新的学习活动的过程。也就是说，凭借团体共享，可以创造这样一个前提：超越每一个儿童拥有的知识的量与质的差异及理解的差异，发挥儿童理解的主体作用。这里指的是使他们"交谈"和"协商"，组织"争论"这一类教学活动的过程。

另一个过程则是合作性学习活动的结果，亦即使每一个儿童掌握学力的过程。它不是单纯在个体掌握结果时获得机会与知识的过程。合作性学习观、合作性活动的内容也可以转化为个体自身的东西。这一点与个体学习的情形大相径庭。在记忆学习结果时，合作性活动的存在对记忆的内容与保持时间也产生了巨大的作用。即使成就目标是同一个，合作性活动的内容与质量也会有所差异，因而儿童掌握的学力也会产生差异。

现实的教学在班级情境中表现为团体活动的形式。但是，班级儿童的学习活动也应被视为合作性活动来加以组织。这一点有待进一步探讨。今后，在教学理论中有必要对源于学习本质的合作性学习活动进行理论分析。

第 4 章　互相学习的组织化与学习团体的形成

个别差异、技术认知、学习团体的分裂、团体自立的指导、团体的自我管理、团体的自我指导、学习方法的指导

一、班级中的个别差异

现代的教学是以班级为单位进行的。中小学的班级通常是由同一学年的儿童组成的。因此,班级大体上是同一学龄的儿童的集合。由于班级是以学龄为标准编制的,理所当然会存在种种个别差异。尤其是在教学中,可以发现儿童学习能力的不同和思维与行为方式上的个性差异。这些差异都以下列方式具体地表现出来:

所谓"学习能力",意味着学习的速率和掌握的速度。其中的差异表示被掌握的思维步骤与练习量的多寡。因此,在教学展开过程中,这种差异表现在理解(掌握)的快慢上。

所谓"思维和行为的个性",就是儿童预先以各自的个性化的表象与逻辑进行思维和行动。由于这种差异,儿童即使面对同样的课题,也会出现"理解方式"与"掌握方式"上的差异。

这样,倘若在班级中展开教学,由于个别差异,必然导致班级分裂,分成理解(掌握)速度快与慢的两组儿童,以及"理解方式"与"掌握方式"不同的儿童。消极地解决这个问题,例如让"理解"快的儿童停下脚步,迁就理解慢的儿童,这种做法过于轻率。我们需要的是指导这两组儿童互相学习。重要的是使理解方式以及理解速度

不同的儿童,运用同一种教材互相学习,因为组织互相学习才符合学习的本质。下面将进一步探讨这个问题。

二、通过互相学习加深学习

学习就是掌握知识与技能,而掌握知识与技能的是每一个儿童。这个意义上的学习具有个体的性质,可以说是个体的行为。但学习同时也具有团体的性质。也就是说,学习的主体既是个体又是团体。

关于知识掌握的过程——认知的过程,芝田进午作了如下阐述,指出它与团体的密切关系:

"在熟悉知识论常识的人看来,个体是认知的主体,这一点是不言自明的。但也许会有这样的疑问:组织小团体能够成为认知的主体吗?不过,试想一下工会应会员要求而进行的调查,以及对工人状况的调查吧!这些调查基本上是由组织主导的调查和认知,与每个会员的认知能力及基于工会领导的方式、组织的编制、调查会的主持者、调查报告的归纳整理方式等所形成的结论是完全不同的。这是众所周知的。"①

再者,关于这种认知的团体性质,他说明了团体与组织的模式:

"在这些组织中,各个成员可以自由地阐述自己的认知(识见或意见)。如果可以民主地讨论这些见解的话,全员对于对象的认知将更全面、更深入、更发展。在这种场合,不仅个体获得认知,包括个体在内的组织也获得认知,以后者为媒介的个体的认知也会获得发展。"②

因此,

---

① 芝田进午. 现代民主主义与社会主义[M]. 东京:青木书店,1982:81.
② 同上。

"人类愈是有组织地广泛而多方面地生活,认知的范围也就会愈广。另一方面,认知扩大、深化的过程同时也是制约组织的扩大与集中化的过程。它们是互为媒介的。"①

因此,承认认知的团体性质是很重要的。确实,进行认知的是每一个人,然而个体认知的发展是以团体为媒介进行的。换言之,个体的认知是综合了伙伴的多种认知而发展的。因此,在有个别差异的儿童团体中,认知的指导是以该团体为媒介进行的,这也是一条原则。

不仅是认知的指导,在技能的指导中,这条原则依然适用。试考察一下体育课。倘若在团体中进行指导,既有"高明"的儿童,也有"蹩脚"的儿童。如果全班有40名学生,就会出现40种不同的"掌握方式"。这种现象对于技能指导者来说似乎是不利的条件。但其实,倘若作下述的指导,不如将此当作一个有利条件发挥作用。也就是说,"高明""蹩脚"等不同熟练程度的技能,反映了技能发展的不同阶段。指导者可以把这些技能熟练程度不同的儿童组织起来。

关于这一点,出原泰明说:

"(比起自己)他差在哪里呢? 有什么缺点呢? 怎样才能进入下一阶段呢? ——通过对蹩脚者的观察分析,进行整理,然后归纳自己的经验,对照自己之所以成功的情形,就可以(将过去与现在联系起来)找到发展的线索。

与此同时,分析熟练者的动作,自己怎样才能达到? 自己目前的缺点又在哪里? ——可以(将现在与未来联系起来)从熟练者身上学到经验。"②

如此一来,儿童在教师的指导之下,通过观察、分析比自己高明和比自己蹩脚的同学的动作,可以就"蹩脚—自己—高明"列出一个流程加以把握,从而获得如何熟练的观察心得(技术认识),同时也可以提高自己的技能熟练程度。在改进学习的系

---

① 芝田进午. 人性与人格理论[M]. 东京:青木书店,1963:120.
② 学校体育研究同志会. 技术指导与团体形成[M]. 东京:棒球杂志公司,1978:96.

统中,正确地作出"蹩脚者—自己—高明者"的定位对于体育学习尤为重要。所以,在技能训练的场合,也存在技能熟练程度的差异,这对技能发展与技术认知的掌握是不可或缺的。这一原则同样适用于有个别差异的团体中的学习。

由上可见,无论认知的学习还是技能的学习,凡是"学习"都具有团体的性质。在班级中,儿童的互相学习是与学习的性质相配合的。

在班级中,"理解方式"和"掌握方式"不同的儿童,以及理解(掌握)速度不同的儿童,他们之间的互相学习是学习的性质所要求的。其中包含了"互助""互教""合作",这些都是美德。

组织互相学习的目的就在于使儿童互相切磋自己的认知与技能,互相融会不同于自己的认知与技能,学习更高层次的认知与技能。确实,在组织互相学习中,包含了"互助""贡献""合作",不过最重要的是"切磋"和"融会"。通过"切磋"和"融会",儿童可以达到更高层次的认知与技能。

"学习"必须在有个别差异的团体中进行。不过,众多的儿童集合在一起并不等于彼此间的互相学习能自然形成。倘若没有任何指导,就会产生歧视性、敌对性的人际关系,互相学习的形成终将成为泡影。因此,我们需要指导班级,使现实的班级成为学习团体,提高学习团体的水准,使儿童的互相学习成为可能。

三、作为团体的自立指导

为了形成学习团体,我们该怎么办?

要使儿童之间的互相学习得以形成,就必须有儿童自身的参与,而不是由教师包办。儿童要使自己与同伴的互相学习得以成功,就应主动地对教师和同伴施加影响。这只有在儿童接受了教师的指导,达成团体自立的时候才能办到。因此,在形成学习团体时,首先得指导团体的自立。下面就来分析这个问题。

坂本泰造指出,"教学是和'分裂'作斗争"。他阐述道:

"教师一旦提问(有时是启发和解释),学习团体便分裂成'听'提问的儿童与'不听'提问的儿童。

其次，即使专心听了教师的提问，学习团体还可以进一步分裂为'明白提问含义'的儿童与'不明白提问含义'的儿童。

再者，即使明白提问含义，学习团体还可以分裂为'回答明白'的儿童与'回答不明白'的儿童。

然后，即使回答明白，在理解方式上，学习团体又可以分裂为'理解方式A''理解方式B'等等的儿童。"①

根据教师的提问，就可以产生这些分裂。根据儿童的回答，也可以产生同样的分裂——倘若以此来考虑，则可以说，班级的分裂是伴随教学的展开而时刻产生的。

这种分裂，需要通过同学之间的互相学习来加以克服。需要在互相学习中克服种种分裂，使未听到提问的儿童听到提问，不理解提问含义的儿童理解提问的含义，原本不明白的儿童也明白了，理解方式和掌握方式不同的儿童向更高层次的理解方式、掌握方式发展。只有这样，才能使所有儿童掌握更高层次的知识与技能。

这样看来，所谓"教学指导"，就是指创造低阶的知识与技能之下统一的学习团体的分裂，然后通过互相学习，克服这种分裂，使学习团体在更高阶的知识与技能之下再统一的过程(如图4-1)。

不过，以互相学习的方式克服团体的分裂不能由教师包办，而应当由儿童自己去做。

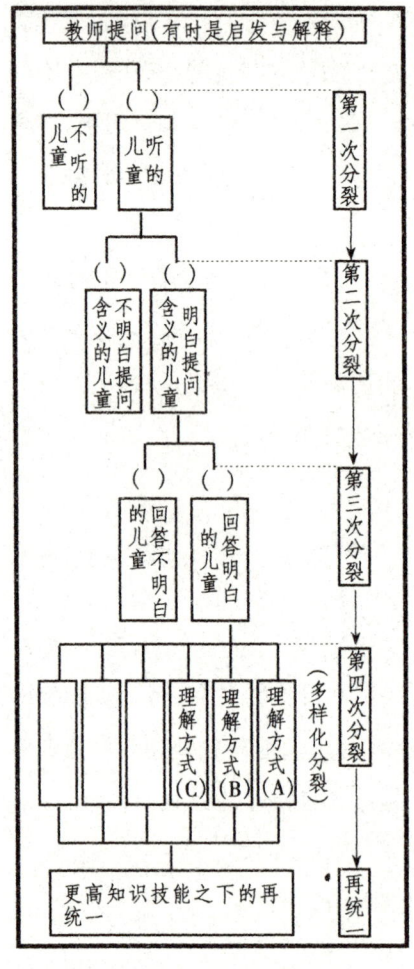

图4-1 学习团体的分裂

---

① 坂本泰造. 征服"分裂"的学习组织[J]. 儿童与教育，1986(7):62.

也就是说,儿童自身为了互相学习的成功,必须积极致力于克服团体的分裂。例如,有的儿童"不明白提问含义",伙伴们就得亲自教他,使之明白提问的含义;或者当该儿童主动举手表示"我不懂提问的含义"时,教师就要出面帮助。

如此一来,儿童自身致力于克服团体的分裂,就能维护自己的学习,并使彼此间的互相学习获得成功。从事学习的是儿童,因此,克服分裂对于儿童的学习来说,必然是化解不利的因素。因此,他们必须亲自参与并克服这种分裂。

这种参与,当然应有教师适当的指导。不过,只有当儿童一边接受教师指导,一边求得团体的自主时,才有可能凭借儿童自身的参与去克服分裂。也就是说,只有当团体自立时,团体的分裂才能被视为儿童自身的课题加以解决。因此,为了培养"与团体的分裂作斗争,使互相学习得以展开"的学习团体,就得指导团体的自立。

四、团体自立的指导

那么,指导儿童寻求团体的自立,究竟是什么意思呢?

所谓"团体自立",是指团体自身拥有指导、管理的力量。也就是说,在团体内部产生自我指导与自我管理的力量。因此,为了培育自立团体,就得在儿童团体中培育自我指导与自我管理的力量。

所谓"自我指导",就是指团体依靠自身力量指导自己。在自立团体中,儿童具有带领、引导伙伴自立的影响作用(指导)。因此,为了培育自立团体,儿童自身就得向伙伴传授带领、引导的做法(指导方法)。尤其应培养干部的指导能力,这十分重要。

关于学习团体的自我指导问题,大西忠治认为,这是牵涉到"在教学中培养儿童自己的学习干部,他们受到教师指导的影响,但仍然主动指导和帮助周围的伙伴进行活动"[1]的问题。培养这种干部是培养自立团体的条件之一。

为了培养自立团体,还得在团体内部进一步培育自我管理的力量。

所谓"团体的自我管理",是指团体凭借自身的力量控制自己,完成团体共同的

---

[1] 大西忠治. 何谓教师的实践[M]. 东京:明治图书,1976:14.

任务。为了维护团体的共同利益,倘若不能在决定的事项与规定的范围内行使控制力(强制力),就不能算是自立团体。只有控制破坏决定与规定者的行动,才能维护的团体利益和团结。

不过,这里的控制不得依赖花招和暴力。控制力是凭借每一个人的力量集结起来的伙伴的联结力,亦即必须发挥团体的力量。这种控制是民主型控制,是自立团体所不可或缺的。

培育团体的自我管理力量,以便实现民主型控制,也是培养自立团体的条件之一。对于学习团体的自我管理问题,大西忠治认为,这是"使教学得以成立的团体秩序问题。它包括教师的态度问题,以及儿童自身是否总是成为活动的对象问题"[1]。

由此可见,尽管儿童要接受教师的指导,但为了使团体自立,还必须在团体中培养自我指导与自我管理的力量。团体是否具有自我指导与自我管理的力量,是衡量团体自立的标准。

这里需要注意的是,在学习团体中,该团体的自我指导与自我管理的力量,要以维护与扩充自身的智力活动为宗旨而行使。

正如前面已经讨论过的,儿童们之所以必须达到团体自立,是为了与团体的分裂作斗争,使他们之间的互相学习得以成功。形成互相学习的目的在于获得更高层次的认识与技能。为了互相学习的成功,就得保障在这个团体中智力活动的自由。

举例来说,在教师的教学活动过程中,当儿童对教师的提问插嘴说"我不明白",或是要求教师放慢速度,"请稍微等一等"时,不只是教师,整个学习团体也得支持这种插话和要求。要养成时时检讨的风气,以免忽略了这类要求。"学习团体的指导与自我指导、管理与自我管理,就在于支持、控制每一个儿童进行这种智力活动的自由不会受到伤害。也就是说,学习团体借助这些,便可使教学在每一个人自由的智力活动的基础上形成。"[2]

因此,如果学习团体支持、维护儿童的智力活动自由,他们就能同时自由地设疑、思索、回答,克服团体的分裂,互相学习的成功也终将成为可能。

学习团体的自我指导与自我管理的方式,也必须考虑到对这种自由的智力活动

---

[1] 大西忠治. 何谓教师的实践[M]. 东京:明治图书,1976:14.
[2] 竹内常一. 授业中的民主主义[J]. 高校生活指导,1975(冬季号):104.

的维护。关于这一点,竹内常一指出:

"所谓学习团体的指导(教师的指导)和自我指导,指支持并扩大每一个儿童的设疑、思考、回答的自由,在此基础上展开教学。学习团体的管理(教师的管理)与自我管理,也就是控制每一个儿童的这种自由不受伤害。"①

因此,在学习团体的自我指导与自我管理中,存在着维护认识与表达的自由的问题。在学习团体中,干部必须支持并扩大团体成员的认识与表达的自由。而在团体中,当有人侵犯成员的认识与表达的自由时,应以批评与抗议等方式,控制、管理他的行为。教师必须锻炼学习团体的自我指导与自我管理的能力,以便凭借团体自身的力量去维护并扩大认识与表达的自由。

教师通过培养这种自我指导力与自我管理力,就能使儿童求得自立。要达到团体的自立,必须维护并扩大儿童的认识与表达的自由,使他们的互相学习得以成功,这将导致更高层次的知识与技能的习得。在这一点上,儿童在教师指导之下求得团体的自立,可以说是形成互相学习的学习团体的重要指导支柱。

五、学科、教材固有的学习方法的指导

为了形成互相学习的团体,其中一个必要条件是儿童在教师的指导之下求得团体的自立,亦即要求团体自立的指导。

但是,仅仅做到这一点尚不足以形成学习团体,另一个必要条件是指导儿童掌握学习方法。这种学习方法可以形成适合师生之间、同学之间互相学习的学习风格。只有通过这种学习方法的指导,才能使团体具备"学习"的实质。

在从事学习方法的指导时,需要使儿童内化下列两种学习方法:一是学科、教材固有的学习方法;二是和教授方式相对应的学习方法。下面将分别加以探讨。

教学中的知识与技能的授受,是借助儿童自身对教材的钻研而进行的。儿童自

---

① 竹内常一. 授业中的民主主义[J]. 高校生活指导,1975(冬季号):107.

身钻研了教材,才能从中学会知识和技能。对教材的钻研确实离不开教师的指导,但钻研的主体是儿童本身。因此,这种钻研成功与否,首先取决于儿童是否掌握了学科、教材的传统学习方法。

儿童掌握了学科、教材固有的学习方法,才会主动钻研教材,才会以学习主体的身份对待教师。在这里,教学是在教授主体与学习主体的对立统一过程中展开的。要使这种真正的教学关系得以成立,就必须指导学生掌握学科、教材固有的学习方法。例如,不同类型的文章各有其不同的阅读方法,文学作品不同于说明文,有其固有的阅读方法。在学习文学作品时,必须使儿童掌握这种固有的阅读方法,否则,他们就不会主动地领会作品的主题。对待一种教材或是一门学科也是一样。一门学科有对应于该学科的学习方法,指导学生掌握这种学习方法是成功的学科教学所必需的。因此,在形成学习团体时,必须揭示学科、教材固有的学习方法。

学习方法的指导必须遵照一定的顺序进行:从学习方法的基本形态开始,经过其过渡形态,达到其理想形态。因为儿童是不可能一蹴而就地把理想形态的学习方法学到手的。即使儿童想掌握某种学习方法,但倘若未经一定的训练程序,他们还是无法判断应使用何种学习方法来钻研教材。因此,要掌握某种理想形态的学习方法,就得从基本形态开始加以指导和训练。

请试举说明文的阅读方法指导为例。在阅读说明文时,有两点十分重要。一是梳理"作者的逻辑",领会其要旨。为此,在教学中就得进行阅读指导,教儿童抓住句与句的关系、段落之间的关系以及段落与全文的关系。仅仅梳理了布局的逻辑、领会了要旨,还不能算是读好了说明文。还有一个重要条件,就是把文中所描述的事物与自己的生活经验和实感、现实结合起来,加以对比阅读。

所谓读"说明文",包含两层意思,即发展对文章的理解力以及对相关内容的正确理解。因此,要求儿童掌握这样的学习方法——不是囫囵吞枣地通读所描述的内容,而是扎根于现实生活加以品味。那么,要使儿童掌握这种阅读说明文的理想形态,应进行哪些指导呢?大西忠治[1]认为可按下列步骤进行指导:

第一步,与自己的生活现实相印证,以领会说明文的内容。根据大西忠治的研

---

[1] 大西忠治. 国语授业与团体指导[M]. 东京:明治图书,1970:222—227.

究,儿童最初都认为教科书中写的都是"好事情",完全脱离自己的现实生活去领会。他们尚未养成结合自己的感觉和体验去理解说明文内容的习惯。因此,这里最重要的是首先要教会他们思考:"文中描述的果真如此吗?自己也是那么想的吗?在自己所经历和所认识的社会里,真有其事吗?——联系自己的生活感觉、体验去阅读。"因此,阅读方法指导的出发点是,根据自身的生活现实去探讨、领会说明文的内容。

第二步,将结合了自身生活现实领会的内容在团体中加以验证。儿童的生活现实是多样化的,他们每个人的生活经验与实感完全不同。因此,就得培养这样的学习方法:"自己难以接受的,他人为什么能够接受呢?自己能够接受的,他人为什么却不能接受呢?——把这些问题放在团体中加以验证、讨论。"这样就可以克服儿童各自生活经验与实感的狭隘性,并且成为学习下一阶段学习方法的一个步骤。

第三步,梳理说明文篇章结构的逻辑并加以领会。儿童们结合各自的生活现实互相验证,这对于阅读说明文来说仍是不够的。对于这类课文的探讨,重要的是进一步根据作者的逻辑领会全文的内容,根据句与句、段与段、段与文的关系,有逻辑地领会课文的内容。对于根据生活经验与实感仍无法领会的地方,应梳理文章的逻辑结构。凭借这种逻辑梳理,可以纠正片面的理解,也可以找出篇章结构上的缺陷。这样就可以充分地探讨、理解说明文的内容。

要让儿童一蹴而就地掌握理想的阅读方法是很困难的,我们需要按照这种逻辑顺序指导说明文的阅读方法。其他学科、教材固有的学习方法,也可以作同样的指导。重要的是洞察这种指导,即面对种种不同的教材,按照相应的逻辑顺序,使儿童掌握理想的学习方法。

六、与教授方式相对应的学习方法的指导

要促使班级形成"学习"的团体,不仅要指导学科、教材固有的学习方法,还要指导适应教授方式的学习方法。儿童的学习活动是在教师采用的教授方式之下组织起来的。教师采用某种教授方式,儿童就得采取与之相应的行为展开学习活动。

教授方式基本上可分为三种:"教师的讲解"、师生的"交谈"、参观和练习等"儿

童作业"。任何一种教学的进行都离不开这三种基本的教授方式,儿童的学习活动也是依据这三种教授方式展开的。不过,要使儿童在这些教授方式之下展开学习活动,就得先指导他们学会学习方法,即该教授方式所要求的行为方式。

例如,当教师以"讲解法"的教授方式进行教学时,儿童是边听讲边领会的。因此,"如何听讲"就应被视为一种学习方法而加以指导。同样,若以师生"对话"的教授方式展开教学时,就应先指导"参与对话的方式"这一学习方法。而采用"儿童作业"这一教授方式时,"作业方式"必须被作为学习方法加以指导。

经过这些学习方法的指导,当教师采取某种教授方式时,儿童就可以采取相对应这种教授方式的行为钻研教材。

要成功地学会与教授方式相对应的学习方法,进行如下三类学习方法的指导,是形成学习团体所不可或缺的:

1. 听讲的指导。
2. 对话方法的指导。
3. 作业方式的指导。

在指导这些学习方法时,同样必须按照一定的步骤进行。例如,我们认为一问一答式的教学方式不好,理想的是师生之间以及同学之间的互问互答。然而,要在教学中实现这种理想的问答,除了从一问一答的指导开始,别无他路。在这里,学习方法的指导也必须按照一定的步骤,一步一步地朝理想形态迈进。

下面试举若干实例。

指导听讲方法时,应从训练"面向教师的视线听讲"开始。教师讲述时,儿童们的神情大体并不集中于教师的讲述,而只是一味地抄教师的板书。因此,不管教师如何讲述,要使儿童全神贯注是很困难的。

在这里,首先要抓住听讲的状态和态度问题。例如,当教师说"我来解释一下"时,应使儿童的视线集中在教师身上。要先训练这种听讲的状态和态度,才能使儿童集中于教师的讲述。下一步的指导是"边确认、边听讲",也就是指导儿童一边听讲,同时对教师的讲述作出一定反应。通过这种指导,不仅要解决听讲的状态和态度的问题,还要解决领会讲述的内容本身的问题。

教师一开始讲述,班级儿童就分裂为"懂与不懂""赞同与反对"两种。教师以儿童的点头认可为线索,可以克服这种分裂。如果发现点头的儿童少了,或是有歪着脑袋纳闷的儿童,教师就可以相应作出重新讲述的决策。通过这种指导,儿童可以掌握听取教师讲解内容的学习方法。

最后一步,就是"听好"的指导。要教会儿童,凡碰到不明白的地方,或不能赞同的地方,可向教师提出再作陈述的要求,也就是指导他们如何听懂。例如,"刚才老师讲的我还不懂,请再说一遍好吗?"这种"听好",不是消极地听取对方的发言,而是积极地听懂,这是听讲的理想形态。指导"听好"是克服班级中"懂与不懂""赞同与反对"的分裂所不可或缺的。总之,在听讲方法的指导中也必须按步骤一步一步地从基本形态,经过过渡形态再达到理想形态。

对话方法的指导亦然。教学中的对话可以分为三类:问答、讨论、小组商谈。关于三者的区分有种种不同的见解,这里试探讨一下。

"问答"是师生之间、同学之间的个别对话,而"讨论"是指经过"小组商讨",在组与组之间展开的团体对话。

一般来说,教学是以"问答"展开的。这种"问答"一旦活跃地展开,将只限于特定的儿童参与,其他许多儿童只能袖手旁观。因此,在"问答"中,例如当 A 和 B 的见解对立时,参与这种对话的儿童是极少的。这时,针对这种见解对立,班级全员展开思考并参与论争是必要的。这就是"小组商讨"和"讨论"了。

在"讨论"中,首先针对对立的见解,在小组里展开商讨,然后根据小组商讨的结果,在全班展开交谈。在这一点上,"讨论"可以说是旨在使全员参与的班级规模的交谈。

"小组商讨"不同于问答与全班性的讨论,指的是在小团体中的交谈。"小组商讨"多数是相对独立于"讨论"进行的。

在指导对话方法时,需要指导种种参与方法,以使儿童能参与这三类对话。这里也必须说明指导的步骤。

试举"问答"的例子。大西忠治主张,"问答"的指导可按下列步骤进行。亦即,从"一齐问答"到"个别问答",再到"交错问答"。[1]

---

[1] 大西忠治. 国语授业与团体指导[M]. 东京:明治图书,1970:17—57.

第一步,"一齐问答"的指导。教师提出问题,总会有一些儿童没有听,或者即使听了也无法回答。为了防止出现这种情形,可进行"一齐问答"的指导。所谓"一齐问答",是指班级全员对教师的提问一齐出声作答。在这里,教师的问题应当是那些儿童能齐声作答的板书上的事项和已知已习的事项。问儿童熟悉的事物,令儿童齐声问答,能养成儿童倾听教师的提问并出声作答的习惯。

第二步,"个别问答"的指导。"个别问答"是指教师提问,由特定的学生作答的一问一答式的回答。从使儿童齐声作答的提问开始,逐渐改变为个别作答时,教师总会先与特定的学生进行答问。在先前"一齐问答"阶段,经过出声作答的训练,"个别问答"的指导也会容易许多。这样一来,任何一个儿童都能与教师作个别的一问一答。

第三步,指导问答的理想形态——"交错问答"。无论是"一齐问答"还是"个别问答",提问者终归是教师。但在"交错问答"中,儿童自身也提问,教师和同学的发言交错在一起。"交错问答"不仅是教师提问,儿童自身也提问,所以儿童能参与问答的流程。在这一点上,"交错问答"可以说是问答的理想形态。

要形成这种"交错问答",就要教会儿童在教师和同学发言时"插话"的技术。亦即,在对方的发言中,如果感到有疑问和不懂之处,立刻插话问"为什么""理由何在"。这样做,儿童的发言就能与教师、伙伴的发言相互交错,展开问答。

但在指导问答方法之际,教师并不能立刻使儿童学会理想的问答方法。应根据儿童的状态,从"一齐问答"开始,然后按照"个别问答""交错问答"的步骤进行指导,这十分重要。

对教学中其他类型对话的指导,即"讨论"和"小组商讨"的指导也是同样情形。要使儿童开展理想的"讨论"和"小组商讨",就得洞察这种指导的步骤,有意识地积累实践经验。

第 5 章　班级内的成绩分化与选拔

预备性选拔、成绩分化、降温、升温、
筛选机制、标签作用、自验预言

一、以学业成绩为标准的筛选过程

（一）预备性选拔

现代的学校，不管愿意与否，在其最终阶段总会发挥选拔机构的作用——决定谁取得社会中的优越地位，从事社会威望高的职业。这种对职业选拔功能的发挥并不限于大学和高中的入学考试。学生在接受选拔考试之前，实质上已经经历了层层甄试，甚至使报考者人数接近录取者人数。

这个事实包含了许多重要的问题。它意味着，学生在参加入学考试之前其实已经在接受选拔了。这种在未来的选拔考试之前所进行的选拔过程，谓之"预备性选拔"。这种预备性选拔一直在学校生活乃至班级生活的层面上进行着。

本章的目的是从上述角度出发，结合若干调查得出的结论，提出下述两个假设：

第一，提出"班级内成绩的分化在进行，预备性选拔过程也在不断展开"的假设。

第二，提出其进行机制的假设，即"这种班级内的预备性选拔过程是基于何种因素、原因进行的"。

（二）成绩的分化

在日常的班级生活中，儿童从小学开始就经历"优等生"与"差生"的筛选过程。

霍尔特(J. Holt)[1]对此做了详尽的叙述性研究。

霍尔特认为,从踏进校门之日开始,大部分儿童就已经在体验失败了。学校不是在帮助儿童成长和成功,而是在加深他们的失败体验。不仅如此,我们甚至可以说,一旦没有了失败的儿童,学校便不成为学校了。为什么这样说呢?因为有了失败的儿童才会衬托出成功的儿童。霍尔特从"非学校论"的观点出发,揭示了在学校尤其是在班级的日常生活中根据学业成绩的筛选是如何妨碍了儿童的成长。

纳什(R. Nash)[2]的研究显示,根据成绩的高低和教师的排行榜,儿童在极短的时间内被筛选。在入学的头八天里,儿童就被筛选了,而且这种筛选准确地反映了学年末的阅读成绩。

综观这两项研究可见,在日常的班级生活中,儿童是在极短的时间内(且准确地反映了成绩)就被区分为"优等生"与"差生"。

上述的筛选不是一次便告终结,而是不断重复、不断增加"差生"。由于这种过程,许多儿童必然成为学习上的"差生",也就是说,必然对学习自暴自弃。最后,大多数儿童考虑到威望高的职业——医生、律师之类的职位毕竟有限,而不得不放弃,即所谓的"弃权"。这个过程就是下面阐述的"降温"(cool out)[3][4]过程。

(三) 降温与升温

考虑到社会威望高的职业的职位有限,所以选拔少数能够胜任该职业的人,让其余的人甘愿放弃,此谓"降温"。反之,根据成绩筛选的结果,使学业成绩好的儿童知道他能从事社会威望高的职业,谓之"升温"(warm up)。

也就是说,根据班级内成绩进行筛选的结果,利用升温可以使成绩好的儿童了解他们有可能升入大学或者从事社会威望高的职业;相反,降温可以使成绩差的儿童相信,不仅升入大学无望,即使升入普通高中也很困难。这两种作用便构成了根

---

[1] J. Holt. *How Children Fail*[M]. Boston, MA: Pitman Publishing Corporation, 1964.
[2] R. Nash. Pupils' expectations for their teachers[J]. *Research in Education*, 1974(12): 47-61.
[3] B. R. Clark. The cooling-out function in higher education[J]. *American Journal of Sociology*, 1960, 65(5): 569-576.
[4] E. Hopper. Educational systems and selected consequences of patterns of mobility and non-mobility in industrial societies[M]// Hopper E(Ed.). *Readings in the Theory of Educational Systems*. London: Hutchinson, 1971.

据成绩进行筛选的全部过程。

不过,这种升温、降温的功能,主要是成绩的评价者——教师所起的作用。然而,贝拉比(P. Bellaby)①也指出了除教师以外其他人的作用。他说,承担升温、降温的团体或个人,除了教师之外,还包括咨询人员、大学希望者团体和非大学希望者团体。也就是说,儿童不仅从教师处,还从咨询人员等人处接受升温、降温的作用。

(四) 筛选假设的提示

为了更详尽地探讨上述假设,这里再考察一下庄健二的调查结果。

倘若假定在学校及班级中"根据成绩进行筛选",那么这种筛选过程至少在小学和初中阶段并不是通过选拔性的考试,而是在班级的日常生活中进行的。也就是说,通过日常生活中反复实施的教学、测验,形成了一定的教学理解度和测验分数的预测之类的自我评价,进而将自我评价与他人作比较,或是通过来自他人的比较,形成与他人的相对评价。经过这个过程,班级内便大致形成了以成绩为基准的序列。那么,为什么要进行基于相对评价的序列化呢?这是因为当今的大学考试、高中入学考试的录取人数终究是有定额的,从某种意义上说,仍然受到考试竞争的巨大影响。

这种相对性的序列,并不局限于班级之内,而且还会扩展至学校乃至同年龄层。每一个儿童都处于该序列中的特定位置,通过这种序列接受来自他人的升温与降温,提高或降低自己对未来的期望值。在这里,日常教学理解度的提高或降低导致了学生关于学业成绩的相对性自我评价的提高或降低,进而提高或降低成绩期望(aspiration)与学业能力的自我概念,乃至提高或降低升入大学的期望。

这种筛选过程可从下述五个方面加以诠释。

1. 教学理解度的自我评价——对上课的内容理解了多少,从"100%理解"到"完全不理解",分五个等级作自我评价。

2. 班级内成绩的相对性自我评价——从班级内成绩序列的上位至下位,分七个等级作自我评价。

---

① P. Bellaby. *The Sociology of Comprehensive Schooling*[M]. London: Methuen & Co. Ltd., 1977.

3. 成绩期望——期望比现状提高多少程度,按七个等级评价。

4. 学业能力的自我概念——可能达到的最大限度的成绩,按七个等级评价。

5. 升入大学的期望——从中学至大学分五个等级评价。

庄健二调查了小学六年级至初一、初一至初二、初二至初三期间,学生上述五个方面的数值发生的变化。其中初二至初三的变化如图 5-1 所示*。所谓"同辈"(cohort),指同一学年或同一年度出生者的集体。

教学理解度 \ 成绩的自我评价	一贯上位	其他类型	一贯下位 (%)
一贯上位		52.4	4.0
上位下降	16.7		20.0
中位上升	23.1		23.1
一贯中位	17.6		27.5
中位下降	0.0	45.9	
下位上升	4.5	36.4	
一贯下位	0.0	65.9	

初二、初三同辈团体

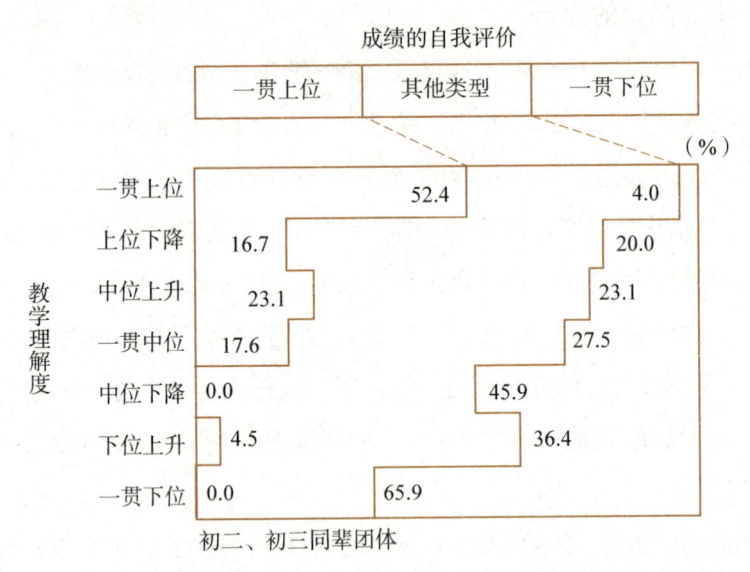

图 5-1 教学理解度个人变化类型与成绩的自我评价个人变化类型

根据从第一次调查到第三次调查的结果,图 5-1 中的教学理解度分类如下:

1. 一贯上位型:教学理解度一贯为 70% 以上者。
2. 上位下降型:教学理解度从 70% 以上下降至 50% 左右者。
3. 中位上升型:教学理解度从 50% 左右上升至 70% 以上者。
4. 一贯中位型:教学理解度一直保持 50% 左右者。
5. 中位下降型:教学理解度从 50% 左右下降为 30% 以下者。
6. 下位上升型:教学理解度从 30% 以下上升至 50% 左右者。

---

* 图 5-1、图 5-2、图 5-3 系依据同辈团体研究会调查资料所绘。调查对象为东京都内 4 所小学、4 所初中,共计 8 所学校的约 1100 名在学儿童。

7. 一贯下位型:教学理解度始终为30%以下者。

如图5-1所示,教学理解度一贯上位型的学生,其成绩的自我评价也一贯居于上位;反之,理解度一贯下位型的学生,其成绩的自我评价也一贯居于下位。

上面以教学理解度为例,说明教学理解度的变化对学生成绩的自我评价变化会产生巨大的影响。这种成绩的自我评价的变化,通过前述的成绩期望与学业能力的自我概念的折射,使得学生升入大学的期望也发生了变化。

图5-2揭示了初二、初三同辈团体反映出的成绩的自我评价与成绩期望的关系。

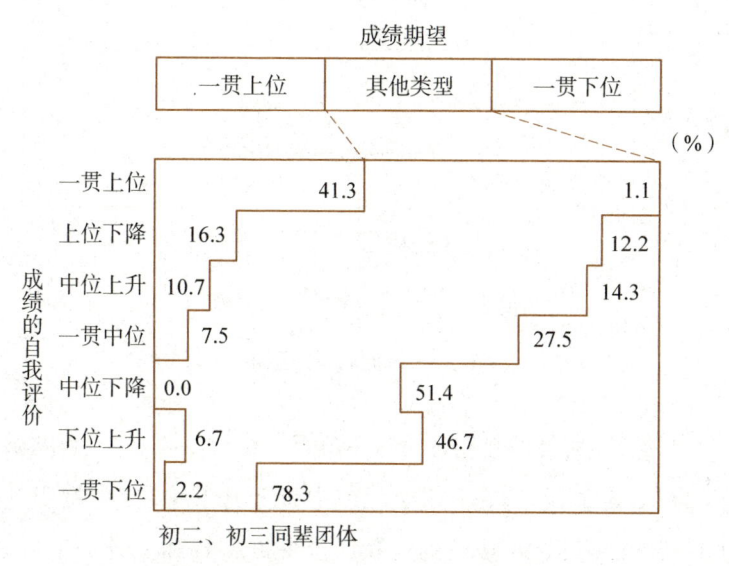

图5-2 成绩的自我评价个人变化类型与成绩期望个人变化类型

由图5-2可见,成绩的自我评价上升者可以获得与其上升地位相应的成绩期望及学业能力的自我概念。反之,成绩的自我评价下降者将获得与其下降地位相应的成绩期望及学业能力的自我概念。

最后,以儿童升入大学的志愿为中心,考察一下成绩的自我评价的变化对儿童前途意识的形成产生了哪些影响。

图5-3归纳了成绩的自我评价个人变化类型,把一贯上位或中位上升者列为A组,上位下降或一贯中位或下位上升者列为B组,中位下降或一贯下位者列为C

第5章 班级内的成绩分化与选拔

组。分组计算第一次调查时希望升入大学而在第三次调查中放弃者的比率,以"降温率"表示;分组计算第一次调查时不希望升入大学而在第三次调查中希望升入大学者的比率,以"升温率"表示。

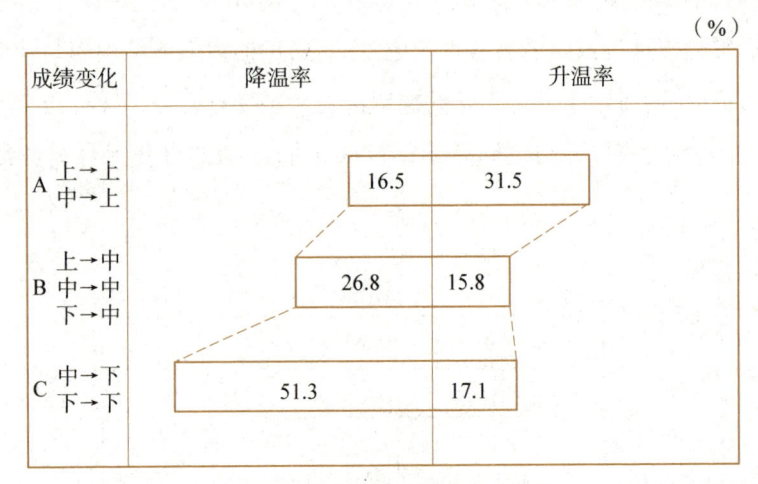

（%）

成绩变化	降温率	升温率
A 上→上 　中→上	16.5	31.5
B 上→中 　中→中 　下→中	26.8	15.8
C 中→下 　下→下	51.3	17.1

降温率 = 第三次调查放弃升入大学者 / 第一次调查希望升入大学者

升温率 = 第三次调查希望升入大学者 / 第一次调查不想升入大学者

图 5-3　降温率与升温率

由图 5-3 可见,在成绩的自我评价从中位至下位或一贯下位者中,放弃升入大学的"降温率"为 51.3%;反之,在一贯上位或中位上升者中,变为希望升入大学的"升温率"为 31.5%。可以说,成绩的自我评价一贯高者和上升为上位者,包括不希望升入大学者在内,可以认为是"升温"机制发挥了作用;相反地,成绩的自我评价下降或一贯低下者,半数以上放弃了升入大学的念头,亦即是"降温"机制在发挥作用。

总之,在日常班级生活中,学生的教学内容理解度的变化,将会改变成绩的自我评价、成绩期望与学业能力的自我概念的变化,进而会对前途意识尤其是升入大学的期望产生升温或降温的作用。我们可以运用纵贯性材料构成这一筛选假设。

二、筛选的机制

（一）来自他人的标签作用

在以成绩为标准的筛选过程中，有关对教师期望的作用已经有各种研究结果出炉。例如，罗森塔尔(R. Rosenthal)和雅克布森(L. Jacobson)[1]认为，教师期望与学生学业成绩之间有着密切关系。布罗菲(J. E. Brophy)和古德(T. L. Good)[2]则明确说明了教师与"聪明"的儿童是如何对应的。他们认为，教师会给予他们认为"聪明"的儿童较有利的地位。也就是说，教师会给予"聪明"的儿童较之别的儿童更长的解答时间、再说一遍解答线索的机会，甚至在儿童发生了错误时，教师心目中的"聪明"儿童仍是那些能迅速找到答案，并按照其行动的人。教师与"聪明"儿童和"非聪明"儿童的这种师生关系，构成了教师判断该儿童能力的基础。

关于以成绩为标准的标签作用(labeling)，也可以支持如下的假设：根据德拉蒙特(S. Delamont)的解释，"倘若教师断定该儿童是愚笨的，并把他当作愚笨儿童看待，那么这个儿童就会接受这一判断，采取愚笨的行为"[3]。反之，倘若教师判定他是一个聪明儿童并相应地对待他，这个儿童也会接受这一判断，作出相应的行为来。里斯特(R. C. Rist)[4]指出："在稍早的阶段里，以成绩为标准的筛选是通过教师进行的，而且借助这种筛选，在对待儿童的过程中，教师最初的主观性评价变成了客观性评价。"

上述研究所揭示的假设如下：教师主要是根据学业成绩的情况来筛选儿童的，并且对成绩上位与下位者采取不同的对待方式。这无疑是给该儿童贴上标签，也给成绩上位者与下位的儿童贴上了相应的标签。

---

[1] R. Rosenthal, L. Jacobson. *Pygmalion in the Classroom*[M]. New York, NY: Rinehart & Winston, 1968.
[2] J. E. Brophy, T. L. Good. Teacher child dyadic interactions: A new method of classroom observation[J]. *Journal of School Psychology*, 1970,8(2):131-138.
[3] S. Delamont. *Interaction in the Classroom*[M]. London: Methuen & Co. Ltd., 1977.
[4] R. C. RIST. On understanding the process of schooling, the contribution of labeling theory[M]// A. H. Halsey, J. Kanabel (Eds.). *Power and Ideology in Education*. Oxford: Oxford University Press, 1977. 转引自：潮木守一,等. 教育与社会变革(上)[M]. 东京：东京大学出版会,1980.

这种标签作用可以说明下面的自验预言(self-fulfilling prophecy)过程。

(二) 自验预言

所谓"自验预言",是指在有目的的情境中,个人对自己(或别人对自己)的预期常在自己以后的行为结果中应验。这一现象的含义是,事先预期些什么,事后将得到些什么;自己的行为将验证自己的预言。默顿(R. K. Merton)[1]举国家银行为例:由于一度谣传该银行无力汇兑,虽然当时其体制仍然健全,竟突然真的陷入无力汇兑的困境。

在上述的降温与升温过程中,霍珀和克拉克也认为,升入大学是自验预言的结果。也就是说,给甲生贴上有可能升入大学的标签,而给乙生贴上不可能升入大学的标签。尽管这不是基于客观事实,而是一种主观的臆测,但甲、乙两人各自都会理解所贴的标签,结果表明,能否升入大学其实早在入学考试之前就已经决定了。使学生放弃入学考试的预备性选拔,至少在小学六年级就已经出现了。这可以说是"不可能升入大学"这一自验预言在不断实现。

(三) 筛选假设的机制

大学入学考试和高中升学考试拥有决定谁能升学、谁不能升学的选拔功能。这种由选拔决定有一定数量的儿童可以升学,而其他儿童不能升学的相对竞争场面,是旨在进入定额范围内的竞争。因此,只要不采取大幅度增加定额,或者使投考者全员升学,然后再进行选拔的制度,那么,与他人进行比较的相对优劣及其顺序就不能不受到重视。只要处于这种状况,谁都会计较他人的成绩,不管你愿意与否,都不得不将自己的成绩和他人的成绩加以比较。而且,这种成绩的评价把原本不过是个人的绝对评价的分数和其他人的分数比较。

这一不过是显示个人一时的学习程度的分数评价,而非用于个人的指导,其首先与班级内的相对成绩的序列息息相关,进而超越了班级、年级、学校,乃至扩大到同辈伙伴,序列化被无限制地进行了下去。而且,根据这种相对成绩的序列地位,儿

---

[1] R. K. Merton. *Social Theory and Social Structure*[M]. New York,NY:Free Press,1949.

童提高或降低了用"希望取得多好的成绩"这一语言所表示的成绩期望,以及"经过努力能取得多少成绩"这一学业能力的自我概念,从而在未来前途的选择上提高或降低了升入大学的期望。如此说来,在正式选拔之前,学校就已经在进行与选拔相关的预备性选拔了,早在选拔考试之前就已经筛选出了合格者。

可以说,"降温"过程主要是教师给儿童贴上"不可能升入大学"的标签,儿童理解这一标签并接受这一自验预言的过程。"升温"过程也可以作同样的解释。

本章的目的在于揭示下列两个假设:其一,班级内的分化在进行,同时,未来选拔的筛选过程也在进行。其二,用标签论和自验预言的概念说明这种筛选过程是按照什么机制进行的。关于第一个假设,调查数据显示,班级中以成绩为标准的筛选过程是冷酷无情的,是按照貌似客观的分数加以判断的。不过,关于第二个假设,仅仅停留在标签论和自验预言的过程(结果)——升入大学的希望,即降温与升温作用。今后必须揭示构建班级内更详细过程的同样假设,并作为反复实证检验的依据。

本章讨论的日常生活中的预备性选拔与当事者本人的意志无关,甚至是否认乃至违反了班级教师的意志而进行的。况且,由于进行的是划分少量胜者与大量败者的选拔,被选拔者在日常生活中不断经历着认识自己正在逐渐成为失败者的残酷过程。对于从小就明白自己是一个失败者的儿童来说,只能提早饱尝前途渺茫的煎熬,他们的日常生活将是何等痛苦不堪?倘若失却了明天的光明,而且对上课的内容一无所知,那么,整日坐在教室的座位上,他们需要付出多大的努力,经历多大的磨难?对于他们来说,班级生活与学校生活绝不可能是快乐的。

倘若标签作用和自验预言终将否定儿童光明的未来,那么,明确地揭示这一机制,确立对策,就是教育赋予我们的任务。

三、寻求与实践的接点

关于班级内成绩分化与选拔的上述机制,由于揭示假设过程中所用的调查材料本身具有时间、地域的限制,未必适用于同一学年的所有学生。

不过,关于成绩分化,据庄健二的经历,一位担任小学六年级班主任的资深男性教师以学业成绩为标准将全班儿童大体分成上、中、下三组,再从各组中挑选2~3名儿童作为代表,让他们回答提问,从而推断整个班级的教学理解度;是否进入下一单元的问题则以代表中位组的2~3名儿童的理解程度为准。我们经常听说学校的课堂教学是根据中位组儿童的情况来设计的,情况确实如此。

与此相反,庄健二发现,若同一班级的儿童在一节数学课上只解答了一题下位组儿童会做的实验教学题目,则结果自然是下位组儿童全部理解了,并得到好评;但反过来却引起了其他组,尤其是上位组儿童的不满。这个发现表明,为下位组儿童设计教学不能掉以轻心。不过,只要在上课时花些时间,这些下位组儿童也可以逐渐提高其教学理解度。另外,也许可以采取按熟练程度分班的对策,甚至还可以考虑组织不同程度的同学之间互相学习,让上位组儿童教中位组、中位组儿童教下位组,等等。

问题是学业评价会影响到其他方面的评价。只要不改变"成绩至上"的价值观本身,儿童是不会有根本出路的。至少必须改变单凭成绩作为评价标准的单向性评价,使之成为多样化评价。因为情境改变了,儿童也会跟着改变。

第6章 儿童的自律性动机

外部强化、替代强化、自我强化、社会学习理论、自我调整模式、事前测验、事后测验、自我评价、自我评价反应

一、课堂中的三种强化与动机作用

班级是由教师与儿童构成的。从通过强化激发动机的角度审视师生关系,首先可以考虑的是教师是强化者、儿童是被强化者的外部强化方式。然而,外部强化不过是班级中提高儿童动机作用的一种方式而已。要提高儿童的动机作用,除了外部强化外,还得考虑替代强化与自我强化等方式。

(一) 外部强化

教师赞赏儿童的行为及其成果,可以提高儿童采取该行为的动机作用。这是理所当然、毫无异议的。早在20世纪20年代,赫洛克(E. B. Hurlock)就利用实验探讨了外部强化对儿童动机作用的效果。[①] 他根据外部强化条件设定赞赏组、叱责组、忽视组,实验课题是让儿童演算简单的计算题。随机地(与实际成绩无关)将儿童分成三组,儿童在各自的组内接受外部强化。赞赏组儿童在班级伙伴面前受到赞赏;叱责组儿童在班级里受到叱责;忽视组的儿童既不受赞赏也不受叱责,只是观察赞

---

① E. B. Hurlock. An evaluation of certain incentives used in school-work [J]. *Journal of Educational Psychology*, 1925, 16(3): 145-159.

赏和叱责。这一步骤持续五天,结果赞赏组儿童成绩快速上升,叱责组儿童成绩稍有提高,忽视组儿童成绩几乎没有变化。由此,他得出结论:赞赏可以提高儿童的动机作用,叱责则几乎不会提高动机作用。

竹纲诚一郎等人[①]认为,赫洛克施加给儿童与实际成绩无关的强化步骤是不妥当的。他们设定了提供外部强化的若干情况,并与种种情况结合起来分析教师的赞赏、叱责、鼓励之类的外部强化对儿童动机作用的效果。结果显示,叱责的动机作用效果完全依成绩好坏而发生变化(见图6-1),说明在实际的课堂情境中,外部强化的效果并不是单纯地影响儿童的。樱井茂男[②]认为,常常给予儿童表扬和批评的教师比之只表扬不批评的教师更能提高儿童的动机作用。

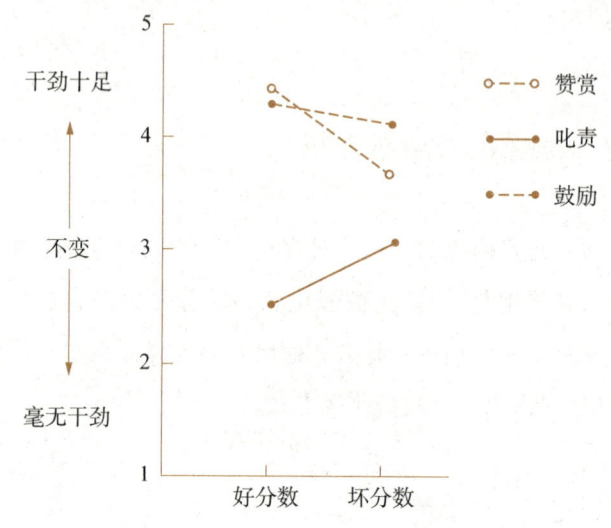

图6-1 三种外部强化的动机作用效果

外部强化是提高儿童动机作用的有效手段,这是毫无疑问的。不过,正如这些研究所显示的,在外部强化中,赞赏提高动机作用、叱责阻碍动机作用这一简单的图式是不能成立的。再者,我们也绝不期望凭借教师的外部强化去提高儿童的动机作用。也就是说,我们期待的不是外部强化,而是儿童自觉地、自律地采取行为的动机作用。

---

① 竹纲诚一郎,矶边明子,近藤真二. 他人评价对儿童动机作用的效果[J]. 新潟大学教育学部纪要,1990,31:217—224.
② 樱井茂男. 双亲及教师的赞赏、叱责对儿童内发动机作用的影响[J]. 奈良教育大学纪要,1987,36:173—181.

（二）替代强化

在上述赫洛克的研究中，忽视组儿童观察到了同学受赞赏或叱责的情形，不过其研究步骤存在问题。西科莱斯特(L. Sechrest)[1]认为，在这种状况下观察他人受到赞赏即观察者接受暗默的负强化(同样，观察他人受到叱责即观察者接受暗默的正强化)。他让两名儿童组成一组从事作业，通过对其中一名的赞赏或叱责，暗默的强化会对另一名被试——观察者的动机作用产生效果。结果，观察到他人受叱责的被试，亦即接受了暗默的正强化的被试，其动机作用有所提高。杉村健[2]在课堂情境下利用简单的计算题探讨了暗默强化的动机作用的效果。结果，接受了暗默正强化（观察他人受叱责）的儿童，和直接受到赞赏的儿童一样，比之接受了暗默负强化的儿童和直接受叱责的儿童，其动机作用的水准更高。

班杜拉(A. Bandura)[3]进一步发展了暗默强化说，把这种与外部强化相对应的概念称为"替代强化"。班杜拉不仅在动机作用的范围内提出替代强化的概念，他所倡导的模仿(modeling)、观察学习以及社会学习理论也运用了这个概念。现在，替代强化已在实践中得到普遍运用。

最后，杉村健(T. Sugimura)[4]介绍了一项颇具趣味性的研究。他首先通过社会计量测验(sociometric test)选择高成就儿童与低成就儿童，利用简单的符号问题作为课题，探讨他们受赞赏或受叱责的场合中观察者的动机作用。结果显示，高成就儿童受叱责时，观察者的动机作用较高。

替代强化理论可以说是课堂情境中最为重要的概念。因此，在课堂中，教师表扬或批评某名儿童，给予其外部强化，同时也是对另一些儿童给予替代强化。如果一个班级拥有40多名儿童，则替代强化是最有效的手段。

不过，欲借助观察者的替代强化来提高动机作用，教师至少必须对一名儿童实

---

[1] L. Sechrest. Implicit reinforcements of responses[J]. *Journal of Educational Psychology*，1963,54(4)：197-201.
[2] 杉村健. 教师中的暗默强化[J]. 教育心理学研究，1965,13：65—69.
[3] A. Bandura. Social Learning Theory[M]. Upper Saddle River, NJ: Prentice Hall, 1977.
[4] T. Sugimura. Implicit reinforcement in classroom as a function of grade and sociometric status[J]. *Japanese Psychological Research*，1965,7(4)：166-170.

施外部强化。尽管儿童不是直接地被强化,但这也不能说是儿童的自律性动机。

(三) 自我强化

在外部强化和替代强化中,教师多少会对儿童施加一些影响。但与此不同的是,自我强化则不需要来自他人的影响作用。福岛修美[1]对"自我强化"作出界定:"一个人即使没有他人的赏罚(外部强化、外部结果)也能行动,并自我评价自身的行为,体验自我责备与自我满足,借以控制自身的行为。这样,行为者对自身的行为将会造成正或负的强化结果,这种人类功能或是实验步骤,谓之自我强化。"从这个定义可见,自我强化说为阐明儿童的自觉和自律的动机作用提供了启示。

洛维特(T. C. Lovitt)和柯蒂斯(K. Curtiss)[2]以一名学生为研究对象,探讨了自我强化步骤对学业成绩的作用。该研究由儿童决定完成学业课题所得的报酬量,并展开学习。结果显示,由儿童自身决定报酬量比由教师来决定时,儿童的成绩更好。博尔斯塔德(O. D. Bolstad)和约翰逊(S. M. Johnson)[3]以课堂教学中有越轨行为的小学一、二年级儿童为对象,探讨了自我强化的效果。结果发现,通过自我强化,儿童可以减少越轨行为。

班杜拉[4]认为,"所谓自我强化,是达到了自己设计的基准时,以自身可以控制的报酬强化或维持自身行为的过程"。他进一步发展了自我强化说,倡导"自我调整模式"(self-regulation)。

二、自我调整模式中的动机作用说

无论外部强化抑或替代强化,都有助于提高儿童的动机作用。但是,儿童的动机作用完全受制于教师的进一步影响,却不是我们所期待的。我们所期待的,而且

---

[1] 福岛修美,依田新. 新教育心理学辞典[M]. 东京:金子书房,1977:313—314.
[2] T. C. Lovitt, K. Curtiss. Academic response rate as a function of teacher and self-imposed contingencies[J]. Journal of Applied Behavior Analysis, 1969,2(1):49-53.
[3] O. D. Bolstad, S. M. Johnson. Self-regulation in the modification of disruptive classroom behavior[J]. Journal of Applied Behavior Analysis, 1972,5(4):443-454.
[4] A. Bandura. Social Learning Theory[M]. Upper Saddle River, NJ: Prentice Hall, 1977.

教育所指向的,是即使儿童没有这种来自他人的影响作用,也能自律地提高动机作用,自觉地进行学习。自我强化的概念以及这一概念的发展——自我调整模式,为我们提供了儿童自律性学习的希望。

(一) 自我调整模式

班杜拉[①]将人控制自身行为的过程用"自我调整模式"来加以概括(见图6-2)。这个模式由完成行为、判断过程、自我反应三个要素组成,借助完成行为,可以产生关于现实的完成情况的信息。例如赛跑,比赛时间和名次就是它的信息。在判断过程中,将完成情况跟自身的个人标准和社会标准进行比较,判断它们孰优孰劣,从而产生自我反应,这就是人控制自身的行为。在自我反应方面,班杜拉特别重视满足感、不满感之类的自我评价反应。他认为,大部分人的行为都是根据自我评价反应加以控制的。在先前关于自我强化的研究中,被试在进行自我强化之际,往往采取借助有形的强化因子进行自我强化的步骤。但自我调整模式却显示,满足感和不满感之类的自我评价反应发挥了强化因子的作用。可以说,通过自我强化(即使不是借助有形的强化因子)可产生这一自我调整模式;将自我强化说运用于教育实践的可能性是极大的。

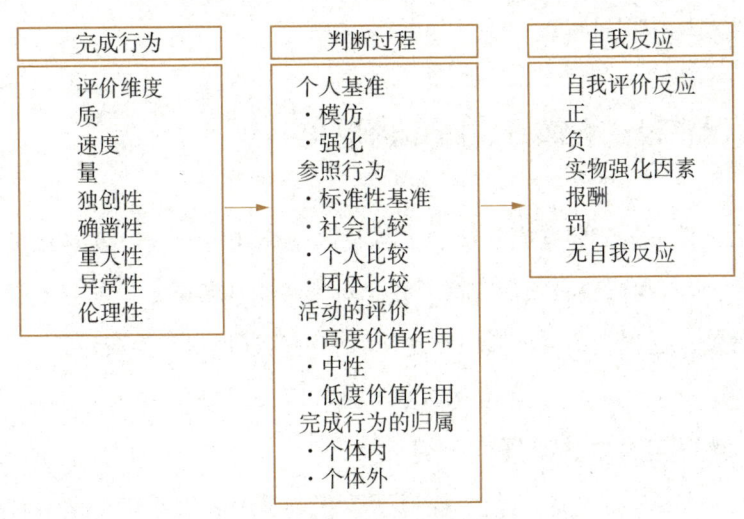

完成行为	判断过程	自我反应
评价维度 质 速度 量 独创性 确凿性 重大性 异常性 伦理性	个人基准 ·模仿 ·强化 参照行为 ·标准性基准 ·社会比较 ·个人比较 ·团体比较 活动的评价 ·高度价值作用 ·中性 ·低度价值作用 完成行为的归属 ·个体内 ·个体外	自我评价反应 正 负 实物强化因素 报酬 罚 无自我反应

图6-2 班杜拉自我调整模式

---

① A. Bandura. *Social Learning Theory*[M]. Upper Saddle River, NJ: Prentice Hall, 1977.

(二) 自我调整模式的探讨

为了探讨自我调整模式是否妥当,班杜拉和塞尔沃尼(D. Cervone)[①]将大学生被试分为四组,利用握力计的运动课题进行实验:

1. 既提供完成信息又提供目标值的组。在完成前提供转动数超标40%的目标值,完成后提供"增加了24%"(实际转动数未增加24%)的反馈。

2. 只提供完成信息的组。在完成后提供"增加了24%"的反馈(实际转动数未增24%)。

3. 只提供目标值的组。在完成前提供转动数超标40%的目标值。

4. 对控制组的被试既不提供目标值也不提供反馈。

提供反馈,无非就是满足自我调整模式中的完成情况的信息,目标值则是判断的必要成分。也就是说,只有提供了完成信息与目标值的步骤,才能满足自我调整模式的要素。

比较各组被试实际转动握力计的次数,结果显示,提供完成结果的反馈并同时给出目标值的组的成绩比其他三组好;只提供完成信息的组和只提供目标值的组几乎没有差别,且两组都比控制组好。这个实验说明,自我调整模式能够准确说明人类的自律性动机作用过程。

三、自我调整模式在教育实践中的应用

在人为条件下的实验室实验显示了自我调整模式对于学习者的自律性动机作用的影响。但是,我们还必须探究这个模式对于说明现实课堂中的儿童学习与动机作用是否有效。这里介绍一下其在教育实践中的实证性研究与应用。

(一) 教育实践中的实证性研究

竹纲诚一郎[②]着眼于完成过程,探讨了自我调整模式对小学生学习日语中的汉

[①] A. Bandura, D. Cervone. Self-evaluative and self-efficacy mechanisms governing the motivational effects of goal systems[J]. *Journal of Personality and Social Psychology*,1983,45(5):1017-1928.
[②] 竹纲诚一郎. 自我评价反应对汉字学习的影响[J]. 教育心理学研究,1984(32):315—319.

字的影响。首先,他让小学六年级学生听写40个汉字(事前测验),在此后的5天中,每天给儿童做由16个汉字组成的小测验(事前测验的一部分)。为探讨自我调整模式的妥当性,实验设置了4个组,各组被试用下列步骤处理答卷:

1. 自我评分组。被试根据给出的正确答案表,自己进行评分,评定自我评价反应(满足、不满足的程度),然后只带评了分的答卷回家。

2. 不评分组。测验结束不评分,被试将答卷原封不动地带回家。

3. 教师评分组。就像通常在教室里进行的那样,由教师评分,当天将答卷发还给儿童带回家。

4. 自我调整模式组。被试根据所给出的正确答案表,检查自己是否能够正确地评分。教师回收儿童自我评分的答卷,检查其评分的正确度后发还给儿童带回家。

在这一步骤结束后的第二天进行事后测验(与事前测验的题目完全一样),从事前测验到事后测验得分的变化,就是被试在家庭中自律性学习的反映,也是动机作用的指标。各组从事前测验到事后测验的得分变化如图6-3所示。自我评分组的成绩尽管不及教师评分组,但比不评分组好。这个事实说明,是否具有自我调整模式的要素——完成信息,影响到儿童在家庭中学习汉字的动机作用。

此外,藤井正人等人[①]着眼于判断过程探讨了自我调整模式对于初中生学习英语单词的效果。首先,进行由50个单词组成的事前测验,然后在此后的实验期里,在连续五次英语课上每次都进行10个单词的小测验(事前测验的一部分),所有学生都根据给出的正确答案表进行自我评分,获得自己完成情况的信息。为了探讨自我调整模式的妥当性,实验设置了三组,各组被试完成下列步骤:

1. 有判断过程组。回答了本次小测验的得分、目标值及本次测验的归因等提问项目,也回答了旨在评定自我评价反应的满意度的提问项目。

2. 无判断过程组。只回答了小测验的得分和满意度的提问项目。

---

① 藤井正人,竹纲诚一郎. 普通课堂教学中自我调整模式的探讨——着眼于判断过程[J]. Niigata Educational Psychologist, 1989(6):99-104.

图 6-3 完成信息的效果

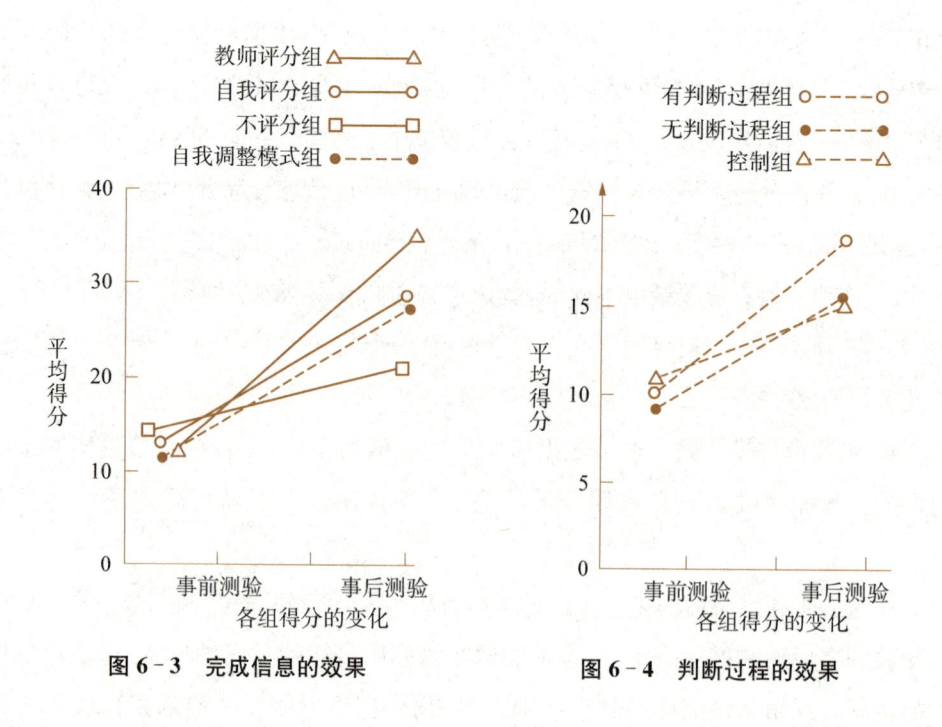

图 6-4 判断过程的效果

3. 控制组的被试只进行自我评分。

然后，各组被试将评了分的答卷带回家。在五次小测验结束后的英语课上进行事后测验。各组从事前测验至事后测验的得分变化如图 6-4 所示。有判断过程组比无判断过程组成绩优秀。这说明，是否具备自我调整模式的要素——判断过程，影响了学生在家庭中学习英语单词、片语的动机作用。

这些研究显示，自我调整模式有助于说明在日常课堂教学条件下儿童的自律性动机作用。

（二）教育实践中的尝试

将自我调整模式原封不动地用于教育实践，尚无先例。不过，有若干实践尝试让儿童自我评价自身的行为及其作品，借以提高儿童的动机作用（例如学习积极性）。从这些实践来看，自我评价的理念有不少和自我调整模式的观点相同。这里介绍一下借助学期末和课后儿童的自我评价提高学习者动机作用（例如学习积极性）的两个尝试。

日本山形县川西町立吉岛中学校为了提高学生的学习积极性,采用了学生在课后自我评价自身行为的举措。自我评价的项目如表6-1①所示,学生分别就各项目画上好(○)、中(△)、差(×),作出自我评价。这种评价有助于学生控制自身的行为,纠正行为的方向。学生的学习积极性是否因此有所提高,未见报告,但已确认的是,好的项目增加、差的项目减少的倾向正在出现。

日本茨城县常陆太田市立太田小学尝试在学期结束时根据儿童的自我评价来填写成绩通知单,以提高儿童的积极性。儿童分别就学校生活的情况(表6-2)、家庭生活的情况、课外活动的情况、学业的情况(表6-3)进行自我评价。

不过,这些实践对于儿童的学习积极性(亦即学习的自律性动机作用)产生了何种影响,尚未有详细的报告。看来需要有长期的追踪研究,才能回答这个问题。

表6-1 自我评价项目

自我评价	座号( )
● 想想看今天的课上得怎么样(好、中、差分别以○、△、×表示)。	
1. 上课的准备是否充分?	( )
2. 家庭作业(家庭学习)是否做完?	( )
3. 老师向你提问时,你是否立即站起来?	( )
4. 声音是否响亮、清晰?	( )
5. 不懂的地方是否主动求教?	( )
6. 课外活动是否彼此合作?	( )
7. 想学些什么,明白了吗?	( )
8. 懂得怎样才能达到学习的目标吗?	( )
9. 老师板书和各种教材的内容懂了吗?	( )
10. 老师和同学的交谈内容都懂了吗?	( )
11. 实验和作业的方式都懂了吗,是否努力?	( )
12. 上课的内容全都懂了吗?	( )
13. 在上课时,有哪些令人遗憾的事、值得高兴的事、有趣的事?	( )
14. 整体说来,今天上的课是生动活泼的吗?	( )
15. 其他。请写下你的感想和意见。	

———————
① 山形县川西町立吉岛中学校.提高学习积极性(自我学习力)的自我评价实践指导与评价[J].1985(31):21—24.

表6-2 成绩通知手册的自我评价项目——学校生活情况

编号：_____

学校生活情况（五年级第一学期）　　　　　　　　　评定 ◉ ◎ ○ · 努力 ○①

目标	5月 生	师	6月 生	师	7月 生	师	生	师
1. 积极从事体育运动，提高体质、体力								
2. 遵守纪律，过安定有秩序的生活								
3. 以开朗的态度寒暄和致意								
4. 不遗失东西								
5. 爱护公物								
6. 服装整洁、举止文明								
7. 自订计划并付诸实施								
8. 主动值勤和参加打扫卫生工作								
9. 学习同学的长处，合作共处								
10. 有了错误就反省、改正								

表6-3 成绩通知手册的自我评价项目——学习情况

编号：_____

学习情况（五年级第一学期）　　　　　　　　　评定 ◉ ◎ ○ · 努力 ○

科目	目标	生	师	师（其他教师）
国语	1. 阅读时，想象主人公的心情和情境			
	2. 认认真真写作文			
	3. 领会文中角色的样子和心情，概括自己的读后感			
	4. 弄清段落结构，准确抓住重点			
	5. 注意诗篇布局			
数学	1. 能求立方体、长方体的体积			
	2. 能进行小数加减法运算			
	3. 能求成本和比率			
	4. 了解两个图形全等的意义，画出两个全等的三角形等			

---

① 这些符号系指努力的等级，◉为一等，◎为二等，○为三等，○相当于"努力"。——编者按

第 7 章　儿童的归因与教师的指导

归因论、控制感、自我成长性、班级适应、教师期望、利社会行为、反社会行为、形成无力感、高成就者、低成就者

一、儿童的归因

教育者常常使用有关儿童的自主性、自律性、能动性、积极性之类的有关"动机"的术语。不过，由于"动机"本身是非常感性的，何谓"动机"，如何才能产生"动机"，则难以明了。这也是教师无法参与提高动机的研究的原因。

在教育心理学界的热门话题"归因论"（causal attribution theory）是探讨儿童将其课堂教学中的自我行为归结为何种原因的影响的一种理论，有助于阐释动机的问题。本章从归因论的角度出发界定"动机"，说明学业成绩、交友关系等领域中归因与意欲的关系，然后就教师如何指导儿童积极参与班级中各种活动的方法问题作出论述。

（一）归因与控制感

儿童在班级中学习生活的行为，存在着预测结果之后再作行动的目的意识性成分。因此，为了亲手改变班级内的环境，儿童就必须有一种对外界的控制感——只要自己努力就能改变其面貌。例如，一般认为，身为班长的儿童，在归纳班级成员的意见、尊重每个同学的主张等班级活动中反复积累经验，就能逐渐形成对团体的控制感。儿童在学校生活的种种场合，都在尝试自己的力量；为使自己即使在不确定

的场合也能自主行动,必须有效地发挥对环境的控制感。

这种控制感受儿童对自己行为结果的原因的认知所制约。如果他以为"之所以被选为班级干部是由于自己有组织能力",就会集中精力从事班级管理。但是,如果他以为"是由于谁也不肯接受这个任务",那么其发挥干部作用的动机也会减退。这样,尽管结果相同,但由于对原因的思考不同,尔后采取行为的动机也会有相当大的差异。

对自己行为结果的实际原因的认识十分多样化。韦纳(B. Weiner)对成功与失败作了归因研究,将其分为三个维度——控制源(内部的、外部的)、稳定性(稳定、不稳定)、可控性(可控制、不可控制),如表7-1所示。归因于能力和归因于努力是在自身内部找原因的内部归因,一般认为能力比努力更为稳定。当获得某种成功时,如果儿童认为成功是自己创造的,下一次也可以期待类似的事情获得成功,因此动机越来越高。即使失败了,也会认为是努力不够,只要努力就会成功,因此动机不会低落。不过,倘若把失败归因于能力不足,由于能力是稳定性因素,因此就难以获得成功,动机终将丧失。

表7-1　根据控制源、稳定性、可控性作出的成败归因

可控性	内部的		外部的	
	稳定	不稳定	稳定	不稳定
不可控制	能力	情绪(心境)	课题难度	运气
可控制	持久努力	一时努力	教师偏见	求助他人

(二)自我概念与归因

外部的控制感无非是对控制周围的能力的评价。从这个观点出发,归因可说是对自己的存在价值的自我评价或自我认识。因此,在自我概念愈趋明确的儿童后期,可以发现归因与自我肯定之间相当一贯的关系。

爱泼斯坦(R. Epstein)和科莫里塔(S. S. Komorita)[1]以10~12岁儿童为对象的研究发现,内部控制得分与自我肯定度呈现正相关。而在以初中生为对象的研究

---

[1] R. Epstein, S. S. Komorita. Self-esteem, success-failure, and locus of control in negro children[J]. Developmental Psychology,1971,4(1):2-8.

中,内部控制组比之外部控制组,其理想自我与现实自我的概念落差较小,自我肯定度更高。

追求理想的自我,超越自身的现状,使自己朝着某个方向成长的动机与态度,一般认为在儿童期与青年期即已奠定好基础。这种自我形成、自我实现的态度和动机,可以用"自我成长性"[1]的来概括。金子智荣子[2]探讨了自我成长性的基础——"成就动机"、"自信与自我肯定"与归因之间的关系,认为小学五年级学生成就动机愈高,愈难将积极事态从外部归因于努力;自信与自我肯定度愈高,愈难把消极性事态归因于能力,也愈难把积极性事态从外部归因于努力。可以认为,这是他们采取了保障自我认知的归因方式之故。

在决定人的生活方式的自我概念、自我成长性中,归因这一认知过程是有其作用的。可以说,归因对于形成个性丰富并能够自我实现的人来说,是一个重要的因素。

(三)班级适应与归因

班级生活中的适应可以大体分为学业成绩与交友关系。一般认为,进行可控制的归因认知的儿童,其学业成绩通常相当优秀,交友关系也良好。

樋口一辰等人[3]以小学高年级学生为对象,分析了归因、控制感(自己对获得所求之结果与可能性的期待)、自律性行为与学业成绩的关系。结果显示,将学业成就的正(好的)事态从内部归因于能力、努力的方式,带来高的控制感;把负(不好的)事态归因于能力问题的归因方式,带来低的控制感。这种控制感的强度对自律性行为(主动地实行自主的主张,深思熟虑后再实施等)的强度产生正的影响,而自律性行为将进而提高学业成绩。速水敏彦[4]以初中生为对象的研究显示,高成就者(overachiever)比之低成就者(underachiever)更倾向于把学业成绩归因于努力,说明促进学业成就的因素——归因于努力的作用极大。

---

[1] 梶田叡一. 自我意识的心理学[M]. 东京:东京大学出版会,1980.
[2] 金子智荣子. 归因与自尊心、成就动机、"意识他人"之间的关系[C]. 日本教育心理学会第24届全会,1982:404—405.
[3] 樋口一辰,等. 关于儿童学业成绩归因模式的研究[J]. 教育心理学研究,1983,31(1):18—27.
[4] 速水敏彦. 学业成绩的归因[J]. 教育心理学研究,1981,29(1):80—83.

在交友关系方面,樋口一辰等人[①]探讨了儿童的归因方式与社会关系测量法所测定的社会地位之间的关系。在男生方面,构成较具有意义的社会关系测量得分的说明因子,都是韦纳所谓的稳定因子(性格)。对正面事态的稳定因子的归因预测了高的社会地位;对负面事态的稳定因子的归因预测了低的社会地位。也就是说,把交友关系中的积极事态归因于自己与对方的好性格等稳定因子的儿童,将来也较可能保持良好的人际关系,因此其人际行为能积极地展开,社会地位也会提高。反之,把交友关系中的消极事态归因于对方性格恶劣的儿童,总以为无法和对方交际,因而其人际行为将变得消极,社会地位也将降低。在女生方面,把交友关系归因于运气的程度,与具显著意义的社会关系测量得分呈负相关。把交友关系归因于运气好坏之类非稳定的认知的儿童,其未来交友关系的成败难以预测,人际行为也将变得消极,因而社会地位也会降低。

(四) 利社会行为与归因

恃强凌弱、越轨行为等儿童的问题行为,日益成为媒体的热门话题。教育工作者无不竭尽全力减少这些行为。然而,在学校教育中并不能指望儿童的问题行为会自动消失,而应当站在对方的立场上培育出帮助困惑者、保护弱者这一"关怀体谅"的精神。

"不期望外部报酬、一心帮助他人和其他团体或是从事有益于他人的行为"谓之"利社会行为",援助行为就是其典型。韦纳利用对他人状况出现原因的认知,揭示了援助行为的机制。在这里,援助行为是在特定条件下产生的,即当援助者认识到被援助者的状况对于其自身来说是不可控的。

这就证明了在控制感、自我肯定、班级适应、利社会行为这些行为里,作为行为与动机媒介的归因的重要性。

二、教师对儿童的归因

倘若认为只有通过教师的教授才能促进活动、学习的话,那么就可以设想,教师

[①] 樋口一辰,等. 交友关系的归因方式与社会地位[J]. 教育心理学研究,1983,31(2):141—145.

对儿童的学业成绩的归因,由于其影响、作用不同,对每个儿童学业成绩的提高也会产生不同影响。

  速水敏彦[1]以小学六年级男性班主任为例,分析了教学中的语言问题。就成绩不佳者而言,一方面,教师对那些被视为因努力不足而成绩低下的儿童施加种种方式的影响;另一方面,教师对自以为因"性格不良"而成绩低下的儿童多加教导,而对于那些由于能力差(而非努力不足)而成绩低下的儿童,教师的教导次数少,甚至放弃教导。这和教师业已形成的对儿童学业成绩的期望相吻合,因为儿童容易归因于适合自己认知的方向。古城和敬等人[2]发现,教师抱有积极期望的儿童的高成就,比之教师抱有消极期望的儿童的高成就,更常被归因于能力;另一方面,后者的低成就比之前者的低成就更常被视为与能力有关。

  这些研究论述了教师对每个儿童行为结果的归因及其对教师行为的影响。凭经验也可以理解,班主任与教师不同,班级团体酝酿形成的氛围也不同,整个团体所采取的行为特征也不同。教师对班级管理及教授结果的归因会左右教师的言行,形成班级的特点,这一点也不容忽视。

三、教师的指导与儿童归因的变化

  德韦克(C. S. Dweck)[3]认为,当存在不能解决的问题,或处于不能控制的状态时,儿童通常把困难事态归因于内部稳定的因素——能力,形成无力感(或译为"习得性无助感")。希洛托(D. S. Hiroto)和塞利格曼(M. E. P. Seligman)[4]以成人为对象证实了在某种情境中形成的无力感会泛化到其他情境。而这种无力感也可以通过在失败时将归因从能力因素改为努力因素(再归因法)加以克服。失败时主要归因于努力者,即使面临难以解决的事,也会采取生产性的反应方式;而归因于能力

---

[1] 速水敏彦. 教师对儿童学业成绩的归因与教授行为的关系[J]. 教育心理学研究,1983,31(4):314—318.
[2] 古城和敬,等. 教师期望对学业成绩归因的影响[J]. 教育心理学研究,1982,30(2):91—99.
[3] C. S. Dweck. The role of expectations and attributions in the alleviation of learned helplessness[J]. *Journal of Personality and Social Psychology*,1975,31(4):674-685.
[4] D. S. Hiroto, M. E. P. Seligman. Generality of learned helplessness in man[J]. *Journal of Personality and Social Psychology*,1975,31(2):311-327.

者,则会放弃积极进取,明显地重复错误的反应方式。[①]

克服这种无力感的关键在于再归因于努力因素(如图 7-1)。在美国,通过改变归因来提高积极性的做法非常盛行。[②] 归因变化的研究以儿童个人和小团体为对象居多,也有一些研究是以班级团体为对象的。

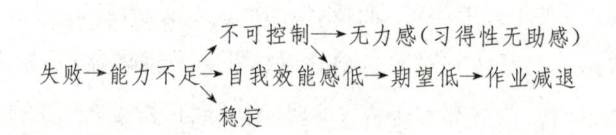

〔从〕

失败→能力不足→不可控制→无力感(习得性无助感)
　　　　　　　自我效能感低→期望低→作业减退
　　　　　　　稳定

〔到〕

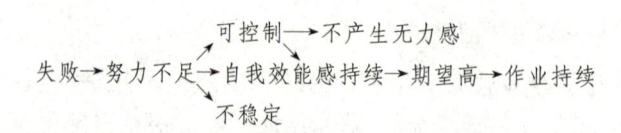

失败→努力不足→可控制→不产生无力感
　　　　　　　自我效能感持续→期望高→作业持续
　　　　　　　不稳定

图 7-1　实现行为变化计划中归因结果的关联性

(一) 班级氛围与归因

斯托林斯(T. Stallings)在报告《*Follow Through Study*》[③]中指出,愈是容许儿童主动地采取行为的班级,愈倾向于把学业成就归因于能力与努力。金子智荣子[④]发现,采取自由教授法教师的学生,不会把积极事态归因于外部因素。这个结果暗示,教师主导性强的班级的儿童容易把成功归因于教师。此外,自由的班级氛围是培育自主性的温室,容许自由选择的过程将会逐渐强化个体对自身行为及其结果的责任感。

一般认为,开放教室比传统的教学方法更尊重儿童的自由。霍罗威茨(R. A. Horowitz)说,开放教室的儿童内部控制倾向似乎的确高于传统教室的儿童。不过,

---

① C. S. Dweck, N. D. Ruppucci. Learned Helplessness and reinforcement responsibility in children [J]. Journal of Personality and Social Psychology, 1973, 25(1):109-116.
② B. Weiner. An Attributional Theory of Motivation and Emotion [M]. New York, NY: Springer-Verlag, 1986.
③ J. Stallings. Implementation and child effect of teaching practices in follow through classroom [J]. Monograghs of the Social for Research in Child Development, 1975, 40(7/8):1-133.
④ 金子智荣子. 改变班级内归因的因素[C]. 东京:日本心理学会第 47 届大会,1983:423.

一些实施开放教育的学校尚未获得一致的结果。

（二）教师期望与归因变化

对某人具有重要意义的他人所暗示的期望，可以使此人的能力产生变化，这就是罗森塔尔（R. Rosenthal）和雅克布森（L. Jacobson）[①]的研究所揭示的有名的"皮格马利翁效应"，它显示了人际关系中期望作用的重要性。

在班级教学中，感到教师肯定自己、期待自己的儿童，会把消极事态归因于努力，这是可以想象的。教师的正面期望会成为儿童自我实现的预告，儿童可以通过自身努力改变困难的事态。

（三）评价方法

教师在考虑班级管理和教学法时，必须努力改变班级内的客观事实，使儿童可以感受到自己的才干；也要借助儿童所属的班级，使儿童的归因朝理想的方向变化。

要形成控制感，就得依靠自我行为体验状态的变革。现行的大部分教学方式所用的相对评价都是在团体内排定各自的成绩名次。倘若整体的成绩提高，而个人未获得平均分数以上的成绩，其效果是不会在成绩单上反映出来的。因此，即使这些儿童尽了最大的努力，也会觉得他的努力付诸东流了，容易形成无力感。稻垣佳世子[②]指出，被告知三次字谜课题测验的成绩在团体标准以下的儿童（失败组）会表现出无力感的症状，其评价名校正课题的成绩也比成功组显著偏低。

容易反映个人努力的成果的评价方法之一，就是个人内评价。标准参照评价就是这样一种评价：规定特定的学习目标，设想实现该目标的过程，根据成就程度来评价每一个人。在这种评价中，学习者可以感受到与自己的学习相应的变化过程，所以能够积极地从事学习。此外，自我评价也是当事者对自己行为结果的评价，有助于理解行为的原因。

[①] R. Rosenthal, L. Jacobson. *Pygmalion in the Classroom*[M]. New York, NY: Holt, Rinehart & Winston, 1968.
[②] 稻垣佳世子. 对类似教室情境中连续失败的反映[C]. 日本教育心理学会第21届全会发表论文集, 1979: 796—797.

(四) 自我归因

格鲁塞克(J. E. Grusec)和雷德勒(E. Redler)[①]、川岛一夫等人[②]的研究探讨了儿童是如何把自己行为的结果归因于自身(自我归因)的,揭示了自我归因对于利社会行为所产生的影响。

相关实验让儿童从事捐赠和助人的活动,并将该行为归因于其自身,数周后会激发儿童其他的利他行为,其效果比社会性的鼓励更大。也就是说,"你热心助人,是个好孩子"——受到称赞的儿童,比受到"做了好事"奖励的儿童更具利社会性;"为人热情"——受到他人的评价,儿童的自我概念就会有积极变化。再者,像保护受欺凌的弱者之类的利他型儿童的自我评价高,对友人的适应力也较强。

而比之被教导"必须整洁干净"的儿童,衣着打扮被称为"整洁干净的孩子"出现将垃圾丢进垃圾箱之类的道德行为的机率会显著增加。一般认为,在"必须整洁干净"的话语里隐含了"并不真正整洁干净"的含义,很容易使儿童产生无力感。

四、教师指导方法的新课题

日本的归因研究几乎都是以韦纳模式的传统归因因素为基础来编制归因因素的。其缺点之一是具体的原因不明;同时,在归因因素的种类和概念中混杂了文化差异。例如,日本人努力主义的倾向极强,归因于努力就像归因于能力一样稳定。

(一) 教师对儿童归因的把握

三浦香苗[③]探讨了学业不良的形成模式,中泽润等人则根据该模式,让小学五年级学生探讨自己达到当前语文和数学学力水平的原因。结果显示,归因因学科而异,也因学力水平而异。认为自己"行"者,其共同归因是水平高与理解力强,在语文中附加了课题的自主性处理因素,在数学中附加了基础学力因素;认为自己"不行"

[①] J. E. Grusec, E. Redler. Attribution, reinforcement, and altruism, a developmental analysis [J]. *Developmental Psychology*,1980,16(5):525-534.
[②] 川岛一夫. 幼儿助人行为的归因影响[J]. 教育心理学研究,1980,28(3):256—260.
[③] 三浦香苗,中泽润,涉谷美枝子,半田康. 关于学业不良的教育心理学研究(之一)——兼论学业不良的界定[J]. 千叶大学教育学部研究纪要,1985,34:19—27.

者，其共同归因是无法集中注意力，如学习语文欠缺自律性、积极性，学习数学则不求甚解与粗心大意等。这样，由于学科、学力水平、学力的自我认知（行或不行）的不同，制约学力的因素也不同。在单纯的"努力/能力"之类的归因中，儿童的归因认知不够明确。

教师实际上是根据不同类型的儿童、制约儿童学力的因素、提高各个儿童学力的考虑来进行指导的。不过，中泽等人[1]认为，在教师认为跟得上教学进度的儿童中，教师和儿童一致列举的内部因素乃是影响掌握程度的因素；与此相反，在教师认为必须加以辅导的儿童中，教师列举"儿童的理解不足"，而儿童自身列举"努力不足"，两者之间存在分歧。这个结果显示，教师比儿童更倾向于把学业不良的原因视为不可控制的能力因素，同时也显示出正确把握儿童的认知来展开相应活动的必要性。

（二）归因于努力的弊害与问题

上文论述了提高儿童学习积极性过程中归因于"努力"的重要性，不过这可能会导致另一个极端的问题。风间实弥子[2]认为，在经历连续失败后，归因于"努力"不足会渐渐地改变为归因于"能力"不足。

此外，解决问题通常有两种努力方法：一为寻找解决问题方法的努力；二为集中注意力的努力。金子智荣子[3]采用概念学习课题和单纯作业课题在小学三年级学生中进行实验，揭示了两种努力的效果。在数字和图形置换中，儿童仅仅依靠集中注意力便能解决课题，但要使概念学习变成可能，就必须有两种努力。因此教师不仅要鼓励儿童不懈努力，而且要教会学生如何努力的方法。

---

[1] 中泽润，三浦香苗，金子智荣子，涉谷美枝子. 关于学业不良的学习态度与归因——教师与儿童的认知分析[J]. 千叶大学教育工学研究，1986(7)：15—27.
[2] 风间实弥子. 归因研究[D]. 东京：日本女子大学，1982.
[3] 金子智荣子. 归因努力对概念学习课题与单纯作业课题完成水准的影响[J]. 教育心理学研究，1982，30：244—249.

第8章　影响生活主体形成的班级团体的作用

班级文化、小组活动、交往关系、问题行为、共生性他人、共存性他人、干部、追随者、干部自我发展过程

一、儿童的生活文化与班级

（一）作为文化漩涡的班级

本章以班级动态的一个层面——课外活动的问题为对象加以论述。

儿童处于制约人格特征的种种日常条件之中，家庭、学校、社区的文化与信息及其环境条件直接与间接地制约着儿童的人格特征。儿童主要置身于班级这个依据规定组织起来的生活情境之中，就这一点来说，班级是儿童身处其中的不同状况的文化漩涡。由此看来，"儿童的相互交往中隐含着一定的冲突与摩擦关系"。这种冲突与摩擦包括举止行为和知性、感情的层面。当这种关系被视为自然发生的现象而忽略时，儿童就会使自己卷入相互排斥的漩涡之中，由此引申出种种的病态现象来。[1]

教师可以把这些冲突和摩擦当作深化同学彼此之间理解的原动力。这些冲突和摩擦也是学生开展自治活动与文化活动的多元线索。如此看来，这些冲突和摩擦不是消极的东西。事实上，它意味着在班级这一情境中具备这样的条件：学生超越既有文化、创造新文化的可能性与现实性。他们拥有一种创造的可能性——在班级这一生活空间里创造出"班级文化"这一有别于其他领域的相对独立的文化系统，如

---

[1] 日本法务省法务综合研究所．犯罪白皮书[R]．东京：日本法务省，1985：199—200．

扎根于家庭与社区的生活文化，同时又创造出相对独立的文化。换言之，在班级这一生活空间里，儿童是班级的主体和主角。

（二）指导构想的基点

儿童作为班级的主体和主角与教师的指导地位绝不是互相矛盾的，因为教师的指导是在儿童接受了指导之后才得以形成的。既然如此，"班级文化"的形成是与教师有意识的作用——指导息息相关的。班级作为保障儿童社会性发展的生活空间，必然经历质的变化过程。在这里，教师尤须意识到下列课题：

1. 把握儿童形成了什么样的人际关系与交往关系。然后把握处于这种关系之中不同于儿童既有文化系统的另一新文化系统的端绪，展望交往关系的发展途径。

2. 应当认识到，交往关系并不是个人与个人之间的单纯互动关系。因为每个儿童所负荷的文化系统是在他的社会关系之中形成的，而既有的文化系统不经过在社会系统之中的重组，就不可能创造新的自我的基础。

3. 为使这种实践条件更有效，就得把班级视为一种自治的文化团体来加以构想。教师如果缺乏这种构想，就会忽略儿童的言行中不时表现出来的喜怒哀乐，从而忽略了把他们视作班级的主体来培育的逻辑。关于这一点，试举"小组活动"为例。儿童通过"小组活动"和小组内的伙伴结交，形成新的人际关系，进而使人际关系得以解体重组。这时，小组就是儿童结成亲密的交往关系的第一个团体，同时也是超越个人负荷的各自文化，创造班级文化活动的基本单位。

儿童所处的"小组"这一单位团体，一方面是儿童扩大自身世界的媒介，另一方面又是在儿童中间形成对班级团体的认识的媒介。因此，教师的课题就是构想统一这两者的过程并付诸实践。

（三）培育生活主体的班级团体

在这里，为了把握将儿童培育成为班级主体的过程，需要求解诸多问题。例如，班级内目前面临的焦点是什么？有没有致力于解决问题的儿童（干部）？能否针对这些问题展开讨论，从多种角度作出理智探讨，取得共识呢？在把握了这些问题、观察了儿童的状况之后,教师就可以超越自己的"思路"架构,从团体发展的脉络上发现儿童的动向。

这样看来,影响生活主体形成的班级团体的作用,不仅仅限于"教室"这一空间形式,还涉及通过班级团体的创造,使班级成为儿童自己的团体。团体是变化的,以变化为特征的结构是受在该团体中生活的儿童与教师主体性的相互关系所制约的。

二、班级中儿童的发展

(一)接近S生,重塑一个新的S生

这里试举一个实例。[①] 有一个名叫S的儿童,他3岁时母亲和子女一同自尽,唯有S生获救,这在他的心灵上留下了深刻的创伤。S生和后母不融洽,即使上了小学,依然不贴心。继母脾气暴躁,狠狠地骂他是"前世孽种",他只有逃之夭夭。到了五年级,S生转入佐川爱子老师的班级。他只对佐川老师表现出亲密,言听计从。S生说:"佐川老师慈祥、热情、充满朝气。在她身上,我似乎看到了自己日思夜想的母亲的形象。"

在佐川老师的班级里,S生和班级里的一名顽劣的K生水火不容。佐川老师调动班级的力量,免受他的牵制。她发动"好伙伴"活动,展开小组之间的竞赛和各项活动,在班级里掀起了儿童活动的高潮。以此为基础,她培育班级干部,使儿童自身能够计划并创造这些活动。这一活动旨在接近S生,以解决S生的种种烦恼,同时又使S生求得自我变革,把他培育成能干的儿童。从这个意义上说,这些班级活动不是单纯使S生成为班级的一员,还得使儿童们看到他们自身需要超越的各自内在的自我。这就是佐川老师所说的,包括S生在内,真正保障每一个儿童发展的团体创造。

(二)自治性的提高加深了交往;他人的发现

不久,进入选举组长、编组的阶段。这是追求自治的阶段,也是儿童自觉地寻求方略的阶段。佐川老师认为,在这个阶段,就S生来说,"要使之体验到人们所追求

[①] 佐川爱子.人是在人际关系中成长为人的[J].生活指导,1987(377):43—55.

的喜悦,这才是他自身迈出的第一步"。因此,她要求了解S生经历的组长智子将其吸收为组员。S生对智子大声吼道:"多管闲事!"组员则嚷嚷:"不要他进来!"面对双方的恼怒、吼叫,智子依然不动声色。

智子深知,仅仅对S生表示好意是无济于事的,她从同组的另一位组长冈田(组长二人制)的表情中看出了这一点。看到冈田维护组员,制止来自别组的抨击,智子开始领悟当一名组长的意义。智子在通信笔记中写道:"组员的事和别组的事都优先于自己的事。""更纯朴、更沉着、更谦和一些吧!"智子愈是追求好组长、好小组,同S生的沟通就愈是深入。对于从冈田身上学到了机智的智子来说,这无疑是打开了一扇新的认识之门。

智子从冈田那里学到的态度成为支持她接近S生的支柱。以此关系为基础,智子以和蔼的语气与S生侃侃而谈,倾听S生的诉说。不久,S生稍微安分了些。

(三) 打开自治之门:维护并承认伙伴

不过,矫正S生行为举止的还是教师。佐川老师认为,需要发动全班的力量促进S生的转化,于是她向班级提出了进一步的课题:提高班级的自治性。

"组长必须维护组员"——接受这一课题后,班级进行了第七次编组。佐川老师让棚濑当S生的组长,她认为除棚濑之外,别无他人可供选择。这是因为棚濑"深得同学的信任,富有正义感。而且,他不是怒目金刚式的人物。他喜欢体育运动,在这方面毫不逊于K生"。棚濑犹豫了片刻之后,下定决心:"我当S生的组长!"

组长棚濑发挥了他的力量。当S生说了伙伴的坏话,周围的同学围攻他时,棚濑对此"勃然大怒",向老师告状说:"S君虽说不好,但那些人围攻S君也是不恰当的,那样做太过分了。"他还把这种见解公之于众。棚濑的怒气使S生的发展课题转变为班级的发展课题。

当然,S生从此也开始对棚濑敞开心扉。这也是S生自身迈向班级伙伴团体的新的一步。

(四) 儿童们创造的三天

尔后,佐川老师出差三天。这是儿童们寻求自主性、自治性的绝佳时机。在教师的指导之下，班级以学习干部为中心，制订了三天的学习计划。"试试看，在老师不在的日子里，不靠老师的力量展开学习活动""上课开小差的同学也能安静地读书"——这些目标都实现了。S生所属的小组被评为优秀小组，全体组员的合作程度成了衡量的尺度。佐川老师说："在S君的积极努力和些微的成长也不被忽略的组长团队及其小组中，S君发生了巨大变化。以此三天为分水岭，小组会议和小组活动变得融洽了，打扫教室和学习的态度也变好了，纠纷几乎销声匿迹。"

S生也在五年级末的文章中这样写道："最大的优点是，我变得听话了。这是最大的进步。"他在六年级的最后一篇传记中这样写道："我给那些人惹出了好多的麻烦，尤其是我母亲。"在最后的参观教学日，他继母第一次来到了学校。

（五）实践的基本构图

以上内容源自奈良县小学佐川爱子老师的教育报告概要。作为实践记录，这也许还不够成熟，然而实践的成熟性却是完全可以捉摸得到的。S生变了，智子也变了，冈田和棚濑的力量确实通过班级全员的力量扩大了。这个事实正说明了实践的成熟性。

这一实践的基本构图经历了如下流程：以教师富有活力的影响为基础，创造出班级活动的基调→以此为基础，使S生接近最能获得共鸣的智子→接近从侧面支持智子的冈田→接近有能力进一步发展智子与冈田的努力成果的棚濑→把对S生起主导作用的三人的密切配合所产生的成果，作为班级共享的财产，形成对干部队伍建设的探索→在多样化的活动中多角度地发挥干部的作用。

在这个流程中，出现了"开拓交往关系，提高团体自治性"的三类人物，这是我们必须注意的。一是接近S生，与其苦闷的心灵沟通的智子。二是冈田——把智子的个人优越性转化为组长的优越性的必要人物。三是棚濑——把个人问题转变为团体问题，使S生的发展过程和团体的发展过程融为一体的人物。

（六）教师的指导——五个步骤

这三类人物的出现经历了下述步骤：

1. 教师作为主导影响班级，是班级儿童彼此结合的阶段。也就是说，没有教师的影响,班级就可能处于停滞或分裂、瓦解的局面。这也是教师教授基本事项的阶段。

2. 教师开始引导儿童自身自觉地处理问题,包括一时不能做到的事情(从儿童的角度接近S生)。这也是班级面对S生茫然不知所措的阶段。因此,智子出现了,冈田出现了。这是必然的。

3. 离开教师的直接作用,展望儿童自身相互埋怨的阶段。这是与其背景——在对待S生的过程中,班级开始探讨相互交往的逻辑一贯性——相呼应的阶段,但也是看不见前景的阶段。因此,教师等待着棚濑的出现,等待着"S君不好,但同学们更坏"这一"庇护S生,批判班级"逻辑的出现。

4. 不只要求发挥儿童的力量,而且进入由团体承担课题、进行探索的阶段。这是干部队伍开始独立解决自身问题的阶段,也是个人问题被置于团体课题的阶段。在教师出差的三天期间,制定"不借助任何教师的力量……"这一目标,就是一个象征。这里要求学习干部、组长的自主性与主导作用。

5. 班级克服了一定的困难,以这种喜悦为基础,创造新的前景的阶段。以S生来说,这是班级和S生一起(也是S生和班级一起)起步的阶段。班级的焦点课题在新的水准上得以确立。因此,这是儿童自身能够探讨、提出并实践各种活动的课题的阶段。

(七) S生的变化反映了其他儿童的变化

S生的变化及其与周围伙伴的关系也是与上述阶段相应的:

1. S生不听从教师的教诲。因此,伙伴的存在不能成为支持S生的力量。

2. S生受到智子和冈田的支持。在"我们小组不要他"的反对声中,S生说"第三组加油",表现出自己作为一名组员的担当。可以说,能够抑制伙伴反对声浪的办法,已清晰地呈现在S生的视野之中。

3. 在换组时,S生在各组之间急得团团转。不久,他向棚濑的小组保证,自己一定努力。然后,S生对棚濑逐渐打开了心扉。这也是接受了棚濑批评的同学转向S生的过程。

4. 不久,S生把周围的批评视为自己的问题而采取行动。这时的行动当然是被动的。不过，S生已经能够接受伙伴的批评和督促，迈出了前进的步伐。这表现在教师出差期间S生得到的评价上："S君能够注意听讲了，上课时遵守纪律了"（棚濑）；"第三组受关注的次数多了，S君也很快改正了。是特别好的小组"（学习干部野际）。这种评价是对S生的评价，也是对支持S生的小组的评价。

每一个儿童的成长与发展，同样促进了伙伴的成长与发展；伙伴的成长与发展，支持着每一个儿童的成长与发展。自治就包含了这种过程，因此需要教师的指导。自治并不是自发产生的。不过，如果不按照每个人的要求而高唱"自治"，就会陷入不能自拔的管理主义泥淖。佐川实践的价值就在于超越了这一障碍。

三、教师的课题之一：班级创造

（一）从方向转变为过程

作为学校生活的基本团体的班级，就这样完成了动态的质的变化。教师的指导必须使这种质的变化成为发展的过程，结出丰硕的果实来。当然，这未必那么轻而易举。这一点可从一些事实中得到印证。

有的教师尽管期望创造班级团体，但在"发展"的脉络中构建这种实践过程时难免失败。他们的言行一般来说可以归结如下[1]：

"儿童们坐在教室里郁郁寡欢。但当他们和朋友一起游戏时，情形迥然不同：笑语欢声，气氛热烈，眼神发亮。儿童们彼此喧闹着，一个个生气勃勃。这时，在儿童们的姿态中，您再也感受不到半点郁郁寡欢的微尘了。"

因此，是否能够观察到儿童的动静，决定了师生关系形成的"发展"方向。然而仅凭这一点是不够的，还得展望"发展"的过程。这就是下述步骤的课题了。

（二）二元论"儿童形象"的困惑

确实，这里体现了自觉地接近儿童发展步伐的教师形象；它也是超越眼前的矛盾，愿意创造与儿童共生逻辑的教师形象。不过在这种认识和思考中，存在下述的

---

[1] 赤羽洁. 着眼于儿童的兴趣爱好[C]//山口县生活指导研究会. 实践集录（第一集）：儿童与开放的生活指导的实践. 1988.

困惑：

教师一方面看到在教室情境（尤其是上课和班会之类）里"儿童们神情沮丧"，另一方面又看到在另一种情境里"儿童们并不沮丧"。儿童活力状况的差异亦即儿童对教师的反应的差异造成了这种划分。从这个意义上说，教师既有的"儿童形象"正是这种划分的标准。不过，构成该形象的是同一个儿童的姿态。如果说这两种姿态都是事实，岂非矛盾？

因此，教师结合两者的关系认识到：儿童们并非真实的沮丧。不沮丧的是真实的他们；沮丧的并非真实的他们，而是虚假的他们。

"沮丧者恶""不沮丧者善"——这种二分法就从这儿展开了。教师借助追问"何谓'真实'"的问题，试图一元化地把问题归结为"善"的世界，并把它视为天经地义。然而，儿童却是"沮丧"与"不沮丧"这两种世界的实际承担者，因此不能归入形式逻辑的范畴，这种形式逻辑终究只能是随心所欲的。这个道理在实践无法取得进展的事实中暴露无遗。

（三）从"囚禁的世界"中获得解放

如果真是如此，就得改变观点了。

当教师说"儿童们神情沮丧"时，儿童肯定有相应的反应特征。例如，对教师的提问不作应答，即使应答了，也不过是机械式的反应；没有表情变化，行为与感情不得要领；对课题缺乏紧张感，等等。

但是，如果把视点转移到儿童发展的逻辑上来分析，所看到的就完全不同了。例如，想做有趣的事——然而只能根据老师提供的框架去做；想合乎自己的兴趣爱好悠然自得地去探索、去思考——然而老师并未教给自己有关的内容与方法，老师不容许尝试错误；想肯定伙伴行为的优点——然而老师已经抢先将评价强加于大家，不容反驳。总之，儿童们感到"枯燥乏味"。

这样看来，在课堂中看到的"沮丧"的儿童，或是在其他场合看到的"不沮丧"的儿童，两者都是"真实"的儿童。只不过课堂成了和儿童生机勃勃的活动不相容的场合罢了。这是事实。当然，这个事实也不局限于此时此刻的课堂本身。儿童在先前的教育经验中经历过的某些场合，对他来说是强制性的、毫无所获的课堂，且可能至今依然存在。对于儿童来说，这是名副其实的"囚禁的世界"[①]。

如果支配儿童精神世界的东西实际存在，那么，儿童以"沮丧"的方式描绘出"被囚禁"的姿态，也不是不可思议的。或者，不如说，"正在受囚禁"更为贴切。这是因为儿童的发展阶段尚显得过分幼稚，无法对抗控制他们的世界。然而，就这样背弃未来是不对的，背弃异化了的过去才是正确的。

背弃未来是不对的。种种"沮丧"是由于儿童自己的行为举止堵塞了自身的未来。因此，教师必须把"沮丧"的姿态也视为"真实的姿态"，和儿童一起开辟砸开"囚禁"枷锁的道路。因为"沮丧"的真相，就是"发展需求"。

（四）形成主体的指导

为了摧毁这个"囚禁"的世界，教师至少必须共同拥有并扩大肯定的、积极的层面，以此为基础，瓦解消极的、否定的层面，并加以重组。在这个意义上，教师需要深入儿童的兴趣与爱好的世界，抓住支撑他们的"架构"，展开与之交锋的活动，这就是指导。

指导首先是以承认儿童的"拒绝自由"为基础的。在此基础上，接受儿童的动作与反应，设定与其动作和反应的"架构"相应的发展课题，并且向儿童敞开满足其发展课题的文化内涵，从而使儿童产生出自我发现与对新世界的知性需求。

这个逻辑绝不只是在对个人的特定研究中很重要，在构建班级团体的质的发展时也同样重要。这是因为教师的指导和儿童内心世界的结构的交锋，也牵动了其他儿童的活动。

（五）指导展开的焦点

在实践中，可以构想下列关系网络。

例如，要求紧急处置 A 生的"问题行为"时，教师列出五条指导途径：

1. 对 A 生作个别指导。
2. 对 A 生所属的班级作指导。

[①] 赤羽洁. 惩戒与囚禁的世界[J]. 生活指导研究, 1988(5): 95—123.

3. 把 A 生的问题和班级的问题结合起来,对班组长会加以指导。

4. 对与 A 生亲近的人加以指导。

5. 密切与家长的合作关系。

作为生活主体的个人,也在班级团体的关系网络中表现自己的社会性,而这种表现又必须受到团体的肯定、价值化和重新调整。

通过形成这种关系网络,教师才能接近 A 生的世界。在这里,"小组"形成了与身为组员的 A 生的关系,产生出在其生活中已消失的鼓励他人接近他的社会条件。"组长会"开辟了共同商讨的途径——促使 A 生改变的小组和亲密伙伴产生交流,并在班级团体的层次上赋予意义。这些也直接或间接地通报其他小组、让别的小组的儿童了解"A 生是如此这般变化的",为那些尚未被发展世界所束缚的儿童提供了探索新的自我的指标。这些帮助干部班子确立起个人发展与团体发展不可分的观点,以及认识它的方法论原理。

这样看来,对儿童人际关系的新的开发,正说明了班级团体的发展。在这里,发现新的自我的喜悦与成果共享得以扩大,而站在前头的干部队伍则表现出更高的社会性发展。把握这一事实的指标如下:

1. 身心方面都对自身丧失了信心者,开始表现出自勉的态度。

2. 干部班子展开了自主性、自治性活动。

3. 乐于开展团体的文化活动,使团体成员各展其长、各得其所。

按照这些指标开展活动的班级团体,每一个成员都是生活的主体,并使自治性关系网络成为班级固有的文化系统。

(六)"交往"的指导与小组活动

形成这种网络的关键之一,就是建立起丰富的"交往关系"。

"交往"的问题在许多场合是从两个角度来讨论的:一是如何对尚未形成"交往关系"儿童进行指导的问题;二是在展望自治团体形成的基础上,如何丰富其基础——"交往关系"的问题。从实践上看,这两者是密不可分的。上述佐川实践证实了这一点。

所谓"创造丰富的交往关系",首先是指教师和儿童结成"交往关系"。在儿童的世界中,他人往往是作为"支配性他人"或是"敌对性他人"出现的。在这种场合,他人对于儿童来说,只能成为拒绝、排斥、抨击的对象。换一个角度说,儿童即使要求自己接受他人,也不能对他人敞开自己的心扉。

因此,教师必须扮成全新的他人,即"共存性他人"出现在儿童面前,这可以使儿童学会相互共存的交往方式,进而与不可替代的他人("共生性他人")发生质变的过程联系在一起。不过,这里必须有相应的逻辑,即儿童是能够左右事物的主体。

当然,从初遇开始就和他人拥有了"共存""共生"世界的儿童,也会要求结成一定的交往关系。

(七)小组活动支撑从交往到自治的过渡

"交往关系"所产生的问题,是儿童每天都会面临的问题。在游戏、交谈和共同游戏中,"交往关系"的形成支撑了儿童的现实感与"人—我"认识的形成。

不过,如果"交往关系"在团体关系中已经有所意识,相互交往者会开始注意相互提高的过程,使相互支持的含义从共鸣的层次过渡到需求的层次。此时的空间情境之一便是"小组"。"小组"的活动就是"小组活动",小组也是保障每一个儿童探索"人—我"关系与创造新型"人—我"关系的场所。

"小组"是许多班级中普遍存在的团体形式。不过,它的功能状态从管理的工具直至主体形成的据点,极其多样。另外,关于"小组"这种形式为什么有效、对谁有利、如何有利,各有解释。当然,作为教师管理工具的"小组",并不是我们讨论的重点。

"小组"对于儿童的发展来说具有双重作用。一方面,它是保障每一个儿童形成日常交往关系的场所。在这里,儿童在和他人结成密切关系的过程中推进了"人—我"关系的再发现,并在相互关系之中确认自己。在这一点上,班级的每一个儿童都受到保障。

另一方面,它是保障每个儿童认识班级团体——学校生活的基本单位。现实中出现的种种问题往往被视为由人际关系所引发的问题。其实,这牵涉到班级空间虽然是儿童自身的天地,但能否彰显其所构成的文化内蕴的问题。因此,不应当把问题中交织的矛盾还原为个人直接的人际关系层次,而必须探讨文化结构的问题。在文化结构的个人内化（主体化）与班级团体内化（共有化、共同化）之间，"小组"处于媒介的地位。也就是说，"小组"承担着形成自治的文化团体的任务。

借助这种双重性的统一，"小组"可以把"小组"的存在意义内化为儿童的自身需求。佐川实践中出现的智子，正是在这种"小组"的形成中改变了人—我认识。

不过，要避免只把"小组"作为班级的基本单位，把公共活动限于"小组活动"的偏差做法。这里所谓的"公共活动"是指异质的"小组"的独特活动，以及"组长会"本身的自主性活动，因为人们已强烈地意识到儿童的"社会自由权"。

（八）创造自治性、自律性的干部

儿童的相互关系是主体性、动态化的。因此，既存在产生矛盾的原因，也存在解决矛盾的契机。儿童是班级生活的主体，这种主体性扩展至生活总体的基础就是"平等"的关系。有个性的儿童立足于这种关系基础之上，提高人—我认识时，团体的相互关系就会显示出质的变化。这种质的变化渗透在作为主体的儿童的认识内涵之中，因为"平等"的实质是"异质同等"。

干部，就是能确切地掌握"异质同等性"，在相互关系之中基于"异质性"描绘出"同等性"的有能力者。这种能力，是独立地思考、判断什么是对的、什么是好的，并能推而广之的能力。例如，上文提到的"S君虽说不好，但那些人围攻S君也是不恰当的，那样做太过分了"，像这类批评就把个人的愤怒推广到班级的讨论中去了。

在公共活动中，首先体现出承担者的角色内涵中"对"与"好"的标准，然而这种标准未必适于个人的世界。因此，干部必须将个人世界纳入视野范畴，形成并发动干部队伍；借助在个人世界中自主地构成、行使干部的作用，促进团体的发展。这就是干部的自我发展过程——自我否定（辩证法）的发展过程。在这个发展过程的背后，有追随者的出现，而这个过程中丰富的交往关系就是追随者出现的温室。这一点是不容忽略的。

20世纪80年代以来，许多教师发出了"废除干部制""不再培育干部"的呼声。这个事实清楚地说明，他们仅仅是在学校的架构内看待干部作用的形成过程。

(九) 干部与追随者

干部的形成过程同时也是追随者形成的过程。有能力的干部代表重新认识他人，引出行为，产生推动整体前进的活力。另一方面，真实的交往也是彼此肯定对方的长处，借以产生推动整体前进的活力。后者意味着个体成员接受某独立的干部形象的种种层面，通过彼此间的沟通形成干部队伍，尽管教师也有一套形成干部队伍的计划。在这个意义上，干部队伍的形成包含了这样的内涵：与干部队伍的多面性、复合性交互作用，不断扩充追随者的规模。

高桥廉[1]描述了三名女生成长为干部的历程。在人际关系的矛盾中，她们从"个别问题对应型"的干部转变为"综合指导型"的干部，说明了这样一个观点——"干部只有在确立与完成团体课题所相称的社会关系的过程中才能形成"。

儿童是在相互交往中，通过行动和纠纷，把他人引进自身的。这时，将团体关系中潜藏着的矛盾引进自身，在现实关系中表现出处理这种矛盾的方向与事实者，即是干部。这种处理之所以可能，原因就在于个体对当下的问题在认识与行为两个层面都具备相应的能力。

因此，形成生活主体的过程，就是出色的团体化、社会化过程。既然如此，就必须保障每一个儿童在班级生活空间中的这一过程。只有在班级中开展丰富的交往关系与自治活动，儿童才会建立真正的生活主体的形象。这就是支撑儿童形成社会自我不可替代的基础——班级的创造。

---

[1] 高桥廉. 怎样指导陷于烦恼之中的干部[J]. 生活指导, 1987(371): 19—30.

第9章　教师的指导与民主型价值观的发展

指导作用、势力、民主型价值观、综合性指导、支配性指导、道德判断、目标达成功能、团体维持功能

一、班级团体的指导

在考虑师生关系时,教师和学生两者并不是平等的。教师通常发挥权威作用指导儿童,因此教师对儿童与班级团体的指导行为大多可被称为"指导作用"。在这种场合中,教师作为领导者的性质极强。然而,为了以民主方式经营班级团体,使每一个儿童都能生动活泼地活动,就得构建对等与平等的关系。为了民主地指导班级团体,教师不仅要发挥指导力,出色的干部队伍也要发挥其指导力。

所谓"指导力"可以作如下的界定:"旨在借助团体成员所进行的活动促进团体目标的设定、团体目标的实现和成员间的相互作用。团体原则上由一名或多名成员组成。"[1]因此,指导力的一个重要功能就是促进团体目标的实现。尤其在学校教育中,教育目标和教育内容的架构是教育法规所规定的,在探讨教师的指导力时不能不考虑到这一点。

一方面,日本的《学校教育法实施规则》中有一些规定,如"小学除校长外,每班设专任教师一名以上"(第23条),"中学以每班设两名教师为佳"(第52条)。另一方面,日本的《学校教育法》中规定,"监护人负有使其子女进入小学(或初中)或盲聋

---

[1] D. Cartwright, A. Zander. 指导力与团体的业绩[M]. 三隅二不二,等,编译. 东京:诚信书房,1969:582—608.

学校或养护学校的小学部(或初中部)就学的义务"(第39条)。无论教师或儿童,都是依法对班级团体的成员加以分组的。教师应当实现的目标,诸如"基于学校内外社会生活的经验,教育学生正确理解人与人之间的相互关系,并培养学生合作、自主、自律的精神"(第18条),显示了大体的架构。

日本的这些法规是以国民主权、和平主义为原则的《宪法》及《教育基本法》为主体,以对《宪法》及《教育敕语》的反省为基础而形成的。正如《教育基本法》前言所说的,实现民主主义与和平主义,"基本上取决于教育的威力",注重教育所起的作用。而"教育必须以陶冶人格为目标,培养出和平国家与社会的建设者,爱好真理与正义、尊重个人的价值、注重义务与责任,充满自主精神的身心健康的国民"(第1条)。尤其是把培养担负起民主主义的人格看作教育的重要课题,积极致力于这一理念的实现。这种努力,从日本文部科学省陆续发行旨在宣传民主主义的启蒙图书中得到了鲜明的体现。

《教育基本法》象征性地表达教育的目的,通过多样化的实践在儿童身上实现,乃是教育指导的根基。从这一观点出发,在班级团体的指导与活动中,显然存在有别于企业集团的独特方面。其一,班级团体的目的并不是让儿童追求利润与效率,而是旨在培养国家与社会的建设者,促进儿童自身智力的、情意的、社会的、身体的、技能的发展和人格的进一步充实。其二,班级团体是依法建立的,由教师有目的、有意识地加以指导。其三,教师由于其权威、能力等因素,处在不利于儿童的地位。

这里,我们根据班级团体的这些特点,探讨一下有效指导的问题。

二、教师的指导方式与儿童的活动

利皮特(R. Lippitt)和怀特(R. White)[1]研究了干部的言行在民主型、专制型、放任型等不同场合对于团体及团体成员的人际关系与活动产生的效果。他们选择了5名10岁的小学男生(他们是性格、社会地位近似的同班儿童),分别实施三种类型的干部指导,让他们进行使用绘画工具画图或制作假面具等兴趣活动。结果,在

---

[1] R. Lippitt, R. White. The "social climate" of children's group[M]//Barker R G, et al. (Eds.). Child Behavior and Development. New York, NY: McCraw-Hill, 1943.

团体气氛属民主型的小组中,儿童的活动与人际关系良好。

安德森(H. Anderson)[①]根据对两个小学三年级班级的周密观察,分析探讨了教师的指导行为与儿童行为的关系。他认为,一名教师的指导行为具有"综合性指导"(integrative behavior)和"支配性指导"(dominative behavior)的双重性。所谓"综合性指导"具有下列影响作用:灵活地适应儿童的个别差异,以此为基础引出儿童自发的行为,促进他们的思维以及同班同学的交往与交流。所谓"支配性指导",是指下列影响作用:无视儿童的个别差异,以僵硬的对策为基础,教师只给予同样的指导,或者一味地叱责、威胁。

研究者在秋、冬两季对各个班级进行了两次观察,发现儿童的行为因教师指导行为的变化而发生变化。例如,一方面,冬季的观察显示,与秋天相比,总体而言,教师的"支配性指导"减少,"综合性指导"增加;从儿童的行为看,"不好"的行为和拒绝性行为减少,儿童在合作解决问题的方面显示出若干变化。另一方面,冬季的观察显示,教师依然以"支配性指导"居多,教师的精神卫生指数(积极影响儿童精神卫生的程度)显著低下;从儿童的行为看,自发性行为的频度没有变化,但表现出被动的、视他人的要求与影响作出反应等不好的变化。以内容而言,安德森所谓的"综合性指导"与"支配性指导"可以被分别视为利皮特所划分的民主型统率作用与专制型统率作用。因此,安德森的研究结果支持了利皮特的发现。

这些研究结果能否适用于文化背景大不相同的日本儿童呢? 三隅二不二等人对利皮特的研究作了追踪实验。[②③④] 该研究让30名小学三年级男生制作地图(每天60分钟,每周5天,持续两周),观察分析在三种类型的指导风格下儿童的活动。结果十分多样化,未必跟利皮特的研究一致。但相同点是,团体的团结以民主型团体最强;在专制型团体中,出现攻击型与服从型两种表现;友好发言的频度在民主型团体中居多。这个事实恐怕如三隅等人指出的,是因为在民主型团体中,团体成员干劲足,作业热情高,自由度大,能畅所欲言。此外,就整体而言,日本的儿童是指导

[①] H. H. Anderson. *Domination and social integrative behavior*[M]//E. E. Macoby et al. (Eds.). *Reading in Social Psychology*(3rd ed.). New York, NY: Holt, Rinehart & Winston, 1958:459-483.
[②] 三隅二不二,等. 关于班级氛围的团体动力学研究(第一报告)[J]. 九州:九州大学教育学部纪要,1959.
[③] 三隅二不二,等. 关于班级氛围的团体动力学研究(第二报告)[J]. 教育社会心理学研究,1960(1):10—22.
[④] 三隅二不二,等. 关于班级氛围的团体动力学研究(第三报告)[J]. 教育社会心理学研究,1960(1):119—135.

者依存型，在攻击行为方面较为克制，这些都显示了极强的被动倾向。尽管有这种异同，但三隅等人的结论是："三种指导类型对于团体成员在效果上的差异，总体而言，较类似于利皮特的研究结果。"

另一方面，村上英治等人[①]以智力缺陷儿童组成的班级为对象进行了案例研究，其结果与安德森的研究结论吻合。也就是说，在强制色彩极浓的指导氛围下学习的Y班儿童，与开放色彩极浓的S班儿童，在行为方式上会产生差异。亦即，Y班儿童在强制性、指令性的指导者（相当于专制型指导者）的指导之下，活动性显著低下，消极性、依存性行为多。相反，S班儿童即使更换了指导者，一般而言，行为仍较稳定，自主性的积极行为也较多。

这些研究说明，尽管在指导上存在文化背景的差异，但总体而言，肯定儿童的主动精神，确认其言行的优点，灵活地作出反应，是更为理想的指导方式。

三、教师影响力的源泉

弗伦奇(J. R. P. Jr. French)和雷文(B. Raven)[②]指出，当某个体、团体或团体的一部分(O)对某团体(P)具有潜在影响力或可能性时，一般称为O对P具有"势力"(power)。

田崎敏昭[③]以小学六年级、初中二年级和高中二年级学生为对象进行的调查显示，儿童们对教师势力的认知是：(1)亲近、接受(明白自己的心情)；(2)仪表好(有风度时髦)；(3)正当性(听老师的话是理所当然的)；(4)开朗的魅力(风趣、爽朗)；(5)处罚(怀恨、可怕)；(6)熟练性(讲话生动、经验丰富)；(7)自居作用(以老师为楷模)。由于儿童的发展水平不同，教师所拥有的各种势力受到重视的程度也会有所不同。小学六年级学生最看重"仪表好"的势力，而高二学生把"处罚"视为最强的势力。

---

① 村上英治，等. 弱智儿童班级中教师的指导类型与学生的行动[J]. 教育心理学研究，1965(13)：129—140.
② 弗伦奇，雷文. 社会势力之基础[M]. 佐藤静一，译. 东京：诚信书房.
③ 田崎敏昭. 儿童对教师努力源泉的认知[J]. 教育心理学研究，1979(27)：129—138.

另一方面，滨名外喜男等人①比较分析了小学教师自身和儿童（四、五、六年级）看待教师势力的不同方式。教师认为，对儿童影响最大的势力是"处罚""外表""人情味""正当性"。尤其是把"正当性""人情味"视为影响力最强的势力，其次是"处罚""外表"。儿童们也把这四类视为主要势力，显示出两者类似的倾向。不过有一点必须注意，儿童并不如教师那样重视"正当性"势力。整体而言，随着年级的递升，儿童接受教师的影响愈弱。值得再三省思的是，如图9-1所示，不同年级儿童对各种势力的影响力强弱的看法有所不同。"正当性""处罚""外表"等势力的影响力在五年级学生中大为减少。反之，"人情味"势力的影响到了五年级则大幅增加。可惜的是，这一资料未能按不同年级测定教师自身所认知的势力之影响力。因此，教师的认知是否依据与儿童认知相应的方式发生变化，尚不明确。可以想见，五年级前后，儿童对于教师指导的接受方式可能会发生变化。参考田崎敏昭的研究结果，五、六年级以上的学生不像低年级学生那样依赖教师主导的指导，而是倾向于依据儿童自主活动的灵活指导。五、六年级儿童认为，"处罚"势力的影响极小，因此可以充分地设想，教师如果依赖这一势力开展指导，师生之间的摩擦与纠纷一定会恶化。

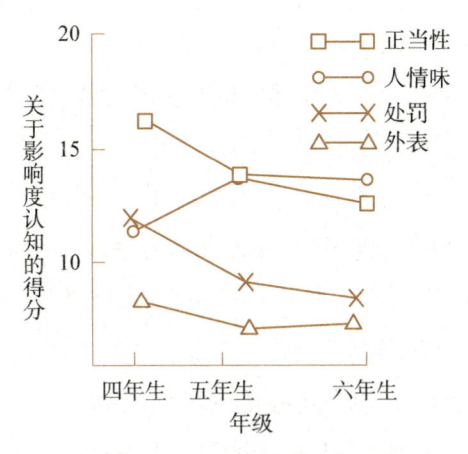

图9-1 儿童认为影响大的势力

事实上，NHK舆论调查部②以初高中生为对象作过调查，被老师体罚过的学生有43%想殴打老师，在未被老师体罚的儿童中，想殴打教师的也占了18%，这显示"处罚"势力的指导会引发儿童强烈的反抗。田崎敏昭③指出，必须注意的一点是，指向课题完成及人情味浓的教师以"正当性""熟练性""亲近性"的势力为背景的指导倾向强，而只指向课题完成的教师，其以"处罚"势力为背景的倾向强。

---

① 滨名外喜男,等. 教师的势力资源及教师与儿童关于教师势力影响度的认知[J]. 教育心理学研究,1983,31(3):35—42.
② NHK舆论调查部. 初高中生的意识[R]. 东京:日本放送出版协会,1984.
③ 田崎敏昭. 教师指导行为类型与势力源泉[J]. 日本实验社会心理学杂志,1981,20(2):137—145.

四、与儿童的发展水准相应的教师指导

一般认为,团体有种种影响作用。迄今为止的研究至少揭示了两种功能:一是深化学科理解,集结团队力量,指向目标实现或问题解决的影响作用;二是友好合作等维护、发展团体内人际关系的功能。可以认为,指导作用拥有这两种功能,班级团体同样具有这两种功能,不过,下面一点是需要注意的:维护、发展团体是指通过人际关系或社会技能的习得,谋求儿童人格的发展。而谋求人格发展是学校教育的中心目标,与以商业和制造业的生产为中心的企业集团不同。在学校团体中,团体的维护本身就是重要的教育目标。从这个意义来说,团体维护功能本身也是实现教育目标的功能之一。

三隅二不二等人[1]以小学五、六年级学生为对象进行调查,探讨了教师的指导与儿童的学习热情,亦即儿童们的班级亲和感(班级氛围是否明朗)、学习积极性(努力学习与否)、学习不满(讨厌学习与否)、纪律遵守(是否遵守大家议决的规则)之间的关系。结果显示,当教师使两种功能——促进学习、展示步骤、仔细解释这一"目标达成功能",以及倾听儿童的发言、参与商讨、促进班级团结友好的"团体维护功能"——均表现优异时,儿童的学习热情就会高涨,尤其是后者的功能——对人际关系的关注,发挥了巨大的作用。

不过,班级团体或是生活于班级团体中的儿童们,随着团体编制的时间推移,在知识、社会技能、人际关系、师生关系等各个方面都会发展和变化。教师的指导作用也应当适应儿童的这种变化,有意识地进行适当的改变。

赫西(P. Hersey)和布兰查德(K. Blandchard)[2]认为,团体虽然十分多样化,但指导作用需要视成员或团体发展成熟的水准作相应的变化。这里所谓的"成熟"(maturity)可定义为:"本人设定可能达到的尽可能高的目标的基本态势(成就动机)、担负职责的意志与能力,及作为对象的对方或团体所拥有的教育与经验的程

---

[1] 三隅二不二,吉崎静夫,等. 教师的指导行为测定尺度的制定及其妥当性[J]. 教育心理学研究,1977(25):157—166.
[2] P. Hersey, K. Blandchard. Management of Organizational Behavior (3rd ed.)[M]. Upper Saddle River, NJ: Prentice-Hall, 1969.

度。"这些都与所面临的课题息息相关。若成员对课题的成熟度低,则干部应着重于确定该做什么、该怎样进行,明示其内容与步骤,这就是"教示期"。随着成员对课题逐渐熟悉,人际关系成了重点,应减少对团体内人际关系和干部的心理抵抗,这就是"说服期"。进而,当成员的知识、技能提高,人际关系得以顺利展开时,应减少暗示性行为,促进成员对活动的积极参与,这就是"参与期"。最后,成员的心理层面与课题完成层面均已充分成熟,干部就可以把种种权限委让给成员,开展自治性活动,这就是"委任期"。

个人与团体的发展过程与统率作用的关系,与日本"全生研"的研究《班级团体形成的途径》所揭示的过程是一致的:小组→核心→决议→自治团体。例如,干部开展指导的必要条件就是明确目标,尤其在团体编制的早期阶段,干部必须具备这样的力量——凭先见之明,提供儿童具体行为的指针,包括该做什么、按照什么步骤去做,等等。"全生研"的班级团体指导研究也强调在早期的团体中教师应当发挥有意识、有计划的导向作用。随着个人与团体的发展,一方面要求教师逐渐减少直接性指导,而通过儿童的自治性活动施加影响,另一方面又要求教师具有出色的调整人际关系的能力。

根本橘夫[1]调查了儿童感受到的班级氛围(心情舒畅、悠然自得等)和班级内哪一种人际关系(谓之"班级结构")的关系密切。无论哪个年级,班级的宽容性(即使出了差错,也不会被班上同学讥讽嘲笑)都和班级氛围有着密切关系。不过,在四年级学生中,教师的控制(如果不守纪律或忘了做家庭作业时,教师提醒注意之类)和班级氛围的关系最为密切。这也许说明,四年级学生还需要教师某种程度的主导。

福本聪美[2]的研究显示,如果儿童认为教师的指导是宽容而谦和的,因而愿意接受,其班级的氛围要比消极接受教师教育的班级更加明朗,学生心情舒畅的倾向强。特别应当注意的一点是,四年级学生与六年级学生、积极组与消极组的差距是同样的,五年级学生格外显著。这也许是因为,在儿童对班级的适应与否上,五年级学生的发展比四、六年级学生更为强烈地受到教师指导的左右。

在指导上需要考虑的一点是,儿童的身心发展一直处于变化之中,随着这种变

---

[1] 根本橘夫. 班级团体结构、班级氛围及士气的关系[J]. 教育心理学研究,1983,31(3):211—219.
[2] 福本聪美. 儿童的人际关系[D]. 埼玉:埼玉大学教育学部教育心理学专修论文(未发表),1987.

化,儿童的活动范围扩大了,人际关系也会发生质的变化。伴随儿童的发展,他们的教师观也会发生变化。因此,教师指导的内容、着力点也应当视儿童发展水平的不同而有所改变。菊池章夫①指出,儿童理想的教师形象,从初中至高中会发生很大变化。高中生、大学生倾向于把允许自己决定自己的行为,采用独立的方式行事,具有明确的信念并能果断作出决策的教师视为理想的教师。这与教师自身和家长把严格守纪的教师和照章办事的人视为理想教师的情形形成了鲜明的对照。而初中生则拥有类似于教师和家长所向往的理想教师形象。从呆板的教师到独立性极强而富有个性的教师,儿童理想的教师形象发生变化,儿童对教师要求的内涵随着其身心发展也不断改变。这一点和上一节"教师影响力的源泉"中探讨的内容是一致的。

五、教师的指导与儿童"民主型价值观"的发展

在开展班级团体活动时,发展儿童之间平等与对等的关系,或者发展公正的判断能力,是教育上不可或缺的课题。皮亚杰关于儿童道德判断的研究业已说明了规则、责任心、正义、平等之类的观念是如何变化的。可以说,其发展过程是这样的:设定若干道德判断的领域,从各自领域中受共同的外部权威(家长、成人)管束的阶段,到以儿童之间的彼此尊重与团结为基础,超越权威的束缚,自律地作出判断的阶段。

试举处罚、平等、公正等观念的发展为例。一个小孩将一块面包丢进河中,于是母亲再给他一块。让被试从第三者的立场设想一下,看到这一情景的儿童会怎么说。结果,低龄的被试儿童多数认为不应再给面包,让他受到报应。随着年龄的递增,支持公正性的舆论增多,被试认为小孩年龄尚小,应当再给他一块面包。

为了揭示平等与权威观念的发展,可进一步分析以下例子。在童子军的营地中,面包吃光了,虽然队长自己的工作已经结束,但还是命令尚未完工的儿童去买面包。让被试从第三者的立场设想一下,受命的儿童将会如何反应。结果显示,年龄较小的被试儿童一味服从长者命令的倾向极强,随着年龄递升,要求平等对待的主

---

① 菊池章夫. 关于理想教师形象的一份资料——Q-Typing 的探讨[J]. 教育心理学研究,1972,20(3):184—189.

张增加,服从减少了。

教师的指导不能不考虑到不同年龄层儿童在观念发展上的差异。木下芳子以小学一年级学生为对象进行了面谈和调查,从身心发展角度探讨了多数表决原理的应用方式。该研究让被试以多数表决方式判断以下七个范畴组成的事件:

1. 与特定个人无利害关系,作为团体,在两者中选取一方的场合。
2. 决定多数人所希望的场合。
3. 决定不利于特定的人与事项的场合。
4. 揭示真理、真相的场合。
5. 判断行为善恶的场合。
6. 将上位团体的规则改变为下位团体规则的场合。
7. 改变游戏规则的场合。

结果,低年级学生多数用"尽快表决""多数人的意见"之类的标准,对他人立场、公平原则的考虑并不充分(见表9-1)。例如,情境④的(b)设计了这样一个情境:"来到学校,发现大家完成的工作被人破坏了。但谁也没有看见破坏的现场。有人说,难道不是A生弄坏的吗?采用多数表决的办法决定是否由A生负责,行吗?"尽管采用多数表决方式并不能揭示事件的真相,但在小学一、三年级学生中,肯定多数表决者居多。此外,如果自由决定表决方式,则年级愈低,持"请老师作决定"意见者愈多。

表9-1 采用"多数表决"方式的发展变化——回答"以多数票决定为宜"者的比例

情境 \ 学年	小一(30名)	小三(29名)	小五(30名)	中二(42名)	高二(38名)	大学(4名)
①文集的题目	80	93	83	93	97	95
②戏剧的角色	40	59	50	69	68	78
③大家讨厌的工作	50	69	30	63	34	22
④(a)答对算术题	23	0	3	0	0	0
(b)破坏工作的人	30	21	0	0	8	2
⑤行为的善恶	33	31	43	29	26	7
⑥学校的规则	20	14	3	0	5	2
⑦游戏的规则	50	66	87	98	100	100

〔注〕:以百分比为单位。

这样，"在小学低年级，学生对于能否采用多数表决的条件的认识度低，不同环境下其反应不那么易于分化。即使采用多数表决的方式，也会出于效率主义和同情的理由作出判断。小学五年级学生开始确立'公平'这一原则，明了不能采用多数表决的条件"[①]。

木下芳子[②]进一步探讨了能否采用多数表决方式评判牵涉到个人自由的事项。比如，让被试儿童判断采用多数表决方式评判"早餐吃面包"的可行性，回答(a)"采用多数表决极好"的比例，小学二年级学生为38%，小学五年级学生为5%，大学生为0%；回答(b)"不能说是好方法，但多数表决也行"的比例，小学二年级学生为24%，小学五年级学生为11%，大学生为14%；回答(c)"不宜采用多数表决"的比例，小学二年级学生为28%，小学五年级为84%，大学生为86%。总体而言，小学二年级学生主张采用多数表决的居多。

此外，针对"在儿童会会长选举中，若要从某班推举A为候选人，可不可以在班上采用多数表决方法决定投票给A？"的情境，小学二年级学生、小学五年级学生及大学生的反应如下：回答(a)"采用多数表决极好"的比例分别为48%、37%、3%；回答(b)"不能说是好方法，但多数表决也行"的比例分别为38%、29%、11%；回答(c)"不宜采用多数表决"的比例分别为14%、34%、86%。在低年级，主张采用多数表决可以约束投票自由的学生居多数。

这样看来，低年级学生对于"对等""平等""公正"之类的含义尽管不是完全理解，但正如皮亚杰所见，其依赖成人权威的成分极大。另一方面，随着年级的递升，儿童不是形式上服从权威，而是自主地判断公正与否，独立判断者居多。因此，在低年级，正如上一节所说的，教师在指导过程中被要求具体地指引方向的机会往往相对较多，而这种指引必须具备促进儿童未成熟部分发展的意向与内容。以"多数表决"为例，在低年级，团体中的决策只能作数字上的理解，因此作出错误决策的可能性较大。正因为如此，教师需要通过日常活动与指导，使儿童理解、体验何时可采用多数表决，何时不行。

---

① 木下芳子. 民主型价值观的形成（Ⅰ）[J]. 埼玉大学教育学部纪要，1977, 26: 105—115.
② 木下芳子. 民主型价值观的形成（Ⅳ）[J]. 埼玉大学教育学部纪要，1984, 33: 1—13.

家本芳郎等人[①]认为,在班级团体中,围绕问题作出讨论和决策,是通过调整与重组儿童之间的相互关系,将迄今为止团体中存在的种种对立意见归纳到一个方向上来进行的。因此,依赖形式上的多数作决定,尽管作出了决策,但假定碰到一部分不赞同的儿童的抗拒,仍可能会有无法实施的危险。为了消弭这种危险,班级团体决定某项事情时,应当采用一致表决原则。然而,"全员一致"实际上几乎是不可能的。因此,可采用以小组为单位的双重讨论方式,亦即在整个班级中"讨论决定"。首先通过小组会议归纳小组的意见(第一讨论),接着小组内部展开赞成与否的讨论(第二讨论),最后在此基础上以小组为单位(每组一票)投票来决定。在班级作出决策之初,教师应发挥重要的作用,为此后的团体讨论提供决策的雏形。例如教师预先用板书或书面文字的方式说明情况,不明白的地方再通过小组讨论的方式提出质问等。因此,事先对学生加以指导是不可或缺的。这是班级编制后相对早期阶段以小组活动为媒介的具体实例之一。在一切场合均以小组为单位来决策是不妥当的,基本原则还是每个儿童以自身的判断来作决策,前提是一人一票。

根本橘夫[②]的研究揭示,在有意识地将生活指导的目标确定为培养儿童具备民主型人格——具有民主主义思想和民主主义行为能力的班级中,学生在各个方面,诸如全班同学一同帮助学困生和体弱者、严格遵守班会决定的规则、上课时和班会中能畅所欲言等,都会表现出肯定的、积极的心理与行为来。而以儿童的发展水平为依据的教师日常行为肯定会对儿童的发展产生巨大影响。

然而问题在于,在民主型的决策中,即使持反对意见者也得服从团体的决策,也得说服、控制违反团体决策者。因此,为了实现、发展民主的原理、理念,需要相应地发展每个人的人格与能力,否则就会发生柏拉图所说的民主制度的两大矛盾。柏拉图的民主主义是以贵族社会为前提的,和现代的民主主义大不相同,但其中包含了值得汲取的内容。一是自由的矛盾。不愿接受任何拘束的社会自由,将会造成强者奴化弱者的后果,因此会是极大的束缚,亦即带来不自由。二是多数表决原则的矛盾。多数者一旦决议委让给少数者种种权限,则即使多数表决本身也会产生独裁

---

① 家本芳郎. 班级总会的指导[M]. 东京:明治图书,1972.
② 根本橘夫. "班级团体创造"的心理学研究——全生研实践的实证研究[J]. 心理科学,1981(4):8—18.

者。为了避免这种矛盾的产生,民主型制度一则要保障每一个人的平等投票权和罢免权,二则要以每一个人的发展——自觉地追究事件的真伪,能够独立判断事物的善恶正邪——为前提。

六、使每一个儿童得到发展的班级团体指导

班级团体是由各种儿童组成的。即使同属一个班级,不同儿童接受教师指导的方式当然也是不同的。那么,儿童的各种特点是如何影响教师的指导,如何影响班级活动的呢?

坂西友秀[1]以高中足球队为对象的调查研究揭示,即使在同一干部带领之下活动,由于每个学生的性格不同,指导的效果也不相同。迄今为止,在关于指导作用的研究中,多数认为课题达成功能(P功能)和团体维持功能(M功能)均强的干部,或是后一功能强的干部,会产生理想的效果。假如将P功能进一步分为管理功能和技术指导功能加以考察,探讨儿童的个性差异,那么这个结论就未必妥当了。坂西的研究将足球队主将的影响分为三个要素来掌握:(1)团体维持功能(M功能)的强弱;(2)管理功能,如注意服装、迟到、缺席等(P功能)的强弱;(3)技术指导功能,如练习方式、技术指导等(P功能)的强弱。据此可将干部分为八种类型,并对于在不同干部带领下进行活动时,合作性强的队员和合作性弱的队员对干部的不满与逆反有什么不同,加以比较研究。在干部团体维持功能弱的场合,队员一般较不满,逆反较强,不同条件下并无多大差别。但在干部团体维持功能强的场合,由于条件不同,队员表现会有相当大的差异(见图9-2)。例如,不实施技术指导且管理性行为强的干部,其队伍中合作性弱的队员会爆发出极大的不满和逆反。相反,不实施技术指导,且管理性行为弱的干部,其队伍中合作性弱的队员的不满和逆反也小。当指导认真进行时,管理方面得到强化,同时不满、逆反也不会过于尖锐。这样看来,管理必须以细腻的指导为前提才会产生效果。当然,充分发挥团体维持功能也是一个前提。虽说如此,但往往在管理功能愈强,团体维持功能愈有效,指导却不细腻的场

---

[1] 坂西友秀.作为追随者的个性特征的系数——统率作用的效果[J].教育心理学研究,1989,37(2):8—17.

合,其管理虽然得到强化,却常会限制成员的行为自由,损害人际关系。

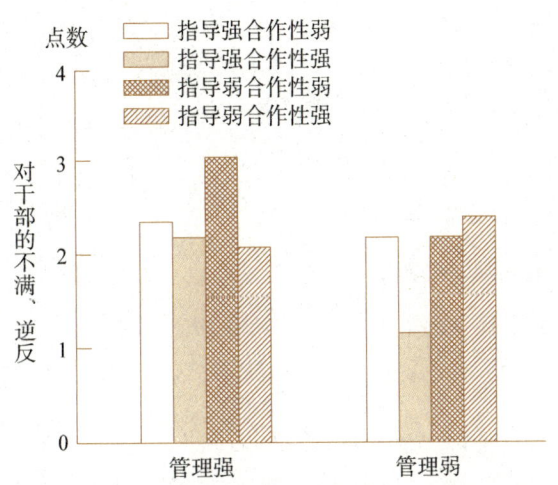

图9-2 从团体维持功能×管理功能×技术指导功能×合作性观察队员对干部的不满、反逆(干部团体维持功能强的场合)

以上只不过是一个例子,它直接讨论了干部与团体成员之间指导作用的效果。不过由此可以推知,对于难以在人际关系中适当表现自己的儿童和无法随机应变地调整自己的行为与对策的儿童,仅仅强调人际关系的重要性,过分琐碎地管制细节,反而会给他们造成心理压力,助长不适应性。教师必须对这些儿童和其周围的伙伴加以具体的指导,确立有可能实现的目标,诸如"好好听老师讲解,一时听不懂也不要紧",或是"和朋友一起游戏"之类,使他们在这个过程中渐渐掌握社会技能。重要的是,教师应使多样的团体活动有助于发展每一个儿童的特性,使所有儿童在最大限度内获得自由的发展,形成儿童自我实现的团体。

第 10 章　教师的说服性沟通及其影响力

说服性沟通、教育性影响过程、说服模式、单面说服、双面说服、教师魅力、阶段要求法、角色扮演、心理抗拒

一、班级团体中形形色色的沟通

在教育情境中会展开种种性质的沟通。何谓沟通？首先简要地整理一下其意义。

"沟通"这一名词通常在对话、会话、通信等意义上使用，是一个相当多义的用语。一般说来，在个人间或团体中运用语言、身段、表情来传递并解读信息、情报（知识、见解、情感等）的过程，可以定义为"沟通"。在社会学中，"沟通"被广义地界定为"人类个体或集合体之间信息处理与传递的过程"[①]。在心理学中，"沟通"则被视为一种影响过程——作为发信者的个人使作为受信者的他人的行为发生变化的刺激（通常是语言符号）得以传递的过程。这里可以从心理学的角度把"沟通"定义为：作为发信者的个人或团体传递信息、情报，以便对作为受信者的他人或团体的行为产生某种影响的过程。

在班级团体的师生沟通中存在种种性质与形态的沟通，可分类如下：

1. 教学过程中的沟通与课堂教学之外的生活指导、学习指导、游戏中的沟通。

---

① 根本橘夫."班级团体创造"的心理学研究——全生研实践的实证研究[J]. 心理科学,1983,6(2):31—47.

2. 师生之间的沟通与同学之间的沟通。
3. 有意识的沟通与无意识的沟通。
4. 单向的沟通与变向的沟通。
5. 个别化的沟通与团体性的沟通。
6. 语言性沟通与非语言性沟通。

本章主要是以教学以外师生之间的沟通，尤其是教师与儿童有意识的语言性沟通为中心进行考察。

二、教师与儿童的沟通

教师进行的有意识的语言性沟通包括对话、启发、建议、指示、命令、说教、说服，等等。这些沟通方式依发信者（教师）影响意图的强度和受信者（儿童）接受、拒绝的自由度，或者信息传递的相互性程度（双向或单向）的不同，而有不同的特点。这里试作分析。

所谓"对话"，是指彼此交谈，以个别化、相互性的沟通为其特点。这可以说是人与人之间沟通的原型。在增加教师与儿童的相互理解、发展信赖关系上，对话也是最重要的沟通之一。不过，在现实中，教师忙于日常的工作与杂务，与儿童悠然对话的机会越来越少。即使是对话，这种沟通也是偏颇的。例如，教师一般与成绩优异者的对话较多，和成绩低下者或不显眼者的对话较少。在解决今日深刻的学校教育病理方面，也要求教师致力于创造和谐的班级团体，加强与班级所有儿童的对话。

启发和建议也是教师需要采用的一种沟通方式，不过其影响意图的成分相对来说较小，可以说，这是尊重儿童自主性的一种方式。在儿童期的前半段，儿童的思维力和判断力未能充分发展，所以一切事情靠他们自己去解决是很困难的，教师应加以适当的启发与建议（要点、提案、选拔方案等）。我们期望找出不至于损伤儿童干劲与解决问题积极性的适当而有效的启发与建议。要使启发和建议为儿童所接纳，首先教师自身必须受儿童信赖，这一点十分重要。

指示和命令比启发和建议的影响意图要强得多，是一种不那么尊重儿童自主性的单向沟通。特别是命令，是以控制对方的行为为目的的高压、强权的沟通。在日常的教育实践中,必须下达指示和命令的情形极多,无视儿童自主性的指示和命令会违背教师的本意,引起儿童强烈的叛逆与反感,容易导致负效应,应特别注意。例如,科尔曼(H.C. Kelman)[1]认为,由于教师的指示和命令,儿童的态度和行为尽管改变了,但也只是表面上的服从,并没有伴随内心的变化,所谓"面从心不从"的情形居多。因此,教师要尽量对单向的指示和命令加以控制。实践证明,易于理解的指示和命令较易得到正效应,重要的是在日常生活中、在师生之间确立起坚实的信赖关系。

说教是教师常用的一种沟通方式。常言道,"教师喜欢说教"——这是教师气质的消极面,往往为人所诟病。所谓"说教"原本是指向人们阐述宗教的教条和教义,通过阐述教义引导人们从善。也就是说,这是一种以阐述宗教"善"的精神为前提的说服性行为。不过,教师和家长的说教实际上以呆板的训话和劝告居多,通常以居高临下的气势作出单向命令和禁止,一味追求自我满足的说教者并不罕见。只有基于人的成熟和丰富的识见,"说教"才会奏效。说教事实上是一种存在不少问题的沟通形态之一。

所谓"说服"是指好好地向对方说理,使之接受,试图使对方的态度、行为朝特定方向改变的一种影响意图的沟通。在日常的教育实践中,教师为了依据自身的教育理念引导儿童的态度和行为朝理想的方向发展,总要反反复复地进行说服性沟通。实际上,在教育实践中"说服"作为指导的一种基本方式,强烈要求教师钻研相关的理论与技术。强调纪律与处罚的管理主义会造成儿童心理发展的异化,引起种种教育病理,这已经是众所周知的事实。不靠纪律与处罚的说服性指导,成为当今时代的潮流。从这个意义上来说,"说服"是教育性指导中能发挥最大作用的一种沟通方式。

本章以说服问题为中心进行考察。关于说服问题,社会心理学已有许多研究,我们可以从中获得不少见识。以下将从理论上梳理教育情境中的说服问题。

三、说服性沟通与教育性影响过程

如前所述,说服主要是靠语言手段使对方的态度和行为朝特定方向改变,同时

---

[1] H.C. Kelman. Compliance, identification, and internalization: Three processes of attitude change[J]. *Journal of Conflict Resolution*, 1958, 2(1): 51-60.

也是对他人的态度和行为产生某种影响的社会行为。从这个意义上说,说服也是社会影响过程的中心问题。所谓"社会影响过程",是个人或团体对他人或团体施加影响及受到影响,乃至两者产生相互影响作用的过程。尽管发信者影响意图的强度有所不同,但前述的启发、指示、命令、说教等,同样都可以作为社会影响过程的问题加以掌握。

在教育情境中,也可以从教育影响过程的角度来分析这种"社会影响过程"。这里所谓的"教育影响过程",是指教师依据教育的考虑对学生施加种种影响的过程。在日常的教育实践中,通过生活指导与学习指导,教师指导每一个儿童的观点和思维方式、行为方式,努力引导他们朝更理想的方向发展。这种生活指导和学习指导就是典型的教育影响过程。在这种指导中,最重要的是教师对儿童的"说服性沟通"。

教师的说服性沟通对于儿童的影响可以从几个层面加以分析:一是"正面影响"与"负面影响"。即儿童接受教师的说服,在态度和行为上是有所好转还是相反,儿童对教师的说教产生叛逆和抵触,导致负面效应。二是"暂时性影响"与"持续性影响"。即教师的说服性影响是限于一时一地,还是能够长久地持续。这是说服效应的持续性层面。三是对态度、行为、人格的影响。即教师的说服对儿童的哪些方面产生影响,是态度与见解层次、行为层次,还是更深的人格层次(这三个层次实则难以严格区分)。当然,期待对哪一个层次产生影响是随教师的意图、所面临的问题、儿童特点的不同而不同的。这样看来,我们需要理解教师的说服所产生的影响也是可以分解成若干层面加以讨论的。

不过,在教育实践的情境中,为了进行有效的说服,就得了解影响说服效果的基本因素。一般而言,说服过程中的基本问题是:

1. 谁(发信者因素)。
2. 如何说服(信息因素)。
3. 对谁(受信者因素)。

教育情境中的说服过程也是一样。这里是以教师对儿童的说服沟通为问题的重心,所以发信者是教师,受信者是儿童。试将教育情境中的说服过程加以简化、图示化,如图10-1所示。

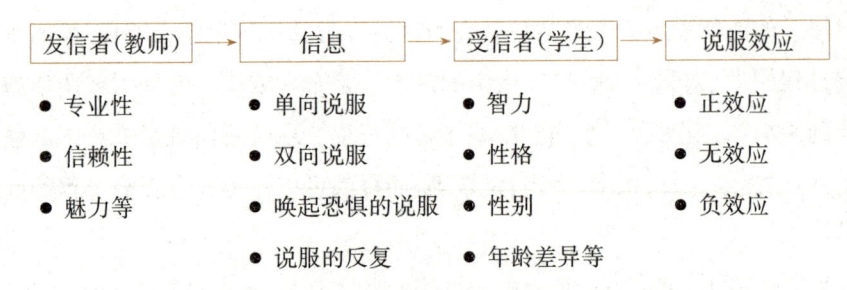

```
发信者(教师) → 信息 → 受信者(学生) → 说服效应

● 专业性        ● 单向说服         ● 智力          ● 正效应
● 信赖性        ● 双向说服         ● 性格          ● 无效应
● 魅力等        ● 唤起恐惧的说服   ● 性别          ● 负效应
               ● 说服的反复       ● 年龄差异等
```

图 10-1　影响教育情境中说服效果的基本因素

不过,在现实的说服过程中,教师不只是单向地传递信息,还应当考虑到儿童对传递来的信息所作的种种反应,乃至信息传递的相互作用。下一节我们将根据这一说服模式讨论有效的说服方法。

四、教师的说服性沟通

(一) 教师的特点

同样的说服内容,不同的人会有不同的说服效果,这是从经验可知的现象。可信赖的人的说服内容容易扣人心弦,不可信赖的人的说服就不会轻易地打动人心。那么,在进行说服的发信者的特点与说服效果之间,究竟有怎样的关系呢?这里试对发信者的可靠性与魅力的问题加以讨论。

霍夫兰(C. I. Hovland)和韦斯(W. Weiss)[1]认为,即使是同样的说服内容,若发信者的可靠性高,就能使更多的人改变见解,这说明发信者的可靠性强烈地影响了说服的效果。原冈一马[2]以初中生为对象的研究也印证了这一点。该研究的报告说,发信者的可靠性(对被视为拥有专业知识的专家的认可程度)是由"专业性"和"信赖性"(能毫不扭曲地传达见解,表示对发信者意图的信赖度)组成的。因此,可以说,有关说服的知识愈丰富,愈能不歪曲地传递知识的人,就愈有打动人的力量。

另一方面,教师拥有的魅力也左右着说服效果。上野德美[3]以小学、初中生为对

---

[1] C. I. Hovland, W. Weiss. The influence of source credibility on communication, effectiveness[J]. *Public Opinion Quarterly*, 1951, 15(4): 635-650.
[2] 原冈一马. 态度变化的社会心理学[M]. 东京: 金子书房, 1970.
[3] 上野德美. 关于教育情境中抵抗说服的发展心理研究[J]. 教育心理学研究, 1990, 38: 251—259.

象,分析了教师的内在魅力(人性、个性方面是令人喜欢还是讨厌)对于说服效果的影响。结果显示,教师的人性与内在魅力是左右说服效果的要素。根据报告,这种影响作用随学年不同而不同。但整体而言,有魅力的教师的说服会产生正面影响,较缺乏魅力的教师的说服则会产生负面影响。此外,即使是高压的说服,有魅力的教师比缺乏魅力的教师更能减少儿童对说服的叛逆与抵制。

这样看来,对教师魅力的好恶之情是左右教师说服效果的因素。顺便一提,根据迄今为止的研究,儿童喜欢的是温和、幽默、和蔼、热心、一同游戏、公平的教师。不管怎样,对于儿童来说,教师是否容易亲近、有无魅力等特质,不仅影响教师的说服效果,而且也是左右生活指导、学习指导乃至包括学科教学在内的整个教育指导效果的重要因素。

(二) 有效的说服技巧

这里所谓的"有效的说服技巧",是指如何使说服的内容与形式更有说服力,这种说服技巧的问题自古以来就被以雄辩术和修辞学的方式加以研究。这里从社会心理学的角度讨论一下说服技巧的问题。

当您就某一话题企图说服对方时,仅仅提出自己有主张的说服方法谓之"单向说服",一并提出反对的观点和自己主张的缺陷的说服方法谓之"双向说服"。究竟哪一种说服方法更有效呢?根据霍夫兰[1]和日野雅子等人[2]的研究,对原先的观点与说服方向相反的儿童和高年级儿童,"双向说服"更有效;对原先的观点与说服方向一致的儿童和低年级儿童,"单向说服"较有效。因此,"单向说服"与"双向说服"的效果并不单纯,我们需要考虑儿童原先的观点和不同的年龄,研究相应的说服方式。

另一个问题是,说服的结论应该明白地表示出来,还是有所保留,让儿童自己得出结论? 在说服意图单纯的场合和儿童智力水准高的场合,不明示结论应该更为有效;在说服意图复杂的场合和儿童智力水准较低的场合,明示结论较为有效。当然,

---

[1] C. I. Hovland, A. A. Lumsdaine, F. D. Sheffield. *Experiments on Mass Communication* [M]. Princeton, NJ: Princeton University Press, 1949.
[2] 日野雅子,等. 关于说服效果(态度变化)的年龄差异的研究——单向说服与双向说服的效果[J]. 教育心理学研究,1983,31:327—341.

即使不明示结论,教师也必须传达儿童能够理解的信息,使对方理解自己想说些什么。对低年级儿童的说服,应尽量浅显易懂,明明白白地提供结论,这样更能见效。

在日常生活中,我们常常使用带有威胁性的说服(唤起恐惧的说服)。例如,为了防止儿童蛀牙,利用幻灯片生动地表现牙病的种种弊害,以便说服儿童勤于刷牙。这种说服方法是否有效呢? 根据深田博己[1]的研究,有一定强度的威胁性说服比较有效。不过,这种说服倘若不加以仔细考虑,也会产生种种问题。深田[2]认为,采用有威胁性的说服应考虑下列几点:

1. 不仅要显示威胁,还得显示对付威胁的有效办法,否则容易导致混乱。

2. 威胁必须有现实感。倘若缺乏真切感,发信者的威胁意图受到怀疑,那么强威胁就会带来反感。

3. 有焦虑倾向和较敏感的儿童对强威胁容易产生防卫性机制,对这种儿童采用强威胁需要慎重。从教育的角度考虑,不宜随意利用恐惧情感引起儿童不必要的焦虑。

不过,说服不是一次就能成功的,有时需要反复实施。在教育实践中往往要求反复地说服。说服是愈反复愈有效,还是相反,会招致负效应呢? 根据卡西奥波(J. T. Cacioppo)和佩蒂(R. E. Petty)[3]的反复效应研究显示,反复次数(1、3、5次)和说服效果之间呈倒U字型关系(反复3次效果最大);说服方向与受信者呈相反和相同方向时,都呈现同样的关系。也就是说,说服不是一次而是反复多次较为有效。只有这样,才能真正改变对方的态度与行为。在教育情境中,持续地反复进行说服,重要的是教师要有耐心,直到打开儿童的心扉为止。不过,需要注意的一点是,固执的说服往往会招致叛逆。

和这种反复说服相关,说服有所谓的"阶段要求法"的技巧。这种技巧是指,起初进行小小要求的说服,一旦获得承诺,即使作出更大要求的说服,也容易被接受。如此,不直接向对方施加压力,分步骤进行说服将更为有效。在说服儿童时,更需要有耐心,切忌性急。

---

[1] 深田博己. 说服与态度变化[M]. 东京:北大路书房,1988.
[2] 深田博己. 师生的对话[M]//小川一夫. 班级经营心理学. 东京:北大路书房,1979.
[3] J. T. Cacioppo, R. E. Petty. Effects of message repetition and position on cognitive response, recall, and persuasion[J]. Journal of Personality and Social Psychology, 1979, 37(1):97-109.

上面介绍了若干说服技巧,这里进一步讨论从实际的说服指导中得出的说服方法。中村胜彦[1]强调,师生之间的信赖关系是说服性指导的根本。在此基础上,他认为,支撑教师说服性指导的技术包括:(1)倾听儿童的陈述;(2)凭自身意志决定;(3)评价并激励行为的变化。这些对于掌握有效的说服技巧都富有启示性。

1. 教师要倾听儿童的陈述。这是教师的说服得以成立的前提条件,强调了前述的对话的重要性。不能听取儿童陈述的教师不可能得到儿童的信赖,也不能期待说服的效果。相反,"教师听了我的陈述"后所作的说服,会对儿童产生相当的影响力。因此,要使儿童接受教师的说服,教师就得密切注意日常的对话,倾听每一个儿童的呼声,这是十分重要的。

2. 儿童凭借自己的意志,根据教师的说服作出决定。尽管最终是否接受教师的说服由儿童自身决定,但必须使儿童认识到,一旦接受了说服,其后的行动是依据自己的意志作出的。亦即,这是一种尊重儿童的自由意志与自主决策的说服技巧。

3. 教师的说服被接受,儿童改变了态度与行为,并不代表指导就此告终,这时要积极地评价并激励儿童其后的态度与行为。

(三) 儿童的特性

上面讨论了发信者的特性和有效的说服技巧。此外,影响说服效果的重要因素还有受信者的特性和个别差异。教师即使作同样的说服,在不同儿童身上取得的效果仍有不同。有的儿童较容易被说服,有的不那么容易,甚至还有人会朝说服意图相反的方向改变其态度与行为。我们称这种容易受说服影响的倾向为"被说服性"。如果能有效地理解说服的受信者——儿童的特性和个别差异,教师就能进一步实施其说服。

与受信者的特性与个别差异相关的因素有智力、性格、性别、年龄、对说服话题的参与度(关心度和重要性等)、原先的观点,等等。这种受信者的特性与个别差异极少单独地影响说服效果,通常都是和其他因素(发信者因素和信息因素等)相互作用而产生影响的。迄今为止,已进行过种种关于受信者特性的研究,但不明之处极

---

[1] 中村胜彦. 支撑说服性指导的教育技术——倾听陈述、自主决定、评价激励[J]. 初中班级经营,1986(4):21—26.

多,而且以儿童为对象的研究也极为罕见。不过,若将历来的见解加以简单的归纳,可略述如下。

智力和自尊心(自尊感)低的儿童比之高的儿童,其被说服性较高。当然,如果儿童没有起码的充分理解教师说服内容的智力与自尊心的话,是不能期望说服产生效果的。依赖性强的儿童,其被说服性高,相反,自主精神(或自律精神)强的儿童,其被说服性低。攻击性强的儿童比之弱的儿童,其被说服性低,显示出受社会势力引诱倾向的儿童不太受说服的影响。整体而言,女孩比男孩易受说服的影响。此外,对说服话题的参与度(关心度和重要性)低的儿童比之高的儿童,更易受说服的影响。

上面几点是从以往研究中得到的启示,但并不能适用于所有场合,因为教师说服的方式与说服内容的复杂程度也会发生相互作用,从而出现不同的影响。不管怎样,欲使说服成功,重要的是教师要在日常生活中好好观察和掌握每一个儿童的性格及其特征。为此,教师在平日就应该与儿童密切接触。

(四) 特殊的说服技巧

除了对儿童进行直接说服之外,教师还可以考虑别的方法,如通过角色扮演和团体干部或是团体的形成,使儿童的态度和行为朝一定方向变化。面对不同的问题和状况,间接的影响作用往往会比直接的影响作用更为有效。

模拟性、假想性、即兴式地表演某一情境中的角色,掌握、训练特定的态度和行为,或者借此改进人际关系,称为"角色扮演"。根据贾尼斯(I. L. Janis)和金(B. T. King)[1]及原冈一马[2]的研究,扮演和自己的观点相反的角色,从该角色出发说服对方(这时扮演的程度愈积极),比起单纯地作听众,更能朝说服方向改变自己的态度和见解。通过这种说服方法让儿童扮演和自己立场相反的角色,有可能引导儿童朝教师期望的方向发展。站在对方的立场来考虑问题,对于深化儿童之间的相互理解也是很重要的。

---

[1] I. L. Janis, B. T. King. The influence of role-playing on opinion change[J]. *Journal of Abnormal and Social Psychology*, 1954,49(2):211-218.
[2] 原冈一马. 态度变化的社会心理学[M]. 东京:金子书房,1970.

此外，通过班级团体的干部和友人进行说服的方法也相当有效。使处在客观立场的干部和同学好好理解教师说服的意图，并取得他们的配合，比之教师直接去说服更有效。当然，这要以儿童之间业已确立起一定的信赖关系为前提。

运用团体决议的方式，按照团体规范、氛围去从事说服工作，也可以引导儿童朝一定方向改变。勒温（K. Lewin）[1]所进行的关于团体决议的研究显示，团体决议方式比起个别化教育和授课，更容易改变儿童的态度和行为。归纳出若干启示和引导，通过儿童自身的讨论作出团体决议，比之教师直接的影响，更能有效地使每个儿童和班级全员的见解发生变化。

再者，还有运用团体规范和团体动力学促进个体的方法。根据凯利（H. H. Kelley）和沃尔卡特（E. H. Volkart）[2]的研究，个体愈是高度评价自己所归属的团体的规范，愈能接受符合规范的说服，同时也显示出对违反规范的说服的抵制。由此可见，教师在进行说服之前，就得致力于充分把握儿童所属的团体（不仅是班级团体，还有其他伙伴团体）的规范与结构是怎样的，同时致力于形成有助于提高说服效果的团体。要达成这一目标，教师在平日就应掌握儿童的伙伴关系、交友情况，理解班级团体的结构。

五、对教师说服性沟通的逆反

（一）逆反的发展心理

教师通常是在日常的教育实践中对儿童进行种种说服工作的。但是，这种影响作用未必都会成功，也可能毫无效果，有时甚至会引起儿童的强烈叛逆和抵制，招致负效应。且由于说服的失败，儿童会对教师产生不信任感，导致师生关系恶化。

本节首先从发展角度来考察儿童的逆反心理。"逆反"这一术语，狭义上指的是对来自外部权威的压力不加区分地、不讲理由地以言语或行动加以拒绝；而从广义上来把握，有理由的、可以理解的拒绝性言行，也谓之"逆反"。

---

[1] K. Lewin. *Group decision and social change*[M]//Newcomb T M, Hartley E L(Eds.). *Reading in social psychology*. New York, NY: Holt, Rinehart & Winston, 1947.
[2] H. H. Kelley, E. H. Volkart. The resistance to change of group-anchored attitudes[J]. *American Sociological Review*, 1952, 17:453-465.

一方面，儿童的心理发展尤其是自我的发展，从儿童后期直至青年期，日益显著，进入了所谓"第二逆反期"，对周围的成人，尤其是双亲和权威性的他人（教师等）的反抗性态度和行为，愈益明显。这是由于心理发展是按照"依存—逆反—自立"的顺序进行的，儿童的自我意识发展，自立（自律）需求和自我主张加强，对于来自他人的限制或干涉自己态度与行为的影响会作出敏感的反应。另一方面，从儿童后期开始至青年期，个体的智力日益发展，概念性、逻辑性智力和抽象思维能力加强，对事物的批判性评价能力与知识量增加。因此，从儿童后期开始，对于他人，尤其是家长和教师等具有强烈影响力的成人影响的逆反性言行，也就日益显著。事实上，我们常常可以发现，原本相当顺从的儿童，随着自立（自律）需求的强化，会对家长和教师的说服、干涉作出强烈的逆反、抵制。

因此，随着儿童自我意识与智慧能力的发展，对于来自他人的影响会作出批判性的反应。不过，儿童的这种逆反心理问题，不仅是个体内部的发展过程，也是人际的、社会的影响过程——我们需要从这个角度加以把握。这是因为，这种逆反心理问题无非是在儿童对成人、对权威的人际的、社会的关系脉络中产生的现象。从这个意义上说，这个问题必须从社会心理学的角度加以检视。

（二）对教师说服的逆反心理

儿童对教师说服的逆反是如何产生的？这里以发展社会心理学的研究为线索进行考察。

根据S. S. 布雷姆（S. S. Brehm）和J. W. 布雷姆（J. W. Brehm）[1]的"抗拒论"（Reactance Theory），对说服的逆反是旨在维护态度与行为的自由。人在现实中总是认为自己可以自主地选择、决定其态度与行为，当来自他人的说服和压力威胁或限制这种态度与行为的自由时，就会唤起受信者所谓的"心理抗拒"（psychological reactance）、希望恢复自由的动机作用，结果产生了旨在恢复受到威胁的自由的行为，或是拒绝说服，或是朝说服相反的方向改变态度与行为。

如前所述，从儿童后期开始，儿童对抗制约其态度与行为的逆反性言行日益明

---

[1] S. S. Brehm, J. W. Brehm. *Psychological Reactance: A Theory of Freedom and Control*[M]. New York, NY: Academic Press, 1981.

显。"逆反论"有助于我们理解儿童对说服性沟通的逆反现象。

近年的研究说明,对教师和家长的逆反是基于上述机制产生的。上野德美[1]以小学五年级、初二、高三的学生为对象,分析了说服的发信者(教师、家长)和说服的压力(对自由的威胁大小)对于不同年龄阶段逆反现象的影响。报告显示:(1)说服压力大的场合较容易产生逆反现象。(2)说服压力大的场合在初中阶段最容易产生逆反现象。(3)在说服压力大的场合,如果说服的发信者是教师,则在初中阶段最容易产生逆反现象;如果发信者是母亲,则在高中阶段最容易产生逆反现象。(4)至少在儿童后期,会对自己的态度与行为自由产生一定的认识,对威胁自由的说服作用会采取积极恢复自由的行为。此外,如前文所述,上野德美[2]还以四年级、六年级、初二学生为对象,分析了教师内在魅力的影响。结果说明:

1. 教师说服的影响力随学生年龄的增加而减小,逆反倾向在说服压力大的场合尤为显著。

2. 整体而言,初二学生比小学四年级、六年级学生更易产生逆反现象。

3. 教师的人格魅力是左右说服效果和引起逆反现象的因素。

4. 较缺乏魅力的教师一旦实施高压的说服,容易激起儿童强烈的逆反,负效应大。相反,如果是有魅力的、可信赖的教师,即使是生硬的说服,也不会产生逆反。不过,这种倾向多少会因学生年龄阶段的不同而呈现出不同的情形。

此外,还有以大学生为对象进行的研究。布罗克尼(J. Brockner)和埃尔金德(M. Elkind)[3]及上野德美[4]分析了对说服的逆反效应的个别差异。自尊心强者和独立性需求强者对于威胁到态度与行为自由的说服容易显示出叛逆和反抗。由此可以想见,儿童对教师说服的逆反也会表现出相当大的个别差异。自尊心和自立(自律)的需求或自我意识愈强的儿童,对限制态度与行为自由的说服愈容易显示出逆反性言行。

---

[1] 上野德美. 说服引起的逆反效应的发展社会心理学研究[J]. 茨城大学教养部纪要,1988(20):21—32.
[2] 上野德美. 教育情境中抗拒说服的发展心理学[J]. 教育心理学研究,1990,38(3):251—259.
[3] J. Brockner, M. Elkind. Self-esteem and reactance: Further evidence of attitudinal and motivational consequences[J]. Journal of Experimental Social Psychology,1985,21(4):346-361.
[4] 上野德美. 威胁自由与受信者的自尊对于逆反现象的效应[J]. 心理学研究,1986,57(4):228—234.

上野德美和小川一夫[1]的研究认为,即使进行高压的、强制性的说服,倘若在说服过程中给予受信者表明自己观点和见解的自由,则逆反现象会有相当程度的缓和,对说服的逆反也会缓解。因此,在尝试说服时,不要单向说服,而是要倾听儿童的意见和道理,这对于缓解逆反,使儿童接受说服十分重要。也就是说,教师方面应采取倾听儿童陈述和见解这样一种尊重儿童的态度。

可见,教师倘若进行威胁儿童态度与行为自由的说服,或是作为说服者的教师对于儿童来说是缺乏魅力的或不可信赖的,则说服是不会奏效的,反而会招致激烈的逆反。尤其是无视儿童自主性、主体性的说服方式(压制、强制),只会同教师的意图相悖,产生负效应,这一点应当特别注意。教师的强控制剥夺了儿童的自主性与自由,容易使儿童产生无助感。再者,从发展的角度看,儿童在初中时期比其他时期更容易对教师的说服产生逆反性反应。即使对同样的说服,由于儿童的性格及其特点的差异,其逆反的程度也会不同。因此,教师在进行说服时,需要深刻理解儿童心智发展的特征和逆反心理,以及儿童的性格特征。不管怎样,尊重儿童的自主性、主体性,培养个性丰富的人,是说服性指导所不可或缺的最重要的因素。

---

[1] 上野德美,小川一夫. 威胁自由与意见陈述对抵抗说服的效果——反复说服中的逆反效应[J]. 心理学研究,1983,54(5):300—306.

第11章 班级"规则"的接受与排斥

社会化、结果论道德判断、动机论道德判断、道德发展、特异性信用、同步行为、非同步行为、逆反行为、挫折-攻击假说

一、对"规则"的理解方式与感受方式

（一）规则与社会化

任何一个团体在开始运作时，成员之间的地位及其相应的角色都已经规定好了，同时"规则"也已制定。通常，归属于该团体的成员都被要求遵守这种"规则"。

学校和班级可以说是具有极明显"规则"的团体之一。尽管其设置和编成的组织与其成员——儿童的意图无关，但维护"规则"的要求从入学之初就对儿童提出了。下面的实例是一位小学生的母亲对学校的"规则"抱有疑问而写下的话：

"我的第二个儿子在托儿所的时候就向往上小学。在他看来，小学的运动场好大好大，四层楼的校舍也是好宽好宽，还有好多好多的同学。仅就这些，已经使他翘首以待了。然而上学之后第三周的一个傍晚，他悄悄地坐在我的身旁，小声地说：

'妈妈，上学真无聊。'

我料到过一段时间他会这么想的，但没想到会那么快。我问：

'为什么？'

'因为成天上课。上课时，手必须放在后面交叉着，不得动弹。偶然松开手玩玩

橡皮擦什么的,立即会遭到斥责。这种上课很无聊。我看着时钟,忍受着,终于,下课铃响了。我想这下可好了,赶紧上好了厕所,跑出去玩。但上课铃又响了,课间休息完了,于是,双手又得重新在后面交叉,开始上新的课。学校里成天就这样重复着同样的动作。'"

对于这个儿童来说,入学前所想象的小学是比托儿所有更多自由,能与许多伙伴一起游戏,学习也不那么紧张的快乐场所。

这个孩子的母亲虽然知道小学有大量的"规则",并不是可以随心所欲的地方,但总希望自己的孩子能够快乐一点。学校为使团体活动顺利展开而制定的"规则"为什么会使儿童感到负担,使学校成为"不快乐"的地方呢?现在,我们就来考察一下中小学的众多"规则"。

(二) 名目繁多的学校规则

日本某初中规定,必须穿校服上学,上课时改穿由各年级自行规定的运动衫。社团活动的"晨练"穿运动衫,早上测验穿校服,第一节技术课穿运动衫,第二节数学课穿校服,第三节体育课穿运动衫,第四节语文课穿校服,中午扫除穿运动衫,第五节音乐课穿校服,课外活动穿运动衫。规则严格的一天,几乎把时间都花在更换衣服上了。

日本的小学中还有许多名目繁多的"规则",诸如吃饭前先洗手,分餐值日时穿制服,放学时间固定,上学、放学时在胸前别上名片,上学、放学不得走规定路线以外的路,不得在走廊里跑步,在校舍内穿室内用拖鞋,走廊里必须靠右边行走,体育课穿运动服,暑假里规定不得在外游戏的时间,等等。这些规则非常琐碎,从校服、供餐、上学、放学到走廊里走路的方式等,都要求儿童遵守。

克尔(M. Kerr)和纳尔逊(C. M. Nelson)[1]归纳了现代美国中小学班级管理中出现的问题行为,如表 11-1 所示。

---

[1] M. Kerr, C. M. Nelson. *Strategies of Managing Behavior Problems into the Classroom* [M]. New York: Bell & Howell, 1983:110.

表 11-1 班级内的问题行为

1. 讲脏话，欺侮弱小同学	6. 不听老师和同学的劝告
2. 将自己的过错怪罪于他人	7. 发牢骚，总说不公平、受歧视
3. 殴打、谩骂，使同学烦恼	8. 对朋友疑神疑鬼
4. 破坏游戏规则	9. 动辄绝交
5. 打扰同学	10. 恶作剧

由表 11-1 可见，美国学校中"规则"的基本内容是：(1)不打扰他人；(2)行为公正；(3)尽可能尊重个人的权利等。这是为确立班级儿童的民主型人际关系而设定的。对照一下日本的情形，可以判断日本许多学校所制定的"规则"是为了使教师顺利地管理班级。从某种意义上说，这是教师中心的"规则"。

雷伯(A. S. Reber)[①]对儿童的社会化作了这样的界定："所谓儿童的社会化，是借助磨练语言、社会技能和对社会的感受性，掌握知识、价值和社会特点，以便融入社会，与社会相适应的过程。"对社会化过程的分析可以区分为两种不同的观点：一是文化传递——注重社会影响的观点；二是个人学习——注重个人对社会的影响的观点。

如上所述，从社会化过程的观点来看，日本学校常见的"规则"是注重"文化传递"功能的，所以其管理教育的色彩极浓，儿童对此感到"不自由""令人窒息"。

二、社会心理学领域中的"规则"研究

谢里夫(M. Sherif)[②]根据自动运动——在暗室中凝视不动的小光点，光点犹如在走动的知觉现象，对"共享的准绳"作了颇有趣味的研究。所谓"准绳"，是指判断时作为线索的标准。该实验要求被试报告所感受到的光点运动量。结果显示，在多人作实验的场合，被试的回答显著地受到一起进行实验的其他被试判断的影响，其报告的光点运动量接近其他成员反复测试的值。其后，即使在一个人作实验的状况下，先前成员的影响力也会明显地残留下来。这个实验结果说明，明确的判断标准不容易消失。这似乎可以说明儿童的社会"规则"和游戏规则能

[①] A. S. Reber. *Dictionary of Psychology*[M]. London: Penguin Books, 1985.
[②] M. Sherif. *The Psychology of Social Norm*[M]. New York, NY: Haper & Row, 1936.

长期传递的现象。

杰克布斯(R. C. Jacobs)和坎贝尔(D. T. Campbell)[①]在与谢里夫同样的自动运动实验中,探讨了1～10岁儿童的规则传递过程(见图11-1)。

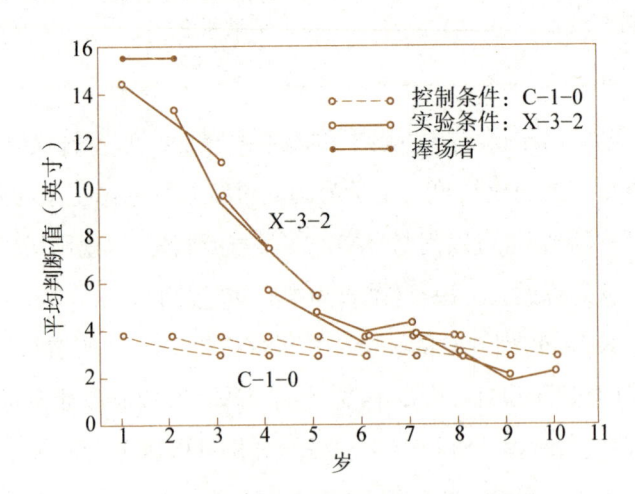

C—1—0:控制条件,未听他人回答作答,无捧场者。
X—3—2:实验条件,真的被试1名与捧场者2名。
开始由捧场者作答,最后由真的被试回答。

图 11-1　规则的传递过程(3人的场合)

实验结果显示:

1. 真的被试在单独一人的实验状况(控制条件)下报告的光点运动量平均值为3.8英寸;在有捧场者的情况(实验条件)下,则为15.5英寸。

2. 随着年龄的递增,真的被试报告的光点运动量逐渐减少。

3. 捧场者的影响可以残存到4～5岁之后。

从上述社会心理学研究的结果来看,关于"规则"可以归纳如下:

1. 即使是某校、某班级任意制定的规则,只要成员不变,总会具有相当的约束力。

2. 在制定规则的成员中,只要有拥有强势力者(家长、教师、社团的教练、可信赖的朋友等),其约束力将会更加强化。

[①] R. C. Jacobs, D. T. Campbell. The perpetuation of an arbitrary tradition through several generations of a laboratory microculture[J]. *The Journal of Abnormal and Social Psychology*, 1961, 62(3):649-658.

3. 在成员的勉强同意之下制定的规则不会长期持续,很快会面临崩溃。

4. 由于来自团体的"脱逸者"(反逆者)的出现,这种崩溃会提早进入决定性阶段。

三、从道德发展研究看"规则"

(一) 皮亚杰的道德判断发展理论

皮亚杰(J. Piaget)[①]从儿童的扑克游戏中领悟到,"一切的道德都是建筑在规则体系之上的"。儿童的规则意识和遵守规则方式的发展过程可以归纳如下:

1. 规则意识的发展过程

第一阶段——认为不具有义务,此为随意规则的阶段。

第二阶段——认为规则是绝对的,此为强制性规则的阶段。

第三阶段——认为规则是在彼此同意的基础上形成的,此为合理性规则的阶段。

这种划分是从认知发展阶段探讨儿童怎样看待规则的;把规则视为规则来认知是道德发展的前提。

2. 遵守规则方式的发展过程

第一阶段——此为单纯的、随意的、个人规则的阶段。

第二阶段——此为模仿规则的阶段。

第三阶段——在规则统一的条件下战胜伙伴,此为早期合作的阶段。

第四阶段——规则不是绝对的,是经过伙伴之间的协商制定的,此为制定并维护规则的阶段。

因此,儿童的道德性是建筑在"规则是人为人制定的"这样一个不能理解的"道德体验论"之上的。从某种意义上说,儿童是从"他律性"阶段开始逐步认识到,规则不是存在于自己的外部世界,而是基于伙伴相互的同意,可以自主决定的"自律性"的东西,最后达到维护规则的阶段。

---

① J. Piaget. The Moral Judgement of the Child[M]. New York, NY: Free Press, 1932.

此外,皮亚杰利用儿童对规则的认识与道德判断相矛盾的情境,研究了关于过失与撒谎的道德判断发展过程。举实例如下:

A君开门时不留神打碎了 15 只杯子。B君在母亲不在家时偷吃东西,打坏了 1 只杯子。试问:"A君和B君哪一个更坏?"

6岁以下的儿童绝大多数认为打碎了 15 只杯子的 A 君坏。随着年龄的增长,认为 B 君坏的反而增加。关于这个结果,皮亚杰认为,善恶的道德判断的发展,主要是从由行为结果出发的"效果论"道德判断过渡到注重行为动机的"动机论"道德判断。

关于皮亚杰的一系列研究,晚近主要以两个观点为重心。

其一,对观察对象——儿童的选择方法(取样)的批判。

皮亚杰是借由观察同龄儿童的游戏而提出道德判断发展阶段论的。但是,与年长儿童和成人一道游戏的儿童的发展,理应更早一些。布朗芬布伦纳(U. Bronfenbrenner)认为:"人性的传递,没有不同年龄层儿童的积极参与,是不可能发生的。"霍夫曼(M. L. Hoffman)[①]说:"伙伴影响的表现方式,是与其背后的成人作用相关的。"因此,这些影响力所造成的教养(power assertive discipline),必须通过观察研究常见的社会阶层的儿童进行。皮亚杰所观察的儿童,大部分确实是有理由进行诱导性教养(inductive discipline)的中层阶层儿童。

其二,关于善恶判断的实验批判。

参照皮亚杰的实验所作的善恶判断实验,即如上所述,A 君的意图(动机)是好的,但损害(结果)较大,B 君的意图不良,但损害小,对两者的行为作了比较。不过,从理论上说,必须从意图(2)×损害(2)的实验设计得出的四个变量中,选择两个变量进行组合,共计六组进行探讨。同时也有这样一种意见:倘若改变实例的提示方法,6岁以下的儿童也可作出动机性判断。

尽管有这种批判,皮亚杰的儿童道德判断发展研究的影响仍是不可估量的。科尔伯格(L. Kohlberg)就是以皮亚杰理论为依据,发展其独特的道德发展论。

---

① M. L. Hoffman. Moral internalization: Current theory and research[M]//L. Berkowitz (Ed.). *Advance in Experimental Social Psychology* (Vol. 10). New York, NY: Academic Press, 1977.

(二) 科尔伯格的道德发展论

科尔伯格[①]道德发展论的特点在于,"将自己的道德价值体系置于似乎陷于两难的问题行为情境中,思考为什么会(或者不会)采取这样的行为,使之发展起行为的理由、判断的根据以及人性的认识方式",以求得自身道德的发展。

科尔伯格和皮亚杰一样,阐述了道德发展的阶段论。

水准Ⅰ:前习俗道德水准——道德行为的标准是由于周围人的命令之类的压力而形成的,引起行为的动机是快感与不快感。

阶段1:避罚服从取向——正确行为的理由是旨在避免惩罚,完全不考虑周围人的感情。

阶段2:相对功利取向——仅仅服从和自己利益相关的规则。这是由满足自我需要所致。

水准Ⅱ:习俗道德水准——理解社会习惯、规则、所期待的事件等,尤其想满足比自己势力更强者的期待。

阶段3:寻求认可取向——想成为"好孩子"的愿望优先,因此有时也会愚弄他人。

阶段4:遵守法规取向——认为规则、法则是维系社会与自己所属团体所绝对必须的。

水准Ⅲ:后习俗或原则道德水准——谋求后习俗,探讨作为人的原则水准。以人性的探求为基本,力图把社会习惯与规则摆在"人类"这一架构中去掌握。

阶段5:社会法制取向——充分认识在社会中每个人各有其多样的价值和生活,立志与周围的人一样,在社会的潮流中维护自己的生活方式。

阶段6:普遍伦理取向——力图依据基本人权、自由平等之类的人类尊严去行动。在这里,法律和规则处于个人所思考的"人类尊严"的下层。

科尔伯格身为心理学家,其理论多少带有哲学色彩,他利用下列引起认知上两难境地的实例,从实验上证实了被认为难以理解的道德观:

A先生的夫人患了癌症,危在旦夕。医生说只有一种药能救她,这种药就是一

---

① L. Kohlberg. Moral stages and moralization: The cognitive developmental approach[M]// T. Lickona (Ed.). *Moral Development and Behavior*. New York: Holt, 1976.

位药剂师发明的镭。他花了 200 元制成镭,但极少量就索价 2000 元。

A 先生千方百计借钱想买这种药,但只借到 1000 元。不得已,他只好央求药剂师,说妻子快死了,请求便宜些卖给他,或者赊账,先付 1000 元。但药剂师说:"不行,我做这种药就是为了赚钱。"

A 先生走投无路,当天夜里,为了救妻子,他竟潜入药房的仓库,偷来了这种药。

针对这个实例,提出如下问题:"A 先生应当偷药,还是不应该?试述其理由。"

科尔伯格的理论是,重点不在于讨论"偷还是不偷"之类的行为层次的道德判断,而应从两难选择中所体现的理由与矛盾状态去探讨道德的发展。

山岸明子[①]以小学儿童为对象验证了科尔伯格的道德发展论,并与科尔伯格对芝加哥郊区的 72 名少年进行的研究作了比较(如图 11-2),就道德发展的特点得出以下结论:

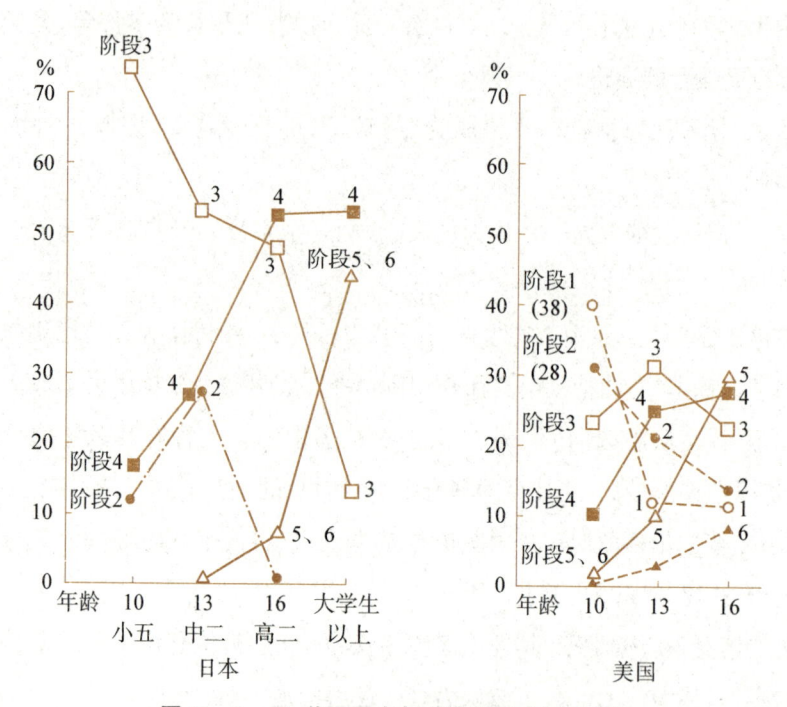

图 11-2 日、美两国少年道德判断发展的比较

---

① 山岸明子.道德判断的发展[J].教育心理学研究,1976,24(2):97—106.

1. 在日本,在儿童期已经属于阶段 3 的儿童居多,10 岁儿童接近于美国的 13 岁儿童。

2. 日本高中生中处于阶段 5 者几乎没有,以阶段 3、4 者居多;大学生则与美国 16 岁儿童类似。

3. 日本的儿童中,处于阶段 3 者占绝对多数。

这些结果说明,日本的儿童在低龄阶段就可达到阶段 3,但在这一阶段的停留时间很长。山岸明子认为,这反映了日本文化的特点,注重引人关注的"羞耻文化"、个人人际关系的"垂直社会"、"义理与人情的文化"之类,与阶段 3 的道德发展情况是息息相关的。

根据皮亚杰和科尔伯格的研究所得,可归纳发展道德思维的教育如下:

1. 道德是与社会化的发展密切相关的,是在带有种种"规则"的游戏中培育的。

2. 在道德的发展中,不仅有同辈儿童的相互作用,而且必须有周围年长一代的积极影响。

3. 道德教育不是单纯地灌输"规则",而是要引起儿童认知结构(观点、思维方式)的变化。因此,需要时时赋予只要努力便能克服的道德两难问题。

4. 道德的发展与角色能力密切相关。因此,形成从他人的立场来感受和思维的共情态度是很重要的。

5. 为了培养道德思维,陈述理由的"诱导性教养"是可取的,凭借压力的教养只能产生反效果。

四、儿童对"规则"的反应

(一) 同步行为(容纳)与"规则"

"同步行为"可以定义为:当社会和所属团体要求遵从多数意见(包括规则在内)时,个体所表现出来的尝试性的、外在的行为与态度的变化。

自谢里夫和阿希(S. Asch)[①]的研究问世以来,社会心理学领域中出现了许多与规则相关的研究。这里试介绍若干发展社会心理学的研究。

---

① S. Asch. Effect of group pressure upon the modification and distortion of judgement[M]// H. Guitzkow (Ed.). Group, Leadership, and Man. Pittsburgh, PA: Carnegie Press, 1951:177-190.

伊斯科(I. Iscoe)等人[1]通过节拍器音节间距合拍的课题,科斯坦佐(P. Costanzo)和肖(M. Shaw)[2]运用阿希从三根不同长度的比较线段中选出与标准线段等长的线段的实验,分析了同步行为的发展变化。结果显示,从儿童后期至青年前期,出现了最高的同步行为。

藤原正光[3]采用了阿希的线段判断课题,经过若干修改增加课题难度,以研究来自社会成员(伙伴、教师、母亲)的影响在不同发展阶段儿童身上引发的变化(如图11-3)。结果显示,儿童与伙伴的同步性在12岁左右(青年前期)最高,年龄和与伙伴的同步关系呈现出二次曲线关系。

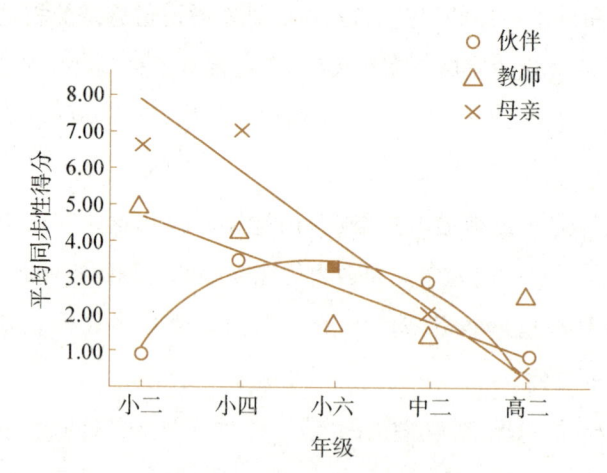

图 11-3 来自伙伴、教师、母亲的团体压力对同步行为的发展变化的作用

关于这种直至大学前期为止始终增强的同步行为与年龄的关系,霍尔(E. Hall)等人[4]评论了先前的同步行为发展研究:"在人工制造的实验状态下的儿童同步行为,也许并未正确地反映伙伴的影响程度。但可以说,同步性的有无依存于理

---

[1] L. Iscoe, M. William, J. Havey. Modification of children's judgement by a simulated group technique: A normative developmental study[J]. Child Development, 1963(34):963-978.
[2] P. R. Costanzo, M. E. Shaw. Conformity as a function of age level[J]. Child Development, 1966(37):767-975.
[3] 藤原正光. 关于同步行动的发展变化的实验研究——影响同步性的来自伙伴、教师、母亲的团体压力的效应[J]. 心理学研究, 1976,47(4):193-201.
[4] E. Hall, M. Lamb, M. Perlmutter. Child Psychology Today[M]. New York, NY: Random House, 1986: 459.

解社会规则的能力、同步的动机、伙伴的性质等因素。从儿童后期至青年前期的高度同步性,反映了这个时期儿童对于来自伙伴的影响极其敏感。不过,随着年龄的递增,积极与伙伴同步的心情降低,但在解决困难的课题时似乎仍依赖于伙伴的启发与判断。"

同步行为,即使看来与多数意见一致,但由于同步的强度不同,还可以分"表面同步"与"内在同步";由于规则和规范种类不同,可以分为"旨在获得信息(informational)的同步"和"基于规范(normative)的同步"。此外,考虑到回答时的状况,还可以分成"私下(private)同步"与"公开(public)同步"。

不管怎样,同步行为发展研究可以说是探明儿童对规则之类的团体规范的感受方式及儿童对来自社会成员影响的接受方式的极其有效的手段之一。

(二) 非同步行为(独立)与"规则"

"非同步"是指在要求对多数意见采取同步的团体压力之下,不显示同步行为,但也不反抗。在某种意义上,这属于"隐性"(covert)的行为与态度变化。不过,从现象上看,许多学校的儿童虽然了解了学校和班级的规则,但却视若无睹,有时甚至会表现出"显性"(overt)的反抗行为。

三井宏隆[①]对学生违反图书出借期限规则的行为作了饶有趣味的研究。违反规则的学生比例,大学二年级为36.9%,三年级为54.3%,四年级为66.5%,研究生为69.8%。三井认为,这是因为大学二年级学生怕违反了规则会遭到在一定时期里停止借书的处罚。

关于这种违反规则的行为是"非同步行为"还是"逆反行为",难以判定。不过,只要不是故意的,不得已违反规则的行为可以视为"非同步行为"。

(三) 逆反行为(越轨)与"规则"

近来,校内暴力、家庭暴力之类的逆反行为虽然有所收敛,但对于青春期儿童的家长和教师来说,依然是严重的问题。

---

① 三井宏隆. 论实验社会心理学中的相互作用[J]. 东京都人文学报,1977(119):39—84.

所谓"逆反行为",是指在要求与多数意见保持一致、维护规则之类的规范的状况下,采取针锋相对的态度和行为。有关逆反行为产生机制的理论中,最为普遍的是挫折-攻击假说(frustration-aggression hypothesis)。但雷伯(A. S. Reber)[1]指出,这一假说所提出的阐释概念不够充分。这里试考察布雷姆(J. W. Brehm)[2]的逆反理论。

所谓"逆反"(reactance),是指心理反抗感。这是从社会心理学的态度变化研究中产生的术语。霍夫兰(C. I. Hovland)[3]在说服效果的研究中,用"逆反"这一术语来说明与说服相反的效果,即形成与说服针锋相对的态度的现象。

逆反理论中最重要的概念是"理所当然的行为自由"。也就是说,被视为理所当然的行为突然被禁止,就像认为可以吃的点心突然被撤走时个体所持的强烈的心理反感,是我们日常生活中时时体验到的。这时的逆反感情,是因被视为理所当然的自由被剥夺而产生的。

逆反情感的累积和逆反行为的出现机制,可用图11-4来说明。

```
                        被剥夺的自由          服从的诱惑
                      对被剥夺者的威胁
  (认知)  认识到的行为的自由   逆反情感的累积   逆反行为的出现  (行为)
```

图11-4 逆反情感的累积与逆反行为的出现

哪些人容易出现反抗行为呢？本间道子[4]结合团体中的社会地位,利用霍兰德的"特异性信用"(idiosyncrasy credit)概念,来说明越轨者的行为。

据此,在团体内拥有高地位者制定规则,与该规则同步可以充分地为团体作出贡献,从而获得高度的信用。这种信用可以被视为"信用贷款"。因此,个体也许会在无意识之中认为,在信用贷款完全用光之前,容许出现越轨行为。

一般说来,逆反行为对社会而言是一种困扰性、消极性行为,但从发展社会心理学角度来看,则未必尽然。尤其是在青春期儿童重新探讨规则时,反抗行为是内化

---

[1] A. S. Reber. *Dictionary of Psychology*[M]. London: Penguin Books, 1985.
[2] J. W. Brehm. *A Theory of Psychologial Reactance*[M]. New York, NY: Academic Press, 1966.
[3] C. I. Hovland, I. L. Janis, H. H. Kelley. *Communication and Persuasion*[M]. New Haven, CT: Yale University Press, 1953.
[4] 本间道子. 团体内地位对同步行为的影响[C] 日本心理学会第30届大会发表论文集,1966:328.

过程中不可或缺的行为方式。因此可以说,在社会容许范围内的反抗行为是健全的。

为了避免极端的反抗行为,家长和教师宜采取下述行为与态度:

1. 制定儿童可以接受的规则,强制执行不能接受的规则只会加深抗拒情感。

2. 不靠赏罚,而是说明必须维护规则的理由——可以接受的理由,以提高道德思维和共鸣性。

3. 指导儿童遵守可以接受的规则,坚持一以贯之的态度。对禁止理由说明的失败和不一贯的态度,会使儿童感受被无限制地剥夺行为自由的威胁,从而加剧抗拒情感。

4. 发生反抗行为时,需要探讨规则的哪些条款剥夺了儿童的自由,或者给儿童造成被剥夺自由的威胁。

第 12 章 教师的理解与学生指导

认知架构、推论过程、正当势力、强制势力、报酬势力、参照势力、专业势力、角色行为、团体课题解决

一、教师对班级成员的认知

教师总是在认识儿童的特性、当前的心理状态、对教学内容的理解度等心理过程之后,才对儿童的行为施加影响的。教师本人也许并不清楚自己是如何对待本班儿童的,不过教师的认知策略会对儿童在班级内的活动产生影响。尤其是教师与儿童的人际关系,在班级经营与学生指导中极为重要。教师理解儿童的认知架构会产生"皮格马利翁效应",从而影响儿童完成课业的水准。

夫根哲治、吉田寿夫[1]研究了教师对儿童个性的认知维度,显示教师理解儿童的方式有下列五种维度:"活泼度"(开朗、外向、积极、健谈、活泼);"温厚度"(体谅、温和、善良、诚实、沉稳);"聪明度"(认真、机敏、理智);"沉着度"(理智、沉着、慎重、稳健);"刚毅度"(意志坚强、积极进取、毅力强)。其中,聪明度、沉着度、刚毅度三个维度,是与儿童的学业成就相关的认知维度。

近藤邦夫[2]运用凯利(G. A. Kelly)的角色概念测验(Role Construct Repertory Test,简称 RCRT),抽取出教师理解每个儿童的认知架构。结果显示,教师的认知

---

[1] 夫根哲治,吉田寿夫. 教师对儿童个性的认知维度与维度权重[J]. 兵库教育大学研究纪要,1984(4):141—150.
[2] 近藤邦夫. 学校教育咨询的地位与方向[M]//村濑孝雄. 心理临床的探究. 东京:有斐阁,1984.

架构几乎可以集中在两个视点上：一是"是否有学习积极性"之类的学习动机和积极性；二是"是否遵守团体纪律"。近藤邦夫认为，教师理解儿童的认知架构在内容上有极大的个别差异，反映了教师自身的内部需求和内在问题，表现出对儿童极浓的期望色彩。研究还从教师要求于儿童的与儿童所拥有的特性之间的认知失调这一点出发，针对教师与在教师看来"无好感、不对劲"的儿童之关系，探讨了教师的认知架构，尤其是这些儿童引发教师种种厌恶感的强度和力度。这种关系不会简单地崩溃。因此，应当注意的是那些因被教师视为"不知在想什么""感到不亲近"之类而被忽视的儿童。

二、教师理解儿童的推论过程

由于教师所拥有的定向，其理解儿童的认知架构中，容易包含推论的过程。

梶田叡一[1]以初中二、三年级的班主任及儿童为对象，对被教师视为优等生和中等生的儿童作出性格和行为的评价，分教师评价与儿童自我评价两种。结果表明，班主任对他们认为优秀的儿童在所有 26 个项目中比中等生给出了更显著的肯定评价。不过在优秀儿童和一般儿童的自我评价中，优秀儿童和一般儿童在"Y—G 性格测验"的 12 个性格特征尺度上均无差异。而同时实施的学业成绩调查显示，优秀儿童的学业成绩比一般儿童高出许多。

滨名外喜男、兰千寿[2]认为，从梶田的研究结果来看，教师容易产生下列认知推理过程："优等生"→"理想的学生"→"在行为和性格方面均优秀"。在考察教师的学生理解和学生指导方式时，这种"月晕效应"（halo effect）和刻板化（stereotyping）的推理过程，是应当特别注意的问题。

吉森护[3]将迄今为止教育心理学研究中发现的、在教师身上常常表现出来的对一般儿童的曲解倾向，归纳为下列五类：

1. 教师较容易将成绩优秀（低劣）的儿童误认为在性格和行为方面也优秀

---

[1] 梶田叡一. 教育指导的基本观察[M]. 东京：金子书房，1978.
[2] 滨名外喜男，兰千寿. 学生指导与班级管理[M]//岸田元美. 学生指导. 东京：北大路书房，1986.
[3] 吉森护. 教师眼中的班级、儿童眼中的班级[M]//滨田阳太郎. 学校（儿童社会心理学之二）. 东京：金子书房，1982.

(低劣)。

2. 教师往往过分严重地看待破坏校规、采取反抗行为的儿童,把他们视为问题儿童。

3. 与上述倾向相关,教师容易忽略班级内被孤立的儿童。

4. 教师对自己怀有好感(或嫌恶)的儿童,容易作过高(或过低)的评价。

5. 教师的职业性不满与自卑感,是其扭曲对儿童的态度与认知的原因。

根据这类对儿童的态度与认知扭曲的具体内容,可以提出如下几点:

1. 投射——将自己的非逻辑愿望投射到儿童身上。

2. 官僚主义——阿谀上司——校长和教导主任,对儿童吹毛求疵。

3. 补偿行为——隐藏自己不擅长的部分,不必要地强调擅长的部分。

4. 虚张声势——无视自身的缺点,骄傲自大。

5. 因循守旧——不采取新办法和积极的态度,不求有功但求无过,保险第一。

6. 引向极端——为了防止暴露自己的危险愿望,采取反其道而行的态度和行为。

7. 同一化——与优秀儿童"沆瀣一气",自鸣得意。

8. 活动过多——过多的活动和照料会妨碍儿童的自主性、独立性。

9. 同情——同情、怜悯儿童的自卑感。

10. 老板化——像老板那样支配儿童,率领儿童对抗其他势力。

要使教师从必须公平地对待儿童这一立场出发认识到自身的判断中包含着预测、偏差,这是相当困难的。正如近藤邦夫所指出的,教师与投缘或不投缘的儿童之间的问题,不管好坏与否,总是存在着教师投以"光"的儿童和处于"影"的儿童。从儿童的立场看,教师应当谋求儿童认知架构的多样化,提高认知的分化程度。因此,探讨把握儿童认知架构的总体结构是十分重要的。

教师是否确切地把握了班级中的各种现象,是通过与儿童的心理事实的接触来加以确认的。可以说,儿童在班级中表现出来的意识、情感及行为,是每一个儿童的个别背景以及个体所处社会关系中的心理动力学的体现。这样看来,要理解并指导儿童,教师就得采取这样的态度:通过儿童所处的心理事实的世界去理解儿童是十分重要的。

三、教师对儿童所拥有的势力

教师的学科教学和学生指导对儿童有着巨大的影响。所谓"影响",是指引起对方发生某种变化之意。在心理学中,"影响的潜在可能性"谓之"势力"。例如,A 对 B 拥有势力,只有在 B 认识到"A 对自己的行为具有施加影响的潜力"时,才能成立。因此,这时如果 A 实际行使他的势力,那么就会对 B 产生影响。

教师与儿童之间的何种关系会构成势力关系呢?弗伦奇(J. R. P. French)和雷文(B. H. Raven)从儿童对教师层面认知角度考察了势力的五种形成基础:

1. 正当势力——教师对儿童拥有施加影响的正当权利,儿童则负有接受此种影响的义务这一价值观被儿童内化而形成的势力。

2. 报酬势力——儿童认识到教师拥有给予报酬(奖励、表扬)的能力而形成的势力。

3. 强制势力——儿童认识到教师对其拥有惩罚的能力而形成的势力。

4. 专业势力——儿童认识到教师拥有专业知识和特长而形成的势力。

5. 参照势力——儿童尊重教师并视之为典范而形成的势力。

在这五种势力中,正当势力是法律赋予教师的权限,儿童接受教师的影响是理所当然的,只要是教师,都会拥有此种正当势力。教师要激发学生的动机,或表扬或批评儿童,当儿童认为教师有这种力量时,教师便拥有了报酬势力与强制势力。教师在职务上必然拥有专业知识和技术,如果儿童认识不到只有知识和技术才能满足自身的需要,教师的专业势力便不能形成。为了创造良好的师生关系,形成两者之间的参照势力是必要的,这种势力是形成感化力的必要条件。

四、儿童的角色行为

儿童通过与教师和其他儿童的相互作用,体会到班级生活的乐趣,其社会需求得到满足。班级具有使儿童获得心理稳定的若干功能。兰千寿[①]归纳了班级的心理

---

① 兰千寿.教室的内侧[M]//吉本二郎.学校的生活.东京:第一法规,1988.

稳定功能：

1. 班级借助儿童向其他成员提供的接受、支持、喜欢的认知，满足儿童的亲和需求和团体归属需求。

2. 班级通过使儿童与其他成员的比较，发展并确立儿童的自尊感。

3. 班级为儿童提供价值、态度及行为的尺度架构。

4. 班级满足儿童的种种个人需求。

在具有这些功能的班级中，各成员借助相互作用形成角色和社会地位的分化，班级就是基于这种关系采取行动的。

长岛贞夫等人[1]认为，在班级内，社会地位高的儿童所拥有的行为特性，在人际关系中之所以是好的，是由于社会地位高的儿童为同班同学所接受，好的行为特性得以形成之故。因此可以假定：社会地位与行为特性是相辅相成的。为验证这一假设，他们以小学五年级学生为对象，让社会地位中等的儿童担任重要角色，看看其社会地位及行为特性会出现哪些变化。结果显示，在班主任的指导之下成功地完成角色任务的儿童社会地位上升，其行为特性，诸如自尊感、统率性、稳定性、明朗性、活动性、协调性、责任心等，都朝理想的方向变化。

兰千寿根据同样的假设，以初二学生中的社会地位中、下者为对象，进行角色担任的实验。结果显示，一个学期结束后，在班主任的指导帮助之下发挥了角色作用的实验组社会地位上升，自尊感提高，统率性朝理想的方向变化。其次，实验班级在显示团体团结程度的团体凝聚力指数上也表现出得分较高的倾向。

根据这些结果，兰千寿的结论是，让班级中地位中、下的学生担任重要的角色，可以使他们的行为特性朝理想的方向变化，还有助于促进班级团体的团结。

班级中所进行的各种活动的角色分工中，一方面，身为班级管理者的班主任往往倾向于仅按照教师指引的方向去处理班级事务；另一方面，儿童又往往容易陷于这样的偏向：被判断为有某种能力去实现班级目标的儿童的角色很固定，而依这些判断标准所认知的儿童能力中，如前所述，往往会掺杂着教师特有的认知架构和认知推理过程。

---

[1] 长岛贞夫，等. 社会角色：行为特性的变化条件[C]. 日本心理学会第十九届大会发表论文集，1955：125.

既然社会地位与行为特性是相辅相成的,那么就应改变观点,使所有成员都有发挥自己能力的空间。这对于儿童自我概念的形成及真实化,以及提高团体的团结程度,都是十分重要的。

五、班级的认知与团体活动

班级最重要的作用,是成为儿童在人际关系中形成个性的场所。借助师生的相互作用而形成的班级印象或氛围,对儿童的活动有重大影响,这是需要充分考虑的。

石川和则[1]为了将班级氛围加以分类,分析了小学六年级学生的班级印象,结果抽出了四种因子:由亲切—不亲切、喜欢—讨厌、可信赖—不可信赖等组成的"好意、信赖因子";由安静—不安静之类组成的"杂乱因子";由冷—热、有精神—无精神、拘束—自在等组成的"沉滞因子";由团结—分裂、很好—不太好、安心—焦虑等组成的"融洽因子"。

根本橘夫[2]采用社会愿望法,从班级印象去把握班级气氛,与另外测量的班级团体结构量表一起加以分析。结果显示,从班级气氛中可以抽出四种因子:

1. 安心因子:心情舒适—心情不好、自由自在—束手束脚。
2. 沉静因子:沉静安详—兴致勃勃、冷漠—温和。
3. 凝聚因子:认真—草率、团结—分裂。
4. 紧迫因子:慌慌张张—从容不迫、悠闲—忙乱。

对小学四年级和小学六年级学生的班级结构与班级氛围的关系的研究表明:首先,四、六年级学生能在"班级中亲切地教导差生和落后者"等儿童间的接受维度上,为整个班级的氛围朝理想的方向变化作出贡献。其次,在控制维度——"你班上的老师,当大家不遵守学校纪律和班级决议时,能及时提醒吗?"上,四年级学生会为提高凝聚与沉静的氛围,使之朝理想的方向变化提供帮助。第三,六年级学生在"你班级中常常开生日会、班会和进行小组间的竞赛吗?"这一活动性维度上,显示出提高

---

[1] 石川和则. 社会测定地位低的儿童的班级团体认知与班级团体的适应[D]. 茨城:茨城大学教育学部毕业论文(未发表),1983.
[2] 根本橘夫. 班级团体结构、班级氛围、士气之间的关系[J]. 教育心理学研究,1983,31(3):211—219.

安心和沉静的气氛,使之朝理想方向提高的倾向。

班级可以通过种种相互作用形成该团体所特有的氛围,这种班级气氛将对班级的各种活动和伙伴关系产生影响。

"班级氛围"这一概念似乎难以捉摸,但倘若置身于教育现场,你就可以感受到它的存在了。实际上,在同一所学校的同一年级,不同班级会出现不同的儿童反应。这个事实说明,在教学中,即使基本的观点和教学内容一样,但在实际的教学中,各个班级的反应也不尽相同。对于同一个提问或同一项指令,儿童采取的反应,由于儿童、教师、教材的交互作用,以及每一个儿童的自我背景不同,会表现出各自的特点。

六、团体课题解决与班级团体

我们常常可以看到几名儿童共同解决某一课题时的情景。当团体成员为了追求共同目标而合作解决课题时,就可以视为"团体课题解决"。这种对团体目标的追求活动的一环——团体课题解决,从教育角度看是值得关注的。如果把儿童的种种学习视为课题解决,那么团体课题解决也是与个体的课题解决密切相关的。

儿童在着手解决课题时,必须具备解决课题的动机,具备认知课题、理解课题及探索课题的技术,还得产生出自发的、积极的解决课题的行为,并孜孜以求。同样,当儿童面临在团体中解决课题的情境时,也必须有解决课题的动机,认知并理解课题,在团体中探索解决方法的技术,主动而积极地采取解决行为。而要在团体中解决课题,就得先有个人解决课题时并非必要的因素,例如,在和团体成员交往的基础上传递信息、调整见解、角色分工等。

要使这种团体课题的解决成为可能,就得全面掌握基本的行为、技术和态度。凭借解决团体课题的经验,才能展开这种情境性的、认知性的习得过程。不过,虽然是"应当经历的课题解决",团体课题也是形形色色的。也就是说,团体课题包含了以概念形成与推理为中心的思维问题、以制作活动为中心的问题、以讨论为中心的问题等,从比较简单的反复性作业,到复杂的制订计划、周密部署作业的方法和步骤、依据反馈信息对作业进行合理调整。斯坦纳(I. D. Steiner)从团体成员的相互活动关系的角度,尝试将课题加以分类。

(一) 累加性课题(additive tasks)

每个团体成员的活动都是相同的、齐头并进的,每个成员成果的总和构成团体的业绩。为了完成课题,需要成员相互间的协调,但不要求相互间微妙的协调。像拔河和各成员进行简单作业,以产品总和为问题的课题,即属此类。

(二) 析取性课题(disjunctive tasks)

团体成员分别解决课题,但不要求每个成员的业绩总和,而只是从各成员的结果中选取正确的结果,视为团体的解决。成员无需对所有结果加以折中、调和,只是选取一个正确的结果作为团体的解决,而放弃其他的结果。在这种课题中,成员中最有解决能力的优秀者将作出决定,其他成员则认同他的选择。

(三) 补偿性课题(compensatory tasks)

团体的各成员独自作出判断,视各个判断的平均值为课题的最佳结果。当我们难以从成员中选择最具解决能力的优秀者时,这种妥协性的解决相当适合。例如,推测物体重量的课题,可以想象各推测值集中于真值附近,最大值与最小值较少的分布状况。在这种情形下,把大量个别推测值的统计平均值视为最佳结果的可能性最大。

(四) 合取性课题(conjunctive tasks)

团体成员必须一致从事同样活动的课题,例如排队前进。在这种课题中,团体成员必须与能力最劣者统一步调,亦即成员需要适应能力最劣者的步伐而作出相应的调整。在这种课题中,有时或有成员动机低落、或有排斥能力低劣者。但是即使在作业速度方面表现较差,也得在确切性和安全性方面保持良好的水准。

(五) 分割性课题(divisible tasks)

在团体课题中,各成员必须从事专门活动。在这种场合中,课题被分割为专门性领域,由团体成员和下属团体分担,并明确规定谁分担哪一部分、以什么顺序来进行。课题的分割也需易于再综合,并且适合成员的能力和动机水平。被分割的课题是析取性与累加性的。

儿童所经历的团体课题的完成,会随课题的种类、条件和儿童性格的不同而发生变化。但是,在这些变化的课题完成过程中,也具有彼此共同的因素。贝尔斯(R. F. Bales)和斯托特贝克(F. L. Strodtbeck)分析了定向、评价、控制等过程,认为团体成员为了达成目标,需要具有对求解课题的承认、理解和动机作用,还需要制订解决课题的计划,决定方法步骤。为此,就得回忆、再现以往经历过和学习过的东西,并创造旨在应对新情况的团体思维,进行团体讨论和团体决策。然后,转入旨在完成课题的计划、方法、步骤的实施阶段,这时的团体活动是由课题的性质、团体所拥有的条件所决定。团体成员的工作分工与合作方式也受课题的性质与团体规模等条件的制约。一般说来,团体活动中包含了相当于反馈的团体功能,据此可评价与调整团体的活动与业绩。

反馈信息在调整与评价团体活动及其业绩的同时,也对目标本身进行调整。在许多场合,解决团体课题的目标源于团体系统之外。这种外加的目标无法借由反馈进行调整,也无此必要。不过,一旦团体可以自行决定目标,就可以依据反馈信息调整团体目标。这种调整目标的功能是人类和团体所特有的。不过,从追求目标的角度而言,应当尽可能避免调整目标。

反馈信息在课题解决过程中发挥了重要作用,不过前馈的作用也不容忽略。所谓"前馈",是指团体目标直接作用于团体活动,参与团体活动的调整。这种前馈和反馈在团体活动的调整中共同发挥作用,在反馈信息不起作用的场合和团体处于初期状态时,前馈功能尤为重要。

第13章　班级团体的基本课题

同步教学、教师团体、合作与竞争、
团体参与性、团体过程、交友关系、
适应性团体

一、对班级团体研究的要求

班级团体研究是关于教育现象的研究，因此正如赫尔巴特(J. F. Herbert)所说的，它的目的是建筑在教育学基础之上的，而方法则是以教育心理学为基础。目的与方法不应处于彼此不相干的状态。

（一）班级团体目的的明确化

一般认为，它是依据教师定额与学生定额的经济学均衡关系加以编制的；它是有效的学习团体，也是体验理想的社会生活所必需的教育场所。

平川正义[1]论述了对班级团体的三种教育期待：管理团体、标准团体、自治团体。

所谓"管理团体"，是指教师直接或间接地控制儿童。在这种场合，班级团体很难期待儿童在班级中形成主动活动的意识。

与此相反，作为标准团体的班级期待儿童自身的参与。在这里，教师的作用是通过提高成员的归属性，形成理想的团体规范，使成员内化规范。

---

[1] 平川正义. 班级团体与班级管理[M]//木川达尔. 班级管理的理论与方法，1985.

至于自治团体,则是旨在有组织地发展团体成员,和团体成员的意识变化一起变革,创造规范的班级团体。在民主社会中,只有这种团体才是理想的模式,才能使成员从这种团体的体验中形成符合民主社会成员要求的人格。

当然,按照儿童的年龄发展阶段、团体自身的时间流程,具体的班级团体指导目标也在变化。但在当今社会中,班级团体共同的基本目的依然存在。不过,在现实的学校教育体制中,国家、教育管理部门、校长、班主任、家长、儿童各自的目的意识,未必完全相同和一以贯之。

首先,必须确认的一点是,研究和指导的出发点是建立理想的班级团体模式。其次,是分析教育世界中现实的班级团体的目标意识的现状。

(二) 收集旨在实现目标的资料

班级团体不是偶然在教育实践中表现出来的实体。只要具有教育的目的和指导目标,班级指导都应当从该种视点出发作出某种评价。关于班级团体的研究,是在意识到目的和目标的前提下实施的,这是理所当然的。实证资料只有从实现目标的视点加以分析才能生效。

1. 旨在把握班级团体现状的研究。研究力图揭示现实地把握班级团体的目的与目标达成程度的变量(因变量);同时设定(假定)相关的诸变量,揭示现实的种种班级团体中其达成度处于何种水准。在这里,我们需要注意的一点是,与其徒然地追求研究的严密性,不如描绘出班级团体的发展轮廓。

2. 旨在实现班级团体目标的手段与方法的假设与实践研究。迄今为止,许多积极的教师作出了诸多成功的范例,如有效地利用交友关系测验的结果引进了团体思维的实践,在学习活动中引进假设实验作业、蜂鸣式小组学习等,促进团体的成长。我们从这些资料出发,设定包含了可测变量在内的假设,并在实验(实践)的场合加以验证。

3. 旨在获得原因变量(自变量)的变化与目标达成度变化之关系的实证资料研究。方法论有各种水准,但不管怎样,应当从关于团体现象的一定变量(指导方法、团体类型、儿童的作用等)之变化与实现目标这一角度出发,去探求整个团体变化的相关性的实证资料。

（三）把握班级团体的视点

1. 系统的层次

当我们总体把握班级团体的教育目标时，班级团体的指导及研究就得顾及社会、团体、个人三个系统层次（见图13-1）。

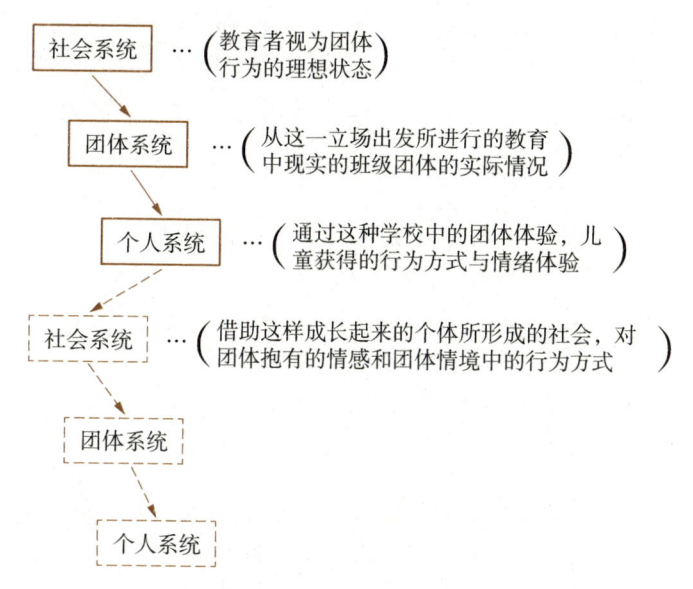

```
社会系统 … （教育者视为团体行为的理想状态）
   ↓
团体系统 … （从这一立场出发所进行的教育中现实的班级团体的实际情况）
   ↓
个人系统 … （通过这种学校中的团体体验，儿童获得的行为方式与情绪体验）
   ↓
社会系统 … （借助这样成长起来的个体所形成的社会，对团体抱有的情感和团体情境中的行为方式）
   ↓
团体系统
   ↓
个人系统
```

图13-1　系统的三个层次

2. 团体的过程

系统的视野是必要的，但我们的课题首先是班级团体本身的问题，亦即关于团体系统的理解。在这种场合，从具体的团体指导的视点来考虑，我们会发现，由于团体的发展阶段不同，注意焦点也不相同：儿童被组织起来一起活动的阶段；长期共生进而形成了种种人际关系的阶段；既有的人际关系由于不符合教育目的，教师和团体成员之间的关系产生变化的阶段——在这些不同的阶段里，指导者和研究者所需要的信息自然是不同的。为了探讨这种发展过程，我们把它假定为（团体的）形成期、稳定期、变革期。

3. 与理解团体系统相关的变量

许多研究者和实践者都经历过或从理论上阐述过班级团体的指导与理解所必需的诸多条件。这里试以此为基础，图式化地揭示形成期（见图13-2a）、稳定期（见

图 13-2b)、变革期(见图 13-2c)各个阶段应当考虑的对象。

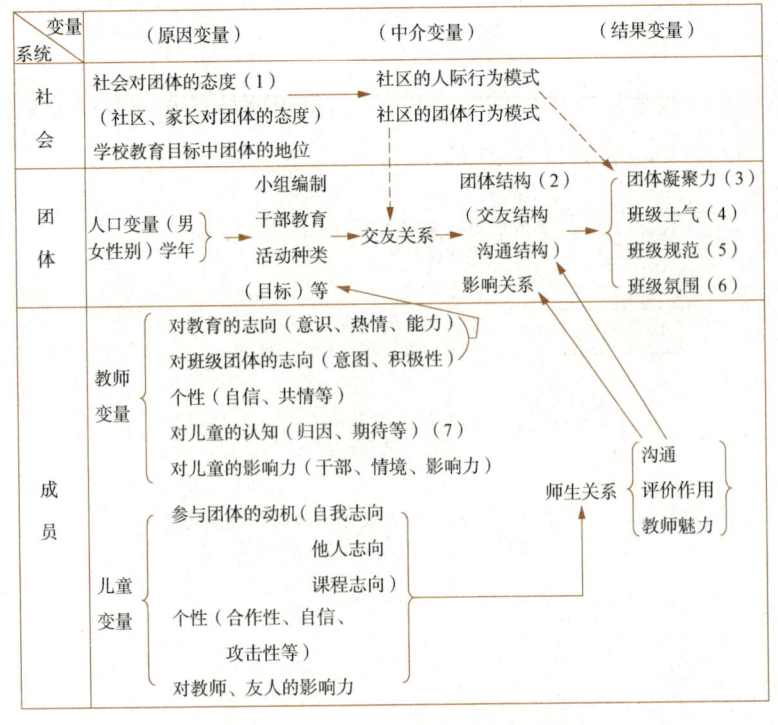

图 13-2a 形成期团体研究的变量

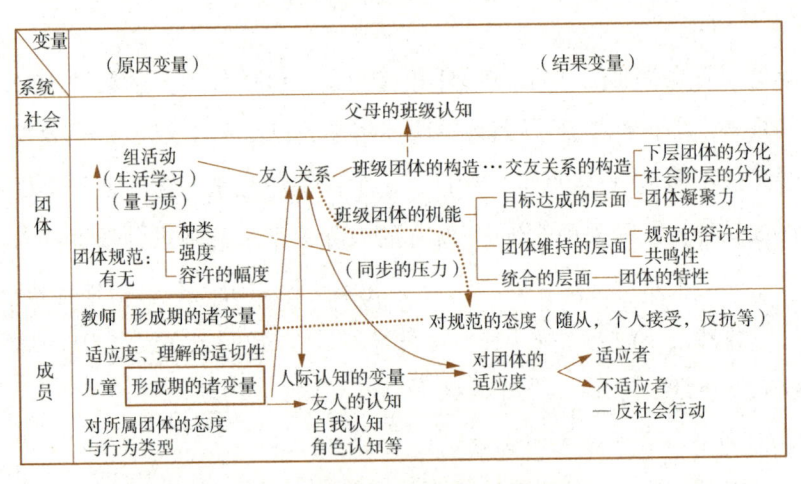

图 13-2b 稳定期团体研究的变量

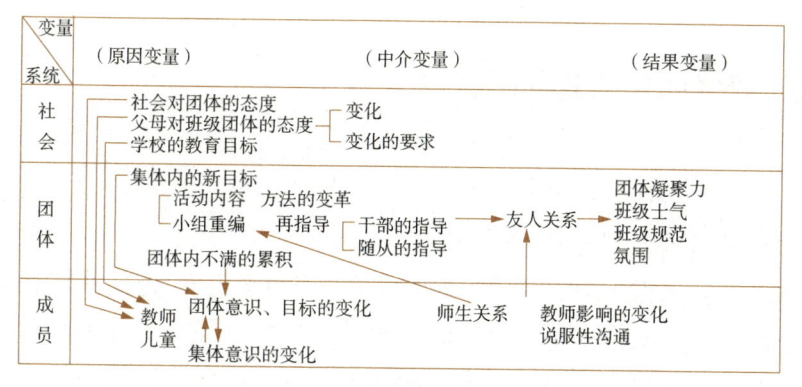

变量 系统	（原因变量）	（中介变量）	（结果变量）
社会	社会对团体的态度 父母对班级团体的态度 学校的教育目标	变化 变化的要求	
团体	集体内的新目标 活动内容 方法的变革 小组重编 再指导 干部的指导 随从的指导 团体内不满的累积	友人关系	团体凝聚力 班级士气 班级规范 氛围
成员	教师 儿童	团体意识、目标的变化 集体意识的变化	师生关系	教师影响的变化 说服性沟通

图 13-2c　变革期团体研究的变量

以上各图中所用的概念，在以往的团体研究中并没有统一的界定。这里不过是以此作为理解班级团体的指导与研究的架构图式，方便读者直接领会而已。此外，主要概念的典型意义及其测量方法，列述如表 13-1 所示。

表 13-1　概念的含义及其测量法

Ⅰ **关于社会系统的概念**
（1）对团体的态度：对于"团体"这一存在，人所共知的内容和所拥有的感情的总体。

Ⅱ **关于团体系统的概念**
（2）团体结构：由团体内的人际关系所决定的社会地位显示出的类型。着眼于团体中的哪一种功能可以区分出不同的结构，诸如交友结构、沟通结构、影响力结构等。
（3）团体凝聚力：表示团体团结程度的尺度，一般根据交友关系测量结果，可用下式计算。

$$Co=\frac{2N(N-1)m-T^2}{T[N(N-1)-T]}$$

N＝班级人数
m＝相互选择对的总数
T＝团体内选择数的总计
（4）班级士气：以班级中彼此间的融合性意识为基础，指向全体特定的目标进行活动的积极态度与行为的倾向。其测量可借助态度测量法，标准化测量可采用"学校士气测验"等。
（5）班级规范：关于班级和学校的认知、评价及行为模式，班级成员所共有的期待或态度。
（6）班风（班级氛围）：通过班级中种种相互作用所形成的各团体独自的气氛。测量时可采用"语义区分法"等。

Ⅲ **关于成员（个体）的概念**
（7）教师对儿童的认知：教师如何理解儿童的内部特征。尤其是"归因"，这是教师对儿童成绩与行为原因的认知。一般归因于能力、努力、性格等内因，是否归因于课题、环境等外因仍是一个问题。

二、关于班级团体的若干问题

(一) 个人与团体的关系

1. 学校中的团体与团体主义

上面是关于班级团体的面面观,这里再从若干视点出发,讨论班级团体与其他社会系统(社会、其他团体、个人等)的关联性。如前所述,班级团体中儿童的团体体验被视为有助于培育每个人"在团体中怎样采取行为"的方向性,它在很大程度上制约着个人成人后在团体情境中的行为。因此,这里把它作为"对团体的态度"加以概念化,试作如下分析。

(1) 社会系统与"对团体的态度"

近年来,在日本经济的发展中,成员"对组织的忠心"常被视为日本企业成长的一个要因。这可以证明日本社会的特点是,个人遵从团体的决策,不主张个人的权利,为了团体即使牺牲自己也在所不惜的倾向极强。这个倾向可以谓之"团体主义"。

间宏[1]认为,在团体主义之下,个人与团体间的"理想"模式,不是个人与团体的对立关系,而是一体关系。在这种状态中,"为了公司"这一对外人而言属于自我牺牲的行为,对当事人而言,不只是为他人的牺牲,也是为了自己。还有人指出,构成这种社会的,与其说是"个人",不如说是"人际人"。即没有明确的自我认同性,在怎样的交往中、通过与哪些成员交际,就会使"自己"产生相应的变化。当然,不是所有日本人都对团体抱有这种态度。田中义久[2]就社会意识设定了"个人""私民""庶民""大众"四种主体类型,得出下列调查结果:"个人+私民"与"庶民+大众"的比例大体是 25% 与 62%,说明后者与团体主义不是对应关系,但意识到在日本社会中个人的自立与团体相关者的比例相对较低。

(2) 团体系统与"对团体的态度"

在这种社会状况下,学校教育的班级体验实际上是在进行所谓的对"团体"认识的指导。

---

[1] 间宏. 日本式经营——集体主义的功罪[M]. 东京:日本经济新闻社,1971.
[2] 田中义久. 社会意识研究的现实课题[M]//见田宗介. 社会意识论. 东京:东京大学出版会,1976.

吉本均[①]倡导下列三种班级团体模式：

① 管理型团体——教师一方面使儿童遵守班级规则，另一方面又使优等生、差生固定化、等级化的团体。

② 适应型团体——使儿童好好适应班级规则、维护规则，并采用使规则得以内化的手段的团体。

③ 自治型团体——儿童创造规则，竞相创造自主、共同的学习纪律的团体。

从19世纪后期以来一百多年的教育发展史中，班级团体发挥着管理型或适应型团体的作用，这是不难想象的。不过，在战后的日本教育中，班级团体作为教育的理想，赋予了自治型团体以应有的地位。从社会形势看，学校教育的团体系统中，个人所形成和所能期待的"对团体的态度"与社会系统中占优势的"对团体的态度"有着巨大的矛盾，这也是可能的。

(3) 个人系统与"对团体的态度"——现代青年对团体的态度

稻越孝维从四个层面对经历了上述班级团体系统的大学生如何形成个人"对团体的态度"作了分析。如图13-3所示，图中的"社会规范"原本是个人的内部架构，在这里则是指同步性高的行为指标。

(a)"对团体的态度"的社会规范
　　(对许多人在团体中是如何行动的认知)
(b)"对团体的态度"的社会价值
　　(对在学校教育的团体中应当如何施教的认知)
(c) 个人对团体的需求
　　(自己在团体中想怎样做？)
(d) 自己在团体情境中的行为
　　(自己在团体中是如何行动的？)

图13-3 "对团体的态度"关系图

依据图13-3中(a)～(d)四个维度共24个项目对团体情境进行测量，并对每个维度分别作因素分析，得出主要因素结构中的关联性。通过多个维度的尺度值的相互比较，分析各维度的相互关系，结果如下：

(1) 规范与价值的关系

最显著的是规范性(许多人都那样行动)行为中价值性的(理想的)因素几乎不存在。许多规范性行为的价值极低，大半属于"从众"等同步行为。亦即大多数大学

[①] 吉本均. 何谓指导性评价活动[M]//学习团体研究. 东京：明治图书，1979：7.

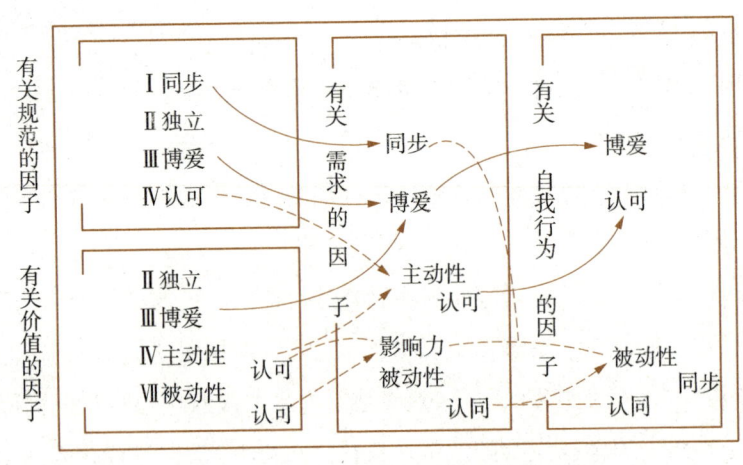

图 13-4 "对团体的态度"的结构关系图

生在团体中所采取的几乎都是不理想的行为。这种态度也许掺杂了许多社会体验。简单地说,规范是以班级团体的生活体验为基础的,价值则是班级团体中的教育性指导尤其是语言指导的结果——倘若作这样的假定,那么可以设想,在班级团体情境中,团体情境的行为指导与体验之间存在很大的落差。

(2) 规范、价值与需求之间的关系

如果我们探求这种规范、价值的"落差"是如何与需求(自己想这样做)的维度相对应的,则会发现价值和需求之间的关联性极高。"自己的事情自己决定"之类的自我开放行为,"帮助处于困境的伙伴"之类的博爱行为,"受他人信赖"之类的认可行为,其规范性低,但价值性高,需求度也高。相反,需求度低的项目,诸如"从众"之类的同步行为,如前所述,规范性高,但价值性低。

(3) 规范、价值、需求与实际行为的关系

这三者与实际行为的关系是个人在团体情境中的行动源泉,如表 13-2 所示。

频率高的自我行为显然体现了两种倾向:其一,诸如博爱行为及自主行为,其价值、需求显示高的倾向;其二,同步行为受规范指引而外显化。相反,频率低的自我行为显示出三种倾向。孤僻自傲、非博爱行为和"反抗实力人物"之类的抗拒性的自主行为,其规范性、价值性、需求性均低,或者均与对行为的抑制力结合在一起。此外,像认可行为,由于需求(价值)强,但规范性低,反而不能进行。

表 13-2　规范、价值、需求与实际行为的关联性

A. 频率高的自我行为

	因子范畴	规范	价值	需求
博爱	10. 帮助处于困境的伙伴		+	+
	22. 激励朋友		+	+
同步	23. 在团体中从众	+		
	24. 采取大众认为稳当的行为	+		
	3. 即令违背本意也得服从团体决定	+		
自我	8. 自己的事情自己决定			+
开放	13. 向人坦诚申述自己的弱点和失败		−	

B. 频率中等的自我行为

	因子范畴	规范	价值	需求
同步	2. 衷心遵从团体的决定			
	16. 在大庭广众面前不暴露自己的真相	+	−	−
	17. 遵从实力人物的观点	+	−	−
	18. 遵从帮助过自己的友人的观点	+		
承认	6. 为自己扬名	−		+
竞争	12. 受他人信赖			
	1. 与他人竞争	+	−	
博爱	9. 为了大家而采取行动			+
	21. 受他人的激励			

C. 频率低的自我行为

	因子范畴	规范	价值	需求
自主	4. 当团体的决定与观点错误时，按照自己的想法采取行动	−		
	7. 不管他人怎么考虑，我行我素			+
	19. 反抗实力人物	−	−	−
承认	5. 使人们把自己看成重要人物	−	+	+
	11. 给他人以巨大影响	−		+
	14. 作博取他人支持的发言	+		
孤僻自傲	15. 自己的观点和立场尽可能模棱两可			
非博爱	20. 对失败者冷嘲热讽		−	

〔注〕：表中的阿拉伯数字表示 24 个调查项目的各个维度的总平均数，以此为中心，＋、−表示超过或不到总平均数的一半。

2. 教育目标的实现与儿童的团体体验

当我们从"对团体的态度"的视点出发,鸟瞰三种系统的现状时,自然会提出学校教育中的团体指导应如何进行,在团体中实际可以积累哪些体验的疑问。要从资料中求得这些问题的答案是十分困难的,究其原因,大半是源于以前班级心理学研究的方式。在迄今为止有关班级团体的结构、社会地位的分化、班级氛围等研究中,关于如何在班级团体中开展指导的资料并不充分。从这个视点出发,今后应当加以探讨的课题可概述如下:

第一,教师在"对团体的态度"方面所作的语言性指导的内容。包括揭示"班级团体是……的场所"之类的总结性发言,在学习指导与生活指导中对儿童进行语言性指导的实际——目前班级团体中的应有模式及其与将来的团体的关系等。

第二,与这种语言性的班级经营和指导措施相对应(或矛盾的)的实际。包括在小组的编制、团体活动的组织或上课时个体与整体关系的处理中,语言性(价值性)指导内容所实现的方向是如何构筑之类的问题。

第三,在这个过程中,儿童在班级团体中体验了哪些行为,其他的儿童又是如何认知行动的事实的。教师的指导意图和方案当然不会原封不动地化为现实,它势必受到儿童们的种种讨论、发展阶段、儿童与教师相互作用的量与质、团体结构,乃至班级团体之外的社会环境等诸多因素的制约。

迄今为止,关于班级团体的心理学研究是按照把握班级团体实际的方向进行的。今后这种研究作为研究的基础是不可或缺的,但将进一步要求积累有助于发现实现上述教育目标的方法。

(二) 团体与团体的关系

1. 班级团体的问题

如今,当我们思考班级团体的问题时不能忽略的一个问题是,对自己归属的班级团体与别的班级团体的关系,以及对其他年级及班级团体的关系的认识。当儿童长大成人时,许多人在某种意义上归属于若干团体,并在一定程度上依据自己归属的团体采取行动。同时,对于自己不归属的团体和自己归属的团体以及有利害关系的其他团体,都会采取一定的态度和行为倾向。这种意识甚至有可能影响到自己归属的民族、国家与自己不归属的民族、国家的关系。基于以上考虑,在国家、社会中,这些教育问题都是值得重视的。

当然,这方面的研究必须以发展的观点为前提,把握儿童已有的识见。低年级的班级团体称为孤立独立期。此时在儿童意识中形成作为班级团体一员的意识是不可想象的。为了在这个阶段形成某种意义上的成员意识,也许必须通过小组活动,使儿童形成自己是小组成员的意识。具体指导方法就是促进小组开展合作解决各自课题的活动。过去有过不少关于"合作与竞争"的研究,古籏安好[1]关于儿童团体中合作与竞争的比较研究即为一例。他发现合作条件有助于发展团体生产性、团体参与性、团体凝聚力。由此可以预测,小组的合作体验也有助于提高儿童小组内的凝聚力,以及每个儿童的成员意识。在团体研究中,一般是通过形成凝聚力高的团体来发挥团体的维持功能的。不过,从教育角度来考虑,它不过是一个步骤,而不是目标。倘若班级团体中有数个凝聚力高的小组,则小组成员对外部团体容易产生排他意识是显而易见的。因此,引进小组之间的合作体验也是必要的。同样的体验在班级之间、年级之间、学校之间逐步扩大,就一定可以形成团体间合作的基本态势。

2. 班级团体与周围各团体之间的关系

(1) 班级团体与教师团体

班级团体相互之间的关系当然以年级的流动居多。许多实践报告显示,通过让儿童自己去规划和筹办年级活动,可以培养班级干部。在这种实践的背后,肯定有教师团体的协商、支持、角色分工等活动的存在。作为班主任,需要意识到年级团体的存在,在年级教师团体内展开合作。横川嘉范从自己的经验出发,归纳了如下三点年级教师团体活动的过程:

① 向大家(首先是同一年级的各班班主任)说明班级中存在的问题。

② 进行班级分析,包括问题儿童、干部学生、积极分子以及所谓的"一般儿童"。

③ 确立日常的生活情境和教学中该如何展开指导。

也就是说,经历"提出班级团体指导意义上的课题→分析班级团体→指导设定

---

[1] 古籏安好. 集体心理论[M]. 东京:共立出版,1968.

假设→班级团体指导的实践"这些步骤,可以体现课题的共有,以及其他教师的班级观、干部观、学生观,影响其他教师的维度等。这样就可以期待教师自身通过团体体验获得的成长和变化。

在这样的教师团体中开展班级指导,就有可能培养儿童感受到团体的指导者——教师的合作态势和协商态势。此外,以干部的身份代表班级参与年级团体规划与运营的儿童,通过在年级会上传递班级的意向和向班级成员传递年级会的决定,达到对干部品质的要求。

(2) 班级团体与家长团体(班级 PTA[①])

教师使班级成员获得民主社会成员应有的体验,然而在使团体本身成为民主团体的种种影响中,一个不可或缺的因素就是儿童背后的家长团体的影响。

促进儿童社会化的影响力原本就是教师和家长双方教育合力的体现。两者若不能互补,便无法获得完满的成果。倘若家长对儿童的教育期待仅仅偏重个人层面,教师就得从公共教育的视点出发,求得家长的理解与合作。使家长认清班级指导的目标是求得合作的关键所在。

当然,在这种场合,理想的模式是通过班级家长会等活动形成家长团体。这种活动还可以体现在社区团体之中,儿童经由参与社区活动,可以受到隐性的教育。

[①] PTA 是"Parent-Teacher Association"的缩写,中文常译为"家长教师协会",或称"亲师会""恳亲会"。

第二编
班级改造

第 14 章　社会化的目标与班级建设

民主、敬重、责任、社会性、生活力、
精神健康、班级管理、学生指导

一、学校帮助儿童实现社会化

　　义务教育制度原本是为年轻一代设立的。一言以蔽之，学校要帮助青少年为将来成为一个自主的社会人作好准备。要使青少年成为一个社会人并能自立，就必须培养儿童的敬重心、责任心、社会性、生活力。这正是学校教育应当提供的服务，亦即帮助儿童实现社会化。

　　所谓"敬重"，就是指尊重他人。不问对方的种族、性别、地位、职业，我们都应当把他人当作"人"加以尊重。附带条件的"尊重"不是真正的"尊重"，不附带任何条件的"尊重"才真正称得上"尊重"。后一种"尊重"是维系民主社会的基本条件，也是作为一个社会人生活的一大要素。

　　那么，怎样才能使学生学会这一含义上的"尊重"呢？很简单，那就是身为教师，首先要尊重学生。您尊重自己班上的学生吗？您班上的顽童也和您得意的学生一样受到尊重吗？果真如此，就不难教学生学会"尊重"了。

　　不过，在您的班级里为什么还是会出现顽童呢？如果您对全班学生一视同仁，应该是不会出现的。那么您不妨再检查一番。您是否说过"只有满足了某某条件时，才喜欢你们"？假若未曾说过，您的举止表情是否有所流露？若是那样，您班上的学生是不可能学会"尊重"的。

　　所谓"责任心"，指的是能自主解决自己的人生课题，而不依赖他人。这当然也是作为一个自立的社会人所必备的条件。不幸的是,许多青少年总认为"大人会替我解决人生的课题,解决我的人生课题是大人的义务,因此,我可以我行我素,为所欲为",从而把必须由自己解决的课题完全委托于成人。

某小学四年级某女生,平日吊儿郎当是出了名的。班主任对该生母亲说:"这个孩子老是忘东忘西的,你能不能时时提醒她?"如果某日母亲因太忙而忘了提醒,这个女孩一定会说:"妈妈没有提醒我,所以我忘了。"显然,这个女孩毫无责任心。

我们应当采取的办法是,在她忘了带东西的时候不给予任何帮助,使之感到不便,这样她就会感到这是自己的责任。为此,还必须定下这样一条规矩:"忘了东西,不许向同学借。"制定这一规则并不是恶作剧,而是清楚地向他们表明并使之领会什么才是真正的合作。

所谓"社会性",与日常用语略有不同,指的是阿德勒心理学理论的专门术语——"共同体意识"。这是指当情况"需要你的帮助"时,不逃避责任,勇于挺身而出:"我在这里,我能做好。"这是一种与他人合作的姿态,不是竞争,而是身为朋友相互帮助的义务。以竞争为目的是无助于社会性发展的。唯有抛开竞争原理,以合作为基础,并施以新型的教育,才有助于青少年社会性的培养。那么,您的班级如何?如何避免同学之间的竞争?

某中学的 A 生特别讨厌数学。数学老师每周都举行小考。某次 A 生得了 40 分,他喜形于色地高声说:"嘀,我得了 40 分了。"周围同学见此情景冷笑道:"得了 40 分便得意忘形了。"这时教师引导说:"大家别笑,A 生一向是得 0 分的,从 0 分到 40 分,想想看,他付出了多大的努力。"这是一位好教师。重要的不是和他人作比较,而是和自己的过去作比较,不能期望一步登天。这样的学生有这样的好老师实在是幸运。

所谓"生活力",就是指生存所必需的知识和技能。会不会解二次方程式与"生活力"并无直接关系。为了生存就得学会解二次方程式的人,恐怕只有中学的数学教师了。但另一方面,坚持自己的主张而无损于他人的技术,却是生活所必需的。那么,为什么目前的学校只教授二次方程式,却不教授坚持自己的主张而无损于他人的技术呢?

因此,人世间所谓的"社会性"中的技术性部分可以归入"生活力"的范畴。在

"生活力"中,除了人际关系的技术外,当然也包括读、写、算等种种知识。请不要误解,我们并不是轻视知识的教育,但至少中小学的课程应当有助于"生活力"的培育。

由此可知,在现行的学校里,国家和社会的需求、家长的需求、学生的需求似乎还未能得到满足。一家民间企业若是忽视需求,便会立刻破产,如果学校也有破产可能的话,也许将会有助于变革学校。

二、减少问题儿童的产生,变革学校制度

在我们看来,问题儿童之所以出现,很大程度上是由于学校制度有问题。这里所谓的"制度",主要指班级的人际关系结构。班级之外的制度——教育行政制度和学校管理制度也被视为影响因素,但这毕竟是间接性的,更直接且首当其冲的影响因素还是具体的班级制度。教师所执行的班级制度,与教育系统内的多重因素息息相关。但究其根源,班级的人际关系结构实为直接的影响因子。因此,教师必须改变自己班级的制度。

所谓"制度有问题",并不是说教师或学生个人有问题。相信任何一位教师都对教育抱有热情,任何一个儿童都不想成为顽童,这是毋庸置疑的。

我们的任务正是分析学校这一制造工程系统上的问题,并提出我们的对策。这种对策不是对个别的"问题儿童"提出应变措施,而是针对产生"问题儿童"的制造系统本身。这里所讨论的,不是如何对付业已出现的顽童,而是如何避免产生顽童。

具体策略便是班级管理的变革。这就是,变传统的立足于竞争原理的班级管理为立足于合作原理的新型的班级经营方法。这个方法并不是我们自己在教育现场经过实验得出的,但对它的效果却拥有相当的自信。这是因为,一些赞同这种想法的教师经过实践业已确认了它的效果。在教师的协助之下,从托儿所、幼儿园直至学校教育现场,都证明了我们这种新型班级经营的有效性。

从立足于竞争原理到立足于合作原理的班级管理的变革,并非只有预防顽童的效果。变革班级制度,就几乎能在任何场合改善业已问题化了的儿童。这是因为,

这种儿童在多数场合会因为基于竞争原理的班级制度而不得不采取不适当行为。我们甚至可以观察到,新型的班级经营可以大大改善儿童在操行方面和学业方面的积极性。这是因为,立足于传统竞争原理的班级制度往往会损害儿童的学习积极性,而立足于合作原理的班级制度却不会损害儿童学习的积极性。

三、确立健康的生活方式之形象

所谓新型班级经营的系统,一言以蔽之,就是着眼于如何使班级中的儿童精神健康地生活。如果班级中的儿童体验了怎样才算精神健康地生活,他们一定会喜欢这种生活方式,而且,他们在班级之外也会这样生活的。当然,您的班级首先应当是健康的班级。

那么,何谓"精神健康的班级"?怎样的生活方式是健康的呢?不知道所要实现的健康的生活方式是怎么回事,就无法体验其中的好处。

这一点,可以用健康的班级形象和不健康的班级形象加以对比来说明,如表14-1所示。

表14-1 健康的班级与不健康的班级

健康的班级	不健康的班级
合作原理 ● 全体学生合作探究课题 ● 和自己过去的成绩相比进步了多少 ● 差生得到全员的帮助	竞争原理 ● 为了战胜别的同学接受课题 ● 比之其他同学优越多少 ● 对差生弃之不顾
横向关系 ● 师生完全是平等的友人 ● 全体学生致力于问题的解决 ● 同学之间也完全平等	纵向关系 ● 教师在上,学生在下 ● 教师发号施令,学生俯首听命 ● 在同学之间制造等级差别
相互尊重、相互信赖 ● 教师尊重学生 ● 教师完全信赖学生 ● 教学相长	相互猜疑 ● 强迫学生尊敬教师 ● 有条件地信任学生 ● 教师的使命只是教学生

（续表）

健康的班级	不健康的班级
靠激励勇气的教育 ● 一起为学习成就而喜悦 ● 即使失败了也肯定其积极性，激励勇气 ● 发现学生的长处	靠赏罚的教育 ● 根据教师的标准或表扬或处罚 ● 仅仅肯定成功 ● 揭短
责任心 ● 各自对自身的行为负责 ● 全面地思考产生班级问题的原因 ● 让学生反思做了些什么	不负责任 ● 教师承担学生的责任 ● 将班级问题的原因转嫁于他处 ● 教师考虑学生学习了什么
民主型法治主义 ● 民主地制定规则 ● 主权属学生 ● 为捍卫学生的权利而制定规则	独裁或无政府主义 ● 无规则，或由教师制定规则 ● 主权在学校 ● 为捍卫教师的特权而制定规则
作为调节者的教师 ● 作为民主型司令者的教师 ● 鼓励学生的勇气和积极性 ● 富于理性地思考问题	作为工头的教师 ● 作为独裁者的教师 ● 以恐怖氛围控制学生 ● 感情用事

　　以健康的生活方式经营的班级是不会出现顽童的。即使不健康的班级出现了顽童，只要班级结构向健康的模式转化，顽童也会停止问题行为。不健康的班级结构为儿童创造了不得不采取问题行为的必然性。如果班级结构健康，任何儿童迟早都会采取健康的行为。

　　不过，不能认为儿童停止了问题行为就万事大吉了。以为在班级中只要不发生问题就行，这种态度终究是消极的。倘若严惩问题行为，或是采取退学等强制手段来惩罚儿童，班级或许会处于和平状态，但是，这无异于放弃了教育本来的使命。

　　教育的使命在于帮助儿童成长为精神健康的人，而精神健康的人只有在精神健康的生活体验中才能培育。精神健康的人往往持有鲜明的形象。表14-2对比了精神健康者与精神不健康者的形象。

表 14-2　精神健康的人与精神不健康的人

精神健康的人	精神不健康的人
积极的自我评价 ● 喜欢自己 ● 了解自己的长处 ● 充满自信	消极的自我评价 ● 嫌弃自己 ● 只了解自己的短处 ● 只关注他人的评价
信赖客观世界 ● 信赖他人 ● 想与他人合作 ● 自我与他人无需作对比	猜疑客观世界 ● 对他人抱有不信任感 ● 与他人竞争 ● 时刻将自己与他人比较
对团体的归属感 ● 感到自己是团体的一员 ● 感到自己与他人都是平等的 ● 关心他人	对团体的疏离感 ● 感到自己不过是一个次级品 ● 感到自己被抛弃 ● 只关心自己
责任感 ● 对自己的行为负责 ● 承认他人享有和自己一样的权利 ● 宽容他人的见解与行为	无责任 ● 把自己的行为责任转嫁于他人 ● 主张自己享有特权 ● 把自己的见解强加于他人
贡献感 ● 希望有所建树 ● 审时度势地采取行为 ● 为他人服务	利己主义 ● 即使知道行为是破坏性的也为所欲为 ● 只凭自己的意愿处置问题 ● 让他人为自己服务
勇气 ● 承认自己不是十全十美的 ● 给他人以勇气 ● 脚踏实地,不患得患失	胆怯 ● 虚张声势 ● 挫伤他人的勇气 ● 只会唉声叹气,不付诸行动
诚实 ● 对人对己正直无私 ● 承担失败的责任 ● 冷静地处理问题	欺骗 ● 自欺欺人 ● 不敢承认错误 ● 感情用事,惊慌失措

您班上儿童的情形如何？是否一步一个脚印地逐渐成长为健康的人呢？如果回答是否定的,那么可以毫无疑问地说,您班级的结构已经存在问题。

四、班级经营的含义

"班级"是旨在开展学校教育,使之从制度上成为一定的教育单位所编制的校内团体。教师整顿这种团体的教育条件,有效地推进有计划的教育的行为,谓之"班级经营"。班级经营是实现教育目标的一种手段,但从教育上说,班级经营本身并不就是一种学校教育。

班级通常是以单式班级来编制的,但也有根据当年的学生数编制成复式班级的。单式班级不同于单式学校,后者谓之"one teacher school"。在班级组织或班级编制上,班级首先是一个学习团体,可以考虑依据学生能力划分,即等质班级编制和异质班级编制。一般是依据能力或学业成绩,编成班级之内异质、班级之间等质的班级。关于班级经营的讨论主要是以这种班级为对象展开的。

班级经营的功能在于"学校教育的组织化",因此它的工作领域包含如下几个方面:(1)学校教育的组织化;(2)班级中各种教学的管理与生活指导的管理;(4)班级环境的管理;(5)班级事务的管理。

有两种班级经营模式。一种是封闭型模式。教师尽量避开学校管理,另行一套,一手遮天,把"班级"弄成彻头彻尾的独立的"班级王国"(classroom fortress)。这种管理只能以失败告终。班级作为学校的一个教育单位组织,在教育管理上,自然也是最受重视的教育组织。孤立主义是站不住脚的。学校管理是全校组织的管理,其功能是维持与发展学校的组织,以便有效地实现教育目标。无论校内的年级、班级,抑或事务运营的组织,都是学校管理的对象,班级管理也离不开学校管理的制约。

另一种是开放型模式,系指学校经营、年级经营、班级经营之间保持良好交流关系的班级管理,与"班级王国"这一孤立主义管理形成鲜明的对照。在开放型模式中,学校经营的目标和方针将得到具体体现,对经营上的一些障碍和问题,能够及时加以讨论和解决。

班级经营具有双重含义:一是班级作为学习团体的教育意义;二是班级作为生活团体的教育意义。因此,学生指导是班级所拥有的重要功能之一。学生指导的一般原则是：

1. 以个别发展的教育方式为基础。
2. 尊重每一个学生的人格，旨在其发展个性，并提高学生的社会性素质。
3. 着眼于学生的现实生活，展开具体而实际的活动。
4. 以所有学生为对象。
5. 是综合性活动。

由此可见，学生指导具有促进每一个学生人格的全面发展的教育功能，需要在学校生活的一切方面有意识地加以充实。

第 15 章　班级"患病"的原因

家庭背景、性格、性格形成、竞争原理

一、别提"这个孩子的家庭有问题"

专门从事儿童期和青年期问题研究的心理学家和精神科医师常常遇到学校教师开口闭口说："这个孩子的家庭有问题。"

且慢！现在谈的是学校里的事，别牵扯上家庭问题。也许您会说："不，正因为家庭有问题，这个儿童才在学校里发生问题行为。"这是奇谈怪论。假定学生家长说，"老师的教法有问题，所以我的孩子在家虐待弟弟"，您会作何感想？难道不会令您大惑不解吗？同样道理，如果您对学生家长说，"你的小孩在班里是差生，家庭教养有问题"，家长同样会大惑不解。儿童在家庭里发生了问题那是家庭有问题，在学校里发生了问题则是学校有问题——这种想法相当合理。即使家庭有问题，也无须把它跟儿童在学校里的问题行为扯在一起。

"岂有此理！根本的问题还是家庭的教养""我们教师再怎么努力，家长若还是那样的话……"——或许我们会听到诸如此类的反驳。

那么，退一步说，即使是因为家庭有问题，儿童才在学校里发生问题，作为一名教师，难道能够不闻不问吗？可以无所作为吗？而且，正因为有家庭问题，儿童才需要托付给作为教师的您！

有一个儿童，姑且叫她 K 吧。她是小学四年级学生，她的家庭背景有许多问题。父母感情不和，父亲是酒鬼，每晚喝得酩酊大醉，对家人动辄谩骂或施以暴力。母亲也许已厌弃这个丈夫,在 K 子上小学之前便离家出走了。尔后家里来了一位继母。继母离过婚,有一个比 K 子年长两岁的女儿。继母来后,父亲的粗言暴力有几分收敛。但是 K 子对继母冷漠,继母也看不惯 K 子,两人关系不好。继姐也时时作弄 K,K 总是伤心地哭。父亲见到 K 这种情形,不悦地斥责她,K 在家中处处受到敌视,孤立无援。

K 在学校里默默无闻,老老实实,在班级里形单影只,课间休息时也独自孤零零地坐在那儿。她的成绩很糟,父亲总是责骂她,继母把她同自己的女儿作比较,斥责她是"笨蛋",继姐则抓住这个口实,嘲弄 K。

K 三年级时的老师往往对考试成绩不好的学生加以惩罚。例如,语文测验成绩不佳,叫学生用一百分减去自己所得的分数,得数多少,就罚写多少字。对成绩特别差的儿童还动辄训斥。

K 每次考完试总有大量的家庭作业,但她几乎不做。因为每当她回到家取出成绩单时,总是受到父母的嘲弄。她至少哭泣三四个小时,哭累了便睡着了,结果作业一字未动,被老师罚站。

K 四年级时,各项成绩近乎零分。新老师对 K 关怀备至,多次找 K 子谈话,她却缄默不语。在教师苦口婆心的劝说之下,K 终于打开了话匣子,原因也明白了:K 强烈地感到家长对自己抱有敌意,老师、同学也对自己抱有敌意。这时,教师带着她的问题向我们咨询。咨询结果是一致的:在着手解决 K 子的问题之前,需要求得同学的合作。教师首先问 K:"老师想让全班同学帮助你。你的事情、你家的事情,能不能跟全班同学谈谈?"在取得 K 子的理解后由 K 子向全班同学说明,教师也解释了为什么 K 会认为大家对她抱有敌意。然后,教师发动大家讨论,如何帮助 K。结果,K 的整个行为和学业成绩有了令人难以置信的进步。

在家庭里受敌视的 K 饱受惩罚和欺辱,而她三年级时的教师使她加深了这样一种错误的信念:"周围的人全是我的敌人。"双亲错误的教养态度更使 K 丧失了积极性,她无论在学校还是在家里,过的尽是暗淡的日子。大凡教师都会抱怨:"这个孩子的家庭环境不好,没办法。"

请注意,四年级时的教师并没有把责任统统归咎于家庭,而只是发动了 K 及全班同学,K 的问题便解决了。这就不能不使人想到,老是把儿童的问题归咎于家庭的教师,是不是在回避责任?

二、只有教师才能把"灰姑娘"变成"公主"

站在教师面前的儿童是与在家庭里不一样的儿童。儿童们在教师面前是一副面孔,回到家里又是一副面孔。就拿您这位教师来说,在家里与家人相处时,在办公室里与同事在一起时,在教室与儿童们在一起时,用的一定是不同的面孔。同样的道理,儿童们在您面前也是另一个样子。

人拥有几副面孔。人不是仅用一副面孔、一种行为模式生活的单纯的动物。正如骰子有几面,在不同状况下只表现其中一面一样。不同的面孔模样尽管有类似之处,实则却是大相径庭。人毫无例外地都是多重人格的。

所谓"性格",无非就是为适应状况而准备的一套行为模式。在学校里发生问题的儿童,从根本上说其性格并不成问题,这只是他们性格的一面罢了,另外一定还存在性格的积极面。反之,在学校里不成问题的儿童,也许还存在性格的消极面。

问题儿童本身并不存在。问题儿童只是其在面对教师时摆出的一副面孔。其他时间,也许这个问题儿童的面孔便消失了。这个儿童带着问题儿童的假面具。世间不存在 365 天每天 24 小时都"营业"的问题儿童,只有"打零工"的问题儿童。

在学校里发生问题行为的儿童是决心"在学校里当一名问题儿童"的。于是,教师对儿童不是期望他们"舍弃其问题儿童的一面",而是"你有你作为问题儿童的一面,这没关系,只是别在学校里发作"。这个儿童采用问题行为这一行为模式,只要染上了便难以割舍,但他可以不采用。

然而,当教师提出"在学校里别摆出你的问题儿童的一面"时,这个儿童一定会说:"难办哪!过去我曾经不采用问题行为。不过那时学校对我苛刻至极。我如果停止了问题行为,学校一定会严惩我的。"

这个儿童说的是事实。我们不能不承认,学校中存在着迫使这个儿童采取问题行为的因素。谁也不想成为问题儿童,但只要学校处于只能产生问题儿童的境况,他们别无选择,只能成为问题儿童。能消除学校中的问题儿童的,只有教师。教师不改变,问题儿童也不会改变。教师改变了,问题儿童才会从"灰姑娘"变成"公主"。

三、问题儿童是整个班级的病征,其病根为何?

如果是一个明事理的好教师,一定会说:"我知道要改变问题儿童的交往方式,但要怎样去接近问题儿童呢?"

这是不管用的。不管怎么改变班级里问题儿童的交往方式,恐怕都是无济于事的。这不是教师与那个问题儿童的一对一交往的问题,其根源在于教师与整个班级的交往方式。因此,不对您的班级整体作重新探讨,是解决不了问题的。

一般认为,组织化了的人类团体就像是一张绷紧了的网,如果把网的结节点视为个人,那么联结其间的网线便是人际关系。牵动网中的任何一根网线都会影响到整张网。任何两人之间的关系都脱离不了整张网的结构——该两人与其他成员之间的关系。

班级就是一个组织化了的人类团体。倘若教师与某儿童的关系不好,那是由于整个班级的结构使然。只要整个班级结构不变,教师与那个儿童的关系便不会真正好转。教师与那个儿童之间联结的线是怎样的,完全取决于他与班级全员之间联结的网线。只要联结教师与别的儿童的网线没有改变,那么,那个儿童与教师之间联结的网线就不会改变。

班级出现问题儿童,说明整个班级结构有问题。问题儿童是班级患病的一种病征,就像感冒时发高烧一样。感冒的病因是病毒,它集结于呼吸器官形成病巢,并由此产生种种毒素遍布全身,破坏了全身的平衡,导致发高烧。同样,"竞争原理"这一病原体集结于教师这一病巢,它使"纵向关系"这一毒素遍布班级全员,破坏了班级整体的平衡,结果出现了问题儿童这一症状。

就事论事地考察问题儿童的症状,不会发现任何问题。班级只要患病了,问题儿童便会陆续出现。要消灭问题儿童这一病征,就得治疗整个班级所患的疾病。为此,就得将病原体从病巢中驱除出去。就教师而言,倘若不清除"竞争原理"这一病原体,即使终止了一个儿童的问题行为,马上还会产生下一个儿童的问题行为。

这里把"竞争原理"视为病原体,或许会令人反感。我们知道,这样一种思维方式是占支配地位的:"儿童将来要通过考试这一竞争关卡,并且进入以竞争原理为支配重心的社会,因此就得早早准备,尽早体验竞争原理。"但这正是一切错误的根源。

"简直是胡说八道!"别急,听听我们的想法,虽然属于少数派,但我们有我们的理由。

让儿童们为成绩而竞争是当今学校的做法。这样让他们去竞争,班级将会变成什么样子呢?少数儿童一定会取得胜利,晋升入高等阶层,但大多数儿童势必属于低等阶层。按照成绩优劣从第一名至末名的顺序排列,进入前几名的儿童一定会自恃优越,认为"自己是最好的"。

如此一来,优等生组的儿童一定会认为"自己是冒尖人物",对差生抱有优越感,开始鄙视他们。另一方面,差生组的儿童们怀有自卑感,并对优等生组的同学既妒又恨。这样,班级便分裂为两半了。

班级一旦分裂,作为班级组织中的一个细胞,教师总不免偏于一方。处于教师周围的恐怕是成绩优秀的儿童,而差生组则离教师远远的。如果出现了问题儿童,那一定出在远离教师的差生组,因为"优等生是不会有任何问题的"。

为了帮助儿童,首先必须站在儿童那一边。然而,问题儿童出现在教师的敌对组里,教师处于问题儿童的对立面。当班级分为两半或若干互相敌对的小组时,教师只能抓住可以施加直接影响力的一组,而有问题儿童的一组,是处于教师"威风"以外的组。这样,教师只能束手无策,完全不能帮助本班的问题儿童。即使可以,充其量也只能激发问题儿童的敌对情绪,使对方更有遭到被嫌弃的感觉。

这里只是粗略地讨论了教师不能让儿童针对分数竞争的道理。不管是什么竞争,道理都是一样的。只要竞争原理被引入班级,就一定会产生问题儿童,教师也不可能帮到问题儿童。

因此,班主任需要暂且将问题儿童的个别研究搁置一旁,首先致力于使班级成为一个有机的共同体。为此,就得先从教师身上清除"竞争原理"这一病原体。

四、不要徒增心理咨询的人数

听了上面一番话,教师也许会下定决心,"那就让我们放弃竞争原理吧"。但是,顽固的上司会怎么说呢?家长们也不会轻易接受的。因为他们深信,"竞争原理乃是教育的基本理念"。如果教师抛弃竞争原理,就会背上"放弃教育"的黑锅。因此,我们必须武装一下理论,以便教师去说服他们。以下试一一道出竞争原理的弊端。

儿童们一旦竞争起来,"同学就全部变成敌人"了,班级也将四分五裂,从而可能对儿童的人格发展带来致命的影响。

儿童是在人际关系中成长的。对于学龄期儿童来说,伙伴是无价之宝,是最高级的教师,是最重要的体验。儿童正是在与伙伴的关系中彼此尊敬、相互信赖,体验彼此合作的喜悦,才得到受他人信赖的满足感、有益于他人的充实感、归属于团体的安心感等,摄取作为一个健康的人所需的精神营养。

婴儿的人际关系只限于与母亲的关系,如果与母亲的关系恶化,儿童的性格将会出现偏差。不过,一旦进入幼儿期,倘若在兄弟之间和父子之间依然拥有良好的关系,性格的偏差还是可以修正的。如果兄弟父子关系亦不好,到了儿童期,性格即使有偏差,只要在学校里有良好的伙伴关系,这种偏差依然可以得到改善。要是连这一点都不行,开始进入青春期时还可以有亲密伙伴,问题不大。再不行的话,真正进入青春期,只要与异性朋友有良好关系,性格还是可以正常化的。倘若连这个机会也丧失了,也许就会成为心理咨询专家的常客了。

"3岁之前的育儿方式可以决定人一生的性格",这种说法失之偏颇。3岁之前的教养当然会有影响,但决定一生性格的是从小学至中学时代。是否形成健康的个性,与儿童在伙伴关系中的体验密切相关。儿童体验到良好的伙伴关系,便可以从中学到许多东西,掌握健康的生活方式。

一个班级如果由于过度竞争而分崩离析,儿童们感到"同学全是敌人",那就不可能掌握健康的生活方式的诸多要素,其中一些人便会成为心理学家和精神科医师的常客。

五、与大量的差生形成对比的软弱的优等生

也许一些家长会强词夺理:"心理学总是讲得天花乱坠的。可现实中重要的是

学业成绩。我们期望学校的是让孩子们学习。不让他们竞争,孩子们的成绩肯定会下降的。"

在竞争中被看好的只有极少数能力强的儿童。对于大多数儿童来说,贯穿竞争原理的教育只会挫伤学生的积极性。因为对于这些儿童来说,迎接他们的只有失败。他们遭受多次"屈辱",久而久之,学习积极性便丧失殆尽,接着,学业成绩或是停滞不前或是节节退步,成为彻头彻尾的残兵败卒。

"不过,资优儿童一定会被激发学习的积极性。他们求得了发展,将来进入有名大学,不是为校争光了吗?"——明哲保身的上司也许会如此辩解。

一旦刺激了儿童的竞争心理,他们便会沉迷于胜负之争,耗费精力。也就是说,就会将原本用于课题探究的精力消耗在与他人无意义的较量之中了。问题在于儿童是否有能力解决某种课题,而不是和其他儿童相比较。如果注重后者,则儿童孜孜以求的就不是去体验解决课题的喜悦,而是体验一种鄙视他人的优越感。

在竞争原理之下,优秀儿童所获得的只能是这种结果。他们不是为学习的喜悦而学习,而是为战胜他人而学习。为战胜他人而学习的儿童只有在稳操胜券时才肯学习,但他们更加害怕失败。当他们发现似乎会失败时,一开始并不想拼搏。如果到最后关头仍未能如愿,一旦失败,就会在情绪上陷入恐慌,或是自责,或是攻击他人,徒然浪费了精力,却不能冷静地思考自己为什么会失败,怎样才能求得成功。

也就是说,在竞争原理的驱使下,优秀儿童的成绩也许是不错。但实际上,他们却成了一心求胜、只能取胜的儿童。成绩不稳定者,由于不能稳操胜券,不敢拼搏,于是会越来越落后。如此一来,大多数儿童都落后了,班级的平均分数将会大幅下降,而且优等生组和差生组儿童之间的差距将会越来越大。一方面是总生产力下降,另一方面是"贫富"差距扩大,班级"患病"就不可避免了。

在班级中,一旦产生少量软弱的优等生、大量丧失积极性的差生以及若干问题儿童,就既无所谓"优等生",也无所谓"差生"了。较之班级整体拥有积极性而从事学习的状态,您喜欢哪一种呢?决定的力量在于教师。凡贯彻竞争原理从事班级管理者属于前者,而摆脱竞争原理束缚的将是后者。

第 16 章 "班级病"恶化的原因

归属、赞赏、注目、权力、报复、无能力

一、儿童为归属于班级做出种种抗争

儿童最根本的需求是"归属需求"。对于人来说,归属于团体的需求比生存需求更强。正因如此,当人一旦感到自己的归属完全失败时,甚至可能会导致悲剧。因此可以说,人类行为的终极目标是"在团体中确保自己的一席之地"。儿童也是一样。班级里所有的儿童都是针对"确保自身在班级中的一席之地"这一目标而行动的。无论是适当或不适当行为,其目标终究是对班级的归属。这个大原则与班级制度无关。无论是基于竞争原理的班级结构抑或基于合作原理的班级结构,都是一样的。儿童行为的终极目标——"归属于班级"这一点是不变的。

基于竞争原理的班级中,儿童对班级的归属并不那么简单。因为所谓"竞争原理"是这样一种制度——只有满足了某种条件,你才被承认是班级的真正成员,否则,你在这个班级王国里便没有完全的公民权。儿童不能满足某种条件便不能完全归属于班级,诸如学业成绩、遵规守纪,都是构成这种条件的内容。

在受竞争原理支配的班级里,为了实现"归属"这一终极目标,儿童必须求助于特殊的抗争。在这种场合,儿童们展开的抗争有如下五种:博取赞赏、惹是生非、分庭抗礼、伺机报复、自暴自弃。

儿童的问题行为终究表现为这五种抗争之一。本章将阐述儿童的问题行为与这五种抗争之间的关系。

二、抗争之一：博取赞赏

在受竞争原理支配的班级里儿童所施展的第一种抗争就是博取赞赏。也就是说，"尽量争取老师的褒扬"。儿童一旦受到教师的褒扬，便获得"被老师赏识"的地位，以为可以确保自己在班级中的地位：一方面加强了与教师的关系，另一方面又受到同学的尊重，成为班级王国中的一级公民。

几乎所有的儿童从一开始便会施展这种手法。教师对儿童总是抱有期望的，期待他们在学业上、生活上都能采取社会所期望的行为。儿童也希望不辜负教师的期望，做出适当的行为。积极型儿童会拼命地努力学习，以提高学业成绩，他们性格开朗，会主动积极地承担任务；消极型儿童也会驯顺听话，温文尔雅。总之，儿童们一旦扮演了"好孩子"的角色，教师便会满足并关注他们；儿童也会兴高采烈，更乐意采取符合教师期望的行为。

您也许会说："这不是很好吗！"然而，这不是一种令人放心的好现象。因为在这种场合儿童行为的目的不是从事学习并与他人合作，而是要使自己成为教师和同学特别关注的宠儿。这类儿童所追求的"归属"已经被"夺取特权地位"的错误路线所替代了。

乍看起来无可非议的行为其实是不恰当的。一旦儿童未能得到所期望的褒扬或肯定，便会突然停止"好孩子"的行为。这种儿童不过是为了获取褒扬的"好孩子"，当褒扬的人不在场或未给予褒扬时，他便不想采取适当的行为了。

那么，"只要教师留心观察，适时对儿童的适当行为作出褒扬就是了"——也未必尽然。"好孩子"们终究是为博取褒扬而采取行动的。这些儿童对"差生"抱有优越感，逐渐发展为利己主义："只要自己受褒扬，不管他人受伤害。"这种儿童不可能学会和他人合作，并为共同体作出贡献。这种人倘若未能得到别人的肯定，便会丧失自信，他们时时为别人的评价而活。这种儿童对"丧失赞赏"存有恐慌心理，最终会受这种恐慌心理的摆布，沦为胆小的懦夫。也就是说，前文提到的"精神健康的人"，用这种方法是无法培养出来的。

三、抗争之二：惹是生非

为博取赞赏而行动的儿童一旦感到"自己已经那么好了，还是不能得到相应的褒扬"，或是"老师的期望太高，我已经无能为力了"，就会丧失从事建设性行为的积极性。一旦不想再满足教师的期望，这个儿童便会陷入失宠的恐慌。过去"老师满意"的角色、班级中拥有的特权地位，便不能再持续下去了，反而迫使他想出新的方法，以便在某种程度上维持其在班级中的特权地位。

在许多场合，这类儿童会想，"既然老师不表扬，那我至少要做得令人刮目相看"，于是开始采取不适当行为。这就是在竞争原理占统治地位的班级中儿童施展的第二种抗争手法："总得做出一些让老师和同学另眼相看的事情来。"

在这里面，有从一开始就得不到教师褒扬，径自采取第二种抗争手法的儿童。在奉行竞争原理的班级中，必定有一部分儿童是受"教师赏识"、满足了教师期望的，但也有未能尽如人意的"差生"。这类"差生"大多采取这种抗争手法。

积极型儿童往往得意扬扬，轻佻而满不在乎地妨碍教学，不断地抢话，不是为了学习，而只是为了打断教师。他们不断提问，或者"恶作剧"。不过，这类儿童很懂得分寸，见好就收，不致引起教师的愤怒。在许多场合，教师并不讨厌这类儿童。在教师看来，他们是"可爱的捣蛋鬼"。但别忘了，他们已经丧失了创造性生活的勇气，他们在班级中也想求得声望，不过是为此利用一下教师罢了。

消极型儿童的办法是不断地以"自己无能为力"为借口。一旦特别表现出病弱或是腼腆的形象，教师和同学自然会特别关照这类儿童。他们即使只做出一丁点儿的努力，也可能受到特别的褒扬，而且在不想做的时候可以什么也不做。然而，教师和同学帮助他们时，也许会以为自己做了好事而感到喜悦。这类儿童得到不必要的过分照顾，这无异于让他们从经验中学会这样一个观点："只要是弱小的人，不负责任也无妨。"

班级中若有千方百计惹是生非以引人注目的儿童，教师一方面会感到"这个孩子并不坏，但不能再放任他了，该提供一些帮助，否则……"，另一方面也许会感到"真烦人"。不过，教师对这类儿童并不是真的生气。倘若教师对班级中的某位儿童有这种感觉,就可以确定这个儿童正在采取这种抗争手法。

四、抗争之三:分庭抗礼

在儿童惹是生非手法的阶段,倘若教师完全忽视或者处罚这个儿童,儿童就会发现"这个方法不灵验",于是变换抗争手法。在受竞争原理支配的班级中,儿童所采取的第三种抗争手法就是"证明自己天不怕,地不怕,以博取同学的尊重"。换言之,儿童要与教师分庭抗礼。

积极型儿童以"反抗"这一方式来炫耀自己的能耐。这类儿童喜欢争执、顶撞,爱吹牛、爱发脾气,对教师吩咐的事偏不理,禁止的事故意做。任何人都会将他们视为问题儿童。对这类儿童,教师越是注意他们,他们越会变本加厉地采取不适当行为。

消极型儿童则明显地表现出怠惰的倾向。这类儿童完全丧失了学习积极性,不管怎么说,他都不学习,一副萎靡不振的样子,以至于生活也变得消极懈怠。对于教师来说,他们与反抗型儿童一样不可思议、难以对付。这类儿童即使是非反抗性的,也是彻头彻尾的不顺从者。他们不同于积极型儿童有"战必胜"的姿态,而抱有"别失败"的念头。

面对这类儿童,许多教师会暴跳如雷,感到"威信扫地","我得让他们明白,这个班级里究竟是谁最大"。于是,此举正中儿童的下怀。教师以强制手段改变儿童的行为,一厢情愿地认为自己既有正义,又有权力,不会输的。然而错了,教师越是挥舞正义与权力的旗帜,儿童越是顽固地采取不适当行为。教师要想支配或是强制这类儿童就范,99%会以失败告终。即使教师一时征服了这类儿童,日后他们会以更严酷的手段向教师报复。长此以往,教师是绝不可能获胜的。

这是因为教师的做法是完全错误的。教师的想法是:"我得好好教训他们,让他们知道那样做是不对的。"这是第一个错误。问题儿童,只要不是婴幼儿,都知道自己的行为是不适当的。尽管如此,他们还是认为:"只有采取不适当行为,才能在班级中争得一席之地。"他们以为,自己在班级里采取适当行为不能获得同学和老师的肯定,因而完全丧失了采取适当行为的勇气:"只有当我是问题儿童时,我才是班级的一员。"因此,即使对他们说:"喂,你知道吗,你在做坏事呀!"他们也许会回敬您一句:"是吗?我不知晓,谢谢你提醒我。"

第二个错误观念是,"好说歹说无动于衷,只好来硬的"。这是想以罚代教。然而,惩罚是有百害而无一利的。即使儿童害怕受罚,暂时停止了不适当行为,但只要施罚者不在场,他一定还会故态复萌。儿童也许会认为:"只要不被发现,做什么我都不怕。"其实,想借助处罚来减少不适当行为是异想天开,通常会适得其反,反而造成更多不适当行为。因为在几乎所有的场合,儿童就是因为受了罚才选择不适当行为的。受了罚而不屈服,在儿童看来就是一种胜利。这正是儿童所期望的。倘若施以体罚,儿童就会确立起"强者支配弱者"的信念。这无异于教唆儿童使用暴力。他们一定会想:"等着瞧,我要狠狠地报复你!"

这里试举一个浅近的例子。例如,某儿童抽烟,他自然知道抽烟是不对的,但还是抽了,因为他找不到归属于班级的方法。他的想法是:"我如果抽烟,同学一定会将我视为特殊人物,另眼相看。老师再也不能视而不见。如果老师叱责我,我依然照抽不误,那就证明我比老师强,同学就会更看重我了。否则,我若不再抽,又会回到差生的位置,同学会把我当成笨蛋,老师也会蔑视我。"

教师倘若为此对其加以训斥,结果可想而知。这个儿童一定会觉得:"好极了!老师对我也无可奈何,同学将对我刮目相看,我就可以在班级里占有一席之地了。"倘若教师施以体罚,即使一时压服了他,教师不在场时,他照样还会抽烟。"怎能听命于老师呢!"于是又理直气壮地沿用同样的手法,去争取他在班级中的一席之地。不管怎样,这个儿童是不会戒烟的。

因此,教师应当做的,不是叱责问题儿童,而是向他们传递这样一个信息:"即使你不是问题儿童,老师和同学都会将你视为班级的一员。"

您也许会反驳:"难道容许儿童抽烟吗?"非也。倘若容许这个儿童抽烟,而不容许别的儿童抽烟,那么这个儿童就会认为,"我享受特别待遇,我是特权阶层,我在班级里总会有一席之地的",于是继续采取不良行为。倘若如此,其他儿童肯定会群情激愤,"他能够抽,我们也来抽",进而陷于无政府状态。

教师也许会沉不住气地说:"又不能叱责,又不容许他抽烟,那么到底该怎么办呢?"前面反复说过,当班级里出现问题儿童时,就事论事是行不通的。还是暂时把问题儿童放在一边,先来研究一下如何改变班级的全员。因为班级中出现了问题儿童,说明整个班级已经"患病"了。

总之,如果教师对班级中的一个儿童生气了,一心想"教训教训他",那么,这正是那个儿童选择第三种抗争手法——"不输给老师"的证据。果真如此,无论教师想出什么计策,终将归于失败。

五、抗争之四:伺机报复

倘若教师坚持不懈,儿童会觉得"不管做什么也得不到赏识",或者"不管怎么吵闹打架也赢不了"时,就会开始采取第四种抗争手法——"赢不了,就报复"。这类儿童的悲剧就在于,他们错误地以为"是老师伤害了我,葬送了我的人生",于是尽其所能反教师之道而行,以为这样就能有效地刺伤教师。儿童知道,这样做也许会给自己造成更大的伤害。但是,伤害愈大,他们愈愤怒,"把我弄到这步田地的是老师,都怪老师",于是越发自我作践,自作自受。他们就这样可怜可叹,一心想着报复的手段。

分庭抗礼的儿童处处跟教师作对,"讨厌老师布置的一套,老师说东我偏向西"。一心报复的儿童并不想与教师正面冲突,仅仅是厌恶教师所期望的一些事情,并不想来真的,结果却陷入极度消极的状态。

分庭抗礼的儿童有他的那点"正义感",他们既不做"暴乱者",亦不当"坏人"。而图谋报复的儿童却毫不在乎地频频作恶,教师和同学都把他们视为"坏蛋"。分庭抗礼的儿童被一部分儿童视为"英雄",人缘不坏,但是图谋报复的儿童连同学也嫌弃之、憎恨之。然而,对这类儿童来说,他们反而对自己被全班儿童视为"坏蛋"感到无上荣耀。他们自以为取得了难得的胜利。他们就是以此种方法在班级中争得一席之地。

积极型儿童通常会断然拒绝教师所期待的一切。教师一旦说了什么,他们就会报之以污言秽语。或者,当看到对方的气势压过自己,则毫无表情地嘟哝"没什么""不知道",弄得教师咬牙切齿。他们与其说在人前,不如说在背地里干着种种破坏性勾当。这类儿童处心积虑地扮演"面目可憎者",蛮横无理。他们或是伤害同学、年幼弱小的儿童和动物，或是破坏班级的课桌椅和校舍，不讲道德，也喜欢毁谤他人。他们的所作所为已到了恶劣的地步。

消极型儿童则是面无表情地以自闭、生硬的神态郁郁寡欢地生活。他们不仅精神萎靡，而且非常乖戾、好斗。不管教师说他们什么，他们只是紧绷着脸，闷声不响，甚至怒目相向。他们有时外表极不整洁或有令人不解、生厌的怪癖，如收集奇形怪状的东西，讲述令人毛骨悚然的离奇事情；有时则制造一些使周围的人为之黯然神伤的气氛，让人感觉很不是滋味。

心中充满报复欲的儿童已经放弃了求得班级的归属，他们往往已更换目标，去追求归属于其他团体了。这里所谓的"其他团体"，指的就是不良集团之类。不良集团也与年龄有关。10岁以下的儿童通常是一面追求归属于班级，一面寻求报复的机会。但10岁以上的儿童寻求班级之外的团体归属的趋势则逐渐显著。

断了"归属于班级"念头的儿童会开始感到有归属于其他团体的需要。积极型儿童会在班级之外结成不良集团，或是加入已有的不良集团，沦为不良少年。消极型儿童则强烈地追求对自己家庭的归属，这种儿童很容易成为逃学儿童。

有许多不良少年一方面拥有班级以外的归属对象，另一方面又不完全脱离学校，从事不良活动。他们受到同学的嫌弃，却仍然上学。这种儿童把追求外部集团的归属当作是对班级组织的报复，加入不良集团，使教师恼怒、同学惊恐，从而在班级中确立了特殊的地位。

完全不来上学的不良少年和逃学儿童如果尚未遭到开除，也许还会企图对学校施加报复。这种儿童认为，即使不是当面触怒老师，"老师也一定在光火了"，于是感到在某种程度上已经复仇了。

在校外找到了归属团体的不良少年和逃学儿童，通常是一边对学校采取报复手段，一边为归属于校外的不良集团而采取种种手段。例如，他们在校内"报复"，在家里"分庭抗礼"，校内校外完全是两副面孔，判若两人。

尤其是初中以上的不良少年，他们对学校的报复往往会扩展为对所有成人、对整个社会的报复。这类儿童与整个社会为敌，决意采取破坏性行为。他们在多数场合成了真正的犯罪者。

教师面对这类儿童实在是伤透脑筋，一筹莫展。这类儿童洞悉"敌人"的弱点并能抓住这个弱点加以攻击。倘若班级里已经出现了问题儿童,而教师在与他们接触时表现出厌恶的神情,那么这类儿童肯定会对教师施以报复。

倘若班级里开始出现企图报复的儿童,教师往往无法应付。您越是给予帮助,他越是背叛您的期待。这类儿童完全不信赖您,决心作对到底。这类儿童的一切行为都在针对教师,欲使教师受到同样的伤害。

要拯救这类儿童,就必须和其他相关人员合作,例如与和这个儿童有关的其他教师商量对策。但假如这个儿童对学校中的教师均不信任,那就只能求助于专家了。

如果教师忠于工作,儿童就不至于陷入这种困境。不过,即使班上出现了这类儿童,只要教师全面改变班级规则和班级同学的态度,也许费时费力,但仍有可能博取这类儿童的信任。但是,要改造产生这类儿童的班级却是一件非常艰难的工作,没有极大的勇气是无法完成的。例如,教师必须在全班儿童面前承认自己过去所犯的错误。

六、抗争之五:自暴自弃

儿童在班级中竭尽全力去争得自己的一席之地,但终究以失败告终。这类儿童似乎已经绝望了,在班级里万念俱灰。他们认为自己一无是处,"我的人生失败了,也没有未来了",于是下定决心:"既然现在已经是绝望的状态,我是越做越糟糕,干脆什么也不做。"

这类儿童自我厌恶、自我痛恨,自尊心已经少得可怜,甚至可能萌发轻生的念头。这类儿童拼命地想维护自己仅有的那一点点自尊,于是设下绝不能比不上他人的防线,生怕被人家看成无能的笨蛋,只会逃避。

这类儿童通常不积极参加班级活动,装聋作哑,以免他人对自己有所期望或提出什么要求。于是,这类儿童往往被视为笨蛋,更严重的是,他们自己也这么以为。

在被视为笨蛋的儿童中,有许多属于此类。其实,这类儿童的智能比起外在的表现好得多,但由于积极性被严重挫伤,"没有出息",被抛弃了。这类儿童被人视为笨蛋却心安理得,他们采用的谋略是第五种抗争手法——自暴自弃。

如果教师给予这类儿童一点期望、一点鼓励，他们便会显得更无能。原本焦躁、担心的教师不久就会大失所望，以为"这个孩子真没出息"。这正是这类儿童求之不得的事。一旦教师完全不理睬他们，这类儿童一定是在施展他的谋略——"我就是不行，放弃我吧！"

要救助处于这种状态的儿童，只能求助精神科医生和心理学家。这类儿童的出现乃是"班级病"的晚期症状。

七、恶化的症结不在儿童而在班级

在多数场合，我们可以察觉到儿童的问题行为是一步一步恶化的。但这不是源于儿童自身的问题，而是班级的问题恶化所致。

一个班级中自然有形形色色的儿童，他们会展开各式各样的抗争。基于竞争原理的班级，一开始是由采取第一种手法（博取赞赏）和第二种手法（惹是生非）的儿童组成的。一旦出现了采取第三种手法（分庭抗礼）的儿童，说明班级的疾病已经不轻了。但只要有教师的决心与努力，还是有办法矫治的。当出现采取第四种手法（伺机报复）的儿童时，单凭教师的努力已经无济于事了，必须有外来的"输血机制"。当出现采取第五种手法（自暴自弃）的儿童时，显然是晚期症状，必须实施特殊的战略措施。

由于儿童在以前的班级里已经拥有这些手段，因此班级的初始状态未必只由采取前两种手法的儿童组成。儿童会想，"老师都是一样的，哪个班级都一样"，于是在新的班级里沿用了在以前班级采取的手法。因此，从一开始也许就有采用第三种或第五种手法的儿童。

不过，倘若新的班级结构更加健康，有的儿童就会发现这个老师不一样，这个班级也不一样，他们自然会放弃不合时宜的手法。因此，在新的班级里，年幼儿童少则数日或数周，年长儿童多则两三个月，就会摆脱以前班级的阴影，开始在新的班级制度中活跃起来。也就是说，您的班级里即使有分庭抗礼和自暴自弃的问题儿童，也未必是以前的教师所致。

必须再次强调，班级疾病无论进入哪一个阶段，首当其冲需要研究的不是就事论事地处理问题儿童,而是寻求整个班级制度的变革。一方面在班级中遍撒有毒的"燃气",另一方面又想拯救中毒的儿童,这简直是荒谬绝伦。首先得拧紧燃气的开关,让外边的新鲜空气进来,使每一个问题儿童恢复元气。如果还是无法恢复,就得考虑让他们"吸氧"了。

第 17 章　您属于哪一类教师？

纵向关系、横向关系、专制型教师、
放任型教师、民主型教师

一、谁是造成班级病理结构的元凶？

　　班级中人际关系的结构乃是一切问题的根源。这不仅仅是问题儿童的问题，"好儿童"也有着根深蒂固的问题。只要班级结构不健全，所有学生在某种意义上说都是问题儿童。不全面改革班级结构，学校这一工厂的"次品率"只会居高不下。

　　班级的人际关系结构大体可以分为两类：纵向关系与横向关系。所谓"纵向关系"是指师生之间或者学生之间的某种上下级关系结构，所谓"横向关系"则是指师生之间、学生之间完全平等的关系。

　　基于竞争原理的班级管理旨在形成班级中的纵向关系。因为，教师只要让儿童竞争，就会导致满足教师期望的儿童的地位高于未满足教师期望的儿童。而且，贯彻竞争原理的教师也必然会凌驾于儿童之上。在这样的班级里，就会形成以教师为顶点的金字塔结构。而位于金字塔最下层的儿童一定会开始"犯上作乱"，企图把高居于自己头上的同学拉下马来。最后，享有最高权威的教师亦将无法自保。

　　因此，"竞争原理"与"纵向关系"乃是一体的两面，是切不断的关系。如果说竞争原理是病原体，那么纵向关系便是病原体释放的毒素。在班级中，只要有"纵向关系"，就一定会出现问题儿童。

　　导致班级中出现"纵向关系"的元凶是教师。只要教师凌驾于儿童之上，班级便一定会以纵向关系的方式运作。如果教师高高在上，要在儿童之间形成完全平等的

"横向关系",简直是做梦。

当然,儿童们是在家庭和以前的班级中已经掌握了"纵向关系"之后,才加入新的班级的。不过,如果教师与他们形成"横向关系",他们就会在短期内发现"横向关系"的魅力,从而抛弃"纵向关系"。班级的结构是教师和学生之间的合作,而界定这种合作的力量,教师远比学生大得多。因此可以说,造成班级中的"纵向关系"者是教师。

只要教师未能站在与儿童完全平等的立场,未能形成完全的"横向关系",班级便会以"纵向关系"的方式运作,便存在病理结构。

教师也许会反驳道:"师生怎么可能完全平等?"只要教师也作如是想,儿童一定会这么认为:"我跟老师完全平等,不可能!""我一定要证明我比老师更重要。"于是,他们或是博得教师的欢心,鄙视别的同学;或是成为班级中的讨厌鬼,令人畏惧。总之,会发生各种问题行为。

在班级建设上拥有最大力量的是教师。班级发生了问题,一定是班级经营发生了问题,也就是教师做法失当。要改造班级经营,教师必须先自我诊断,明了自己究竟属于哪一类教师。

大体说来,存在三类教师:专制型、放任型、民主型。以下分别加以说明。

二、教师成为专制者的原因

许多教师是在懵懵懂懂之中成为班级的支配者的。他们分不清好坏,甚至把坏的误认为是好的。当我们建议他们抛弃竞争原理采用合作原理,摆脱纵向关系确立横向关系时,许多教师会显得无所适从,束手无策。有的教师甚至会愤然反驳道:"这样做,还能称其为教育吗?""这简直是溺爱无度……"可见教师们的竞争原理信仰是何等坚定,所中纵向关系之毒何其深重。究竟是什么原因造成了这种状况?

任何一位教师并不是从一开始就是权威主义式的支配者。教师刚刚上任时也许会下定决心:"我绝不会成为权威主义式的支配者。我要好好听取学生的意见,并贯彻到班级经营中去,做一个民主型教师。"然而,一旦接触了现场,儿童们各式各样的要求和意见往往是其始料未及的。于是新任教师便想道:"要倾听所有儿童的意见并且一一落实到班级经营之中,使整个班级形成一个团体,看来是难上加难的。"于是就会偏离自己的初衷,认为"唯有使儿童们服从我的旨意,才能统一班级,舍此别无他法了"。教师一旦下了这种决心,会感到浑身轻松。因为这种办法非常简便,只需命令儿童服从,惩罚不从者就行了。儿童们则是怀着恐惧的心情,循规蹈矩、战战兢兢地学习。整个班级表面看来是统一了,教师似乎也恢复了自信心。然而,儿童们遵纪守法的喜悦、学习的喜悦,却丧失殆尽了。

这种教师是专制型教师。一些有抱负的教师会在一念之间沦为这种类型的教师。这种教师喜欢学生听命于自己,对不服从者动辄发怒。他们的话就是指示、命令、强制,或是批评、威吓和谩骂。无论在生活和学习方面都尽量限制儿童的自由,让他们跟着自己的思路走,管理与支配儿童的一切行为。这种教师会不由自主地压抑儿童的独立思考或者创造性的发挥。

专制型教师就像站在高台上阅兵,满心喜悦地看着队伍行进的独裁者那样自鸣得意,"我是多好的教师",儿童个个俯首听命。他坚信自己的做法完全正确。然而,倘以此种态度去藐视班级的儿童,不久便会激起他们的反抗,凭借教师的权力支配班级的日子也就不长了。

用强制的、动辄惩罚的手段逼迫儿童合作,乃是封建社会中流行的"统治—服从"这一上下级关系的传统手法。沿袭这种传统手法的教师是历史的遗物。

现代儿童应当学习的是民主的优越性,以及如何维护民主。专制型教师,不管他的宣言何等豪迈、动听,观其行止,便知道是反民主的。儿童们不可能从这类教师身上领会民主的真谛,学会民主社会中理想的生活方式。他们能够学到的,不过是"权力就是一切",一旦自己有了权力,就可以统治弱者这一类"权力崇拜";不过是"一旦被握有权力者看中,便能在其保护伞下恃强凌弱"的"狐假虎威";不过是在强者面前装模作样,背地里却干着卑鄙勾当的"机会主义"。

专制型教师往往是越俎代庖者。在他们看来,儿童"无须独立思考和行动,只要按照老师的意图行事便万事大吉"。如此一来,儿童便丧失了学习应当如何对待自己的人生课题、应当如何待人接物的机会。当学生尚在年幼阶段,他们的课题由成人代为解决是简单的。不过,随着年龄的递增,他们的人生课题将会愈益复杂,连成人也无法代他们解决了。这时他们就会抱怨,"解决我的人生课题是成人的责任,你们成人为什么袖手旁观？"，于是开始攻击成人。

专制型教师必然会使班级充满基于竞争原理的纵向关系，因为儿童必须为了争取教师的器重而展开竞争，结果衍生出基于竞争原理的班级管理的一切弊端来。在这里，所谓"好儿童"不过是鄙视同学、采取"好"的行为，亦即教师期望的行为。这种儿童的学习不是为了获得学习的喜悦，而是一心博得教师的器重。他们生怕自己被视为差生，列入自己瞧不起的差生行列，仅此而已。

三、无为而治的放任型教师

教师也许会说："我绝不是专制主义者。我认为所有儿童都不坏，因此我容许儿童的一切所作所为。因为不管他怎么坏，总有一天会醒悟过来的。"这正是放任型教师的表白。

一些心理学家主张"撒手不管，任其自然，这样就可以茁壮成长"。这是胡扯！如果是玉米，只要有水，有阳光，也许就可以自然成长，人可不行。他不学会应当掌握的知识、技能就不可能长大成人。事事撒手不管的教师似乎就受到这种心理学主张的误导。遗憾的是，这是"玉米心理学"而非人的心理学。"玉米心理学"对于人的培育是毫无助益的。

也许有人会反驳："有爱心就够了。"是的，教育必须有爱。但另一方面，教育也需要技术。没有爱的技术是危险的，而没有技术的爱则是无力的。我们相信，人世间大概不存在没有爱心的教师。问题在于技术。放任型教师什么技术也没有。如此说来，或许掌握了错误技术的专制型教师在某种意义上较为管用，他们虽然使儿童怀有恐惧心理，但毕竟能往前推进一步。放任型教师的班级儿童只能原地踏步，甚至"不进则退"。

不分青红皂白地宽容儿童的一切言行，使他们以为自己可以"为所欲为"，那么他们绝对学不会对自己的行为负责。放任型教师所做的无异于纵容儿童"尽情玩乐吧！"这样，一些儿童会成为手中握有权力的领袖，另一些儿童则往往出现跟年龄不相称的、幼稚可笑的行为。

这类教师的班级很快会分崩离析，丧失有机统一体的生命力。这样，教师就无法把握班级里究竟发生了什么。这类教师并不崇拜"纵向关系",不过,"横向关系"也不存在。教师和学生、同学和同学之间不过是物理空间上的凑合,在精神上完全是疏远、离散的。这种班级有群体但无组织,不存在有意义的关系,所以不过是一群乌合之众。

放任型教师刚刚上任时一定是满怀热忱、富有责任感的。但是,当他被形形色色的儿童和各种离奇古怪的要求、意见吓坏了,终于丧失了自信:"我实在无力把这个班级治理好。"也许正巧在这个时候,他接受了"玉米心理学家"的说法,以为这就是"法宝",于是认为"大可不必操心,只要无为而治就行了"。这里面,有着"玉米心理学家"们所标榜的作为一个普通人应当遵守的节义与分寸。

人世间最容易受骗的人是谁呢?就是自己。放任型教师就是在欺骗自己。他们是完全不负责任的教师。在他们看来,如何培育儿童是次要的,最重要的是自己如何舒舒服服地过教师生活。不过,他们在口头上并不承认这一点。倘若有人质疑,他们一定会辩称:"虽说撒手不管,但只要充满爱心,悉心照料,儿童一定会好好成长起来的。"这是自欺欺人。听其言,观其行。这种人显然毫无责任心。

"横向关系"与放任的主张是大异其趣的。在"横向关系"中教师发挥身为一名教师的作用,学生承担作为一名学生的责任。教师和学生、学生和学生齐心协力,一起解决问题。班级是一个生机勃勃的有机组织,绝非无秩序的乌合之众。既非专制,也非放任,真正的民主是基于"横向关系"的班级经营原理。

四、如何当一名民主型教师

您赞同"教师与学生作为一个人是完全平等的"吗?答案如果是肯定的,那么您就是一名民主型教师。

试举例说明。一位幼儿园园长讲起一件往事:有几个儿童破坏班上的物品,于是老师集合全班儿童问:"班上的东西被弄坏了,真糟糕。你们看怎么办呢?"结果,儿童们做出了一个规定:"不准弄坏班上的东西。"老师再问:"这个想法好极了。不过,如何才能不弄坏东西,又能好好地玩呢?"儿童们提出了一些办法。但是,就在这个规则制定后的第三周,有一个儿童弄坏了伞,于是老师说:"哎呀!伞骨被弄坏了。以后要是下雨可糟了。"老师的语气非常冷静柔和。于是这个儿童坦然地说："用胶水粘纸条贴上去怎么样？"老师说："那好，不过管用吗？"然后同那个儿童一道修伞。一周后下雨了，伞一撑开便坏了。从此以后，再没有儿童损坏班上的东西了。

在这个班级里有规则，制定规则的是儿童自己。儿童通过讨论知道应当如何遵守规则，而且这种规则不是靠惩罚来维持的。规则之所以得到遵循，源于儿童们的自觉。

这里的教师既非专制型，亦非放任型。他（她）不过是帮助儿童提出问题、主持讨论，并使儿童通过自身的经验亲自发现答案的民主型教师。

五、教师易犯的五种毛病

如何才能基于这种合作原理确立"横向关系"，这个问题留待下章论述。本章旨在考察教师容易持有的错误信息。我们接触到各种类型的教师，发现许多教师为怪异的倾向所纠缠并引发种种病态。举其代表者有如下五种：求全病、检讨病、规划病、苦干病、习惯病。

（一）求全病

一个人最重要的是要有"金无足赤，人无完人"的勇气。许多人总在追求完美无缺，为此徒然浪费了不少精力。在这种人看来，"只有当我是十全十美时，我才心满意足"。这是极其幼稚的想法。

抱有这种想法的人，他的自发性与创造性几乎被糟蹋殆尽。倘能自发地从事可发挥创造性的工作，自然是好的，但需要面对失败的危险。抱着"唯有十全十美才心满意足"想法的人，唯恐失败，不敢挑战，一心指望成功。这种人往往胆小如鼠，难有作为。

倘若一名教师不容许儿童失败，一旦失败便惩罚、嘲讽，儿童一定会认为"只有当我完全成功时，我才能成为班级的一员"，甚至会认为"既然不可能十全十美，何必过于认真！"

不能打击儿童接受失败的勇气，"求全责备"的要求可以休矣！重要的是任何时候都要具备勇于接受挑战的精神状态,而不是一心只想成功。

如果要当这样一种教师,首先得摆脱这种"求全病"。人世间不存在十全十美的教师,教师也不是十全十美的人。如果坚持"要准备好十全十美的课,展开十全十美的教学,从事十全十美的班级经营,成为十全十美的教师",或者"儿童完全理解并能解决我所提出的问题",那就是一个危险的信号,儿童将会被导入同样的歧途。教师本身首先得有勇气承认自己并非十全十美,否则儿童将不会拥有这种至为重要的勇气。

(二) 检讨病

儿童一旦出现不适当行为,许多教师会条件反射地要求其作检讨。然而"检讨"这个东西一般是不起作用的。人就是这样一种动物:一边反省过去,一边又犯同样的错误。每个人都有一些不适当的行为模式。例如,某些人时时提醒自己"别感情用事""别浪费时间",但事后认真回想起来又后悔莫及:真是"江山易改,本性难移"。只要稍微冷静地考虑一下,便可明白"检讨"实在是无助于摆脱不适当的行为模式的。

感情用事的检讨尤其有害,不适当的行为模式照样会反复出现,于是更加感情用事,导致自我嫌恶,乃至发展到自暴自弃的地步。

无论是成功还是失败,过去的已经过去了,这是无法改变的。终日苦恼于逝去的往事只会被往事牵着鼻子走,迷失于现在与未来。问题在于"现在该如何努力"。我们必须直视现实,尽可能把精力用在现实问题的解决上。"检讨"这个方法只能作为"今日该如何做"的一个参考罢了,而且,它也没有什么了不起的参考价值。

要摆脱不适当的行为模式,就得清楚地认识如何正视现状,采取哪种行为才能替代原先的行为模式,并通过练习加以掌握。像上面举的例子,老师不满足于儿童制定"不破坏东西"的规则,而是要他们懂得怎样才能在游戏中不损坏公物。即使有了改过的决心,要付诸实施也绝非易事。因此,需要知道在同样的状况下如何才能采取更适当的行为。

教师自身首先必须摆脱"检讨病"。许多教师是这种"检讨病"的患者,愈是检讨愈是自我嫌恶,而且一旦检讨了,往往会误以为事情已经过去,只管大步前进。

（三）规划病

"制订规划"，这也是许多教师念念不忘的。我们不妨制订直到老死的一生的日历，这样就可以领略到"规划"是何等的枉然无用，它会剥夺多少喜悦，会使人生无比枯燥乏味。

您也许会说："人的一生不可能一一预定好的。即使写进了日程也不过是一种幻想。"确实如此，规划不过是一种幻想，人生是不能规划的。人生就像在热带丛林中探险，下一秒钟将会发生什么是无法预料的，而这正是人生的价值。倘若对今后人生的每一步会发生什么事情都了如指掌，人生就没有趣味了。能预测旦夕祸福的人生是懦夫的人生，真正有勇气的人喜欢在原始丛林和沙漠中探险。这样一来，班上的"好儿童"是懦夫，而在问题儿童中，或许有大智大勇的人。

您也许会说："不让儿童们订立规划，他们将一事无成。"这无异于在宣称："我根本就不相信儿童。"那么，儿童肯定是一事无成的了。然而在这里，信赖儿童是非常重要的前提。

（四）苦干病

"加油！"一语通常只会挫伤儿童的积极性，当成绩好的时候，这句话的意思是"好好做不就行了吗"，或者"再加把劲"；成绩坏的时候，则是"别偷懒""加把劲"。因此，这种说法通常起的是负面作用，这类语词有着莫名的负担，反而使人丧失了积极性。

"学习"并不是什么苦差事，您也许会想到"学海无涯苦作舟"的说法，但这是大错而特错的。从一开始就以"学习是苦差事"为前提的话，儿童就不会喜欢学习了。还是孔子说得好："学而时习之，不亦说乎？"

刚刚踏进学校门槛的儿童充满着认知的好奇心，到底是谁令儿童讨厌学习的？正是认定"学习是苦差事"的教师们。真正的学习自始至终都是其乐无穷的。

学习需要精力，但这绝不是克服厌倦情绪的一种苦干，而是寻求求知乐趣的精力。

如果教师逼迫儿童去苦干，那他就是一名"苦干病"患者，教师自己也会丧失学习的乐趣。一旦领略到学习的乐趣,就绝不会感到学习的艰辛,这种教师会使儿童乐于学习,不会感到学习是一件苦差事。

(五) 习惯病

许多教师热衷于"养成孩子良好的习惯",诸如学习习惯、寒暄习惯等。

然而,养成寒暄的习惯是否必要?也许可以把习惯性条件反射式的点头称为"寒暄",但寒暄是对对方从心里表示敬意的一种交际方式,一旦沦为"习惯",就失却了寒暄的本意。儿童只需了解寒暄的方式就可以了,当他们觉得有必要寒暄时,一定会自然而然地表现出来。

确实,有一类行为必须通过练习才能掌握,例如游泳和外语会话,但这只限于需要有头脑和肌肉的复杂协调运动的一部分行为。只要头脑清楚,大部分行为方式随时可以实现,这种行为无须习惯化。寒暄是无须头脑和肌肉的复杂协调运动的动作,所以也就不必加以习惯化。

如果儿童对教师冷若冰霜,那是因为他们觉得没有必要与教师寒暄,也就是说,他们对教师缺乏敬意和感情。这不是儿童没有养成寒暄习惯的问题,而是儿童对教师既不尊敬亦无感情的问题。

"学习习惯"是一个奇怪的概念。儿童如果喜欢学习,即使未"习惯化"也照样会孜孜不倦,不学习并不是因为未习惯化,而是学习无乐趣。而学习无乐趣则完全是"视学习为苦差事"的教师一手造成的。

著名德裔美国指挥家托马斯(T. Thomas)这样说过:"不存在一开始就不好的合唱团,只存在不好的指挥。"确实如此,不存在原本就不好的班级和儿童,唯一存在的是不好的教师。

第 18 章 如何使儿童学会合作？

合作原理、平等性、相互尊重、相互
信赖、替代方案、"怎么办？"、请求
语气

一、只放弃"竞争原理"也许会更糟

如前所述，基于"竞争原理"的班级管理是一切问题的根源，不铲除这个根源，问题便不能得到根本解决。

但是，仅仅抛弃"竞争原理"会导致完全的无原则，使班级完全陷于类似无政府主义状态。不确立起替代"竞争原理"的新原则，问题儿童还会陆续产生，且教师对已经产生的问题完全无能为力。

试举一例。这是某托儿所4岁儿童班的事。刚开始时，一位老师以高压手段控制这个班级，入秋后她请产假，换了另一位慈祥的老师。她看到儿童做了一些不恰当的事，总是小声地说一句："不许那样！"然后什么也不过问。儿童们开始毫不在意。一周之后，整个班级便处于完全的无政府状态了。

原本教师以专制的"竞争原理"来管理的班级突然转为放任的管理，班级陷入了严重的混乱之中。儿童们一齐反叛，发泄压抑已久的愤懑情绪。在专制气氛的班级中，儿童们胆战心惊地听从教师的摆布，他们学会的只是"恃强凌弱"。一旦换了教师，儿童们就会想"和这个老师比比看，看谁强"，于是采取种种不适当的行为，向教师挑战。教师如果软弱无力，他们就会认为："这个老师比我们还弱，我们不必听他那一套，可以为所欲为。"这样，班级就处于无政府状态了。

这样看来，仅仅抛弃"竞争原理"并不是一个好的替代方案。我们无论如何必须引进可以替代"竞争原理"的新的指导原理。

二、以"竞争原理"为基础的教育能否培养出竞争社会所需要的人

竞争原理最好的替代品就是合作原理。

儿童们必须学会的最重要的一件事就是"人不合作便无法生存"。如果以竞争原理来支配班级，儿童们便会丧失学会"合作"这一最重要的原理的机会。

或许有人会说："现代社会是一个竞争社会。不求胜负能够生存下去吗？"事实恰恰相反，只有抛弃了竞争原理，以合作原理生存的人，才能适应迅速变化的现代社会而生存下去。

其理由之一是，以"合作原理"生存的人不去比较自己与他人，只是全身心地投入自己想要做的事。这一点非常重要。奉"竞争原理"为圭臬的人，总是时时跟他人作比较，成天怀疑"人家是如何看我的"，徒然浪费了不少精力，对真正需要费心费力的事却不屑一顾。相反，以"合作原理"生存的人，"他人如何评价我不在乎，问题在于我该做的事做得怎样了"，因此随时随地全心投入自己所要做的事。只要坚信自己是正确的，就能表现出气盖山河的气概，"一夫当关，万夫莫开"。

不过，这并不是说以"合作原理"生存的人是顽固派、独善其身者，他知道应当和别人合作，这就是持"合作原理"的人胜于持"竞争原理"的人的第二个理由。对于持"竞争原理"的人来说，他人是敌人，这种人时刻怀疑对方，因此不可能有良好的合作关系。相反，持"合作原理"的人并不把对方视为对手，而时时以一个朋友、一个合作者的身份和他人打交道。这种人所关心的并不是"他人为我做了些什么"，而是"我可以为他人做些什么"。这种人一方面知道"我过我的人生，我不是为博得他人欢心而生存的"，另一方面也知道，"他人过他人的人生，他人也不是为博取我的欢心而生存的"。这种人既珍惜自己，也珍惜他人。

信奉"合作原理"的人强于信奉"竞争原理"的人的第三个理由是，前者光明磊落、胸怀坦荡。靠"竞争原理"生存的人时时抱有"一旦失败可不得了"的恐慌心情而采取行动，因此他总是不幸的，得不到人生的真正快乐，即使胜了也还是忐忑不安，

一旦败了便陷入恐慌。而以"合作原理"生存的人把胜负看得很淡，一心求取人生的乐趣。因为有乐趣，他就能认真进取，但不至于不择手段。他总是积极的、乐观的，他不是为了摆脱不安、恐慌和自卑感而采取行动，而是积极地设定目标，并且愉快地追求目标。

正因如此，如果能以"合作原理"生存，无论在任何地方都能享受到生活的乐趣，无论什么变化都能泰然处之。教育的一大目标就是"培养儿童的生活力"，唯有基于合作原理的教育制度才可能实现这个目标。

现行的教育体制是建筑在严酷的竞争原理之上的。因此，大凡求学的儿童从小学开始就已经牢牢地掌握了"竞争原理"，而不是"合作原理"。学校的运作彻头彻尾地贯彻了"竞争原理"，这对于儿童来说是最大的不幸。在这个过程中，儿童很快会丧失"生活力"，渐渐成为懦夫、失势者、利己主义者。现在有些儿童所关心的只是自己，在他们的头脑中，根本不存在什么"奉献""帮助"，有的只是自身的安全和利益。这实在是一大悲剧。

个别儿童精力充沛地追求权力，以校内暴力的方式对学校这一现存的权力展开挑战。他们要证明自身拥有彻底变革学校体制的能力，但他们的才华用之不当。儿童之所以不善于发挥自己的才华和智慧，就在于学校乃是竞争的场所。师生之间倘若摆脱了"竞争原理"、确立起"合作原理"，那么学生之间也会摆脱"竞争原理"而确立起"合作原理"。我们坚信，学校倘若成了合作的场所，儿童们就一定会把原本用于分庭抗礼、自我伤害和破坏社会而徒然浪费的精力与智慧，有效地用于合作、自我成长与社会建设。

三、真诚地尊重儿童

那么，怎样才能在班级中实现"合作原理"呢？本节将予以具体讨论。

首先应当了解的一点是，所谓"合作"，无非就是"平等"。只要教师将自己凌驾于学生之上，发号施令，贯穿"合作原理"的教育便不能产生。别忘记，教师和学生是完全平等的，这是一切工作的基础。不确立这一观念，无论做什么都必然违背"合作原理"。

教师也许会愤愤不平："身为教育者的教师和受教育者的学生怎么能够平起平坐呢？"岂不混淆了"社会分工"与"人的价值"。教师教，学生受教，不过是角色的分工，不能就此认定教育者的价值高于学生的价值。无论教师抑或学生，成人抑或儿童，作为人的价值是不分尊卑贵贱的。教师和学生完全是等值的人类伙伴，这和年龄、能力、社会地位毫无关系。等值的人，有的出生早些，充当了教师这一角色，有的出生晚些，充当了学生这一角色，仅此而已。

教师和理发师相比，哪一方价值高呢？倘若这样设问，证明您是一个歧视论者。职业不分贵贱，职业教师和作为职业学生的儿童之间的关系也是一样。如果您认为教师的价值高于学生，就无异于教学生学会"歧视"。

您也许会反驳说："这是诡辩。不是教师在上、学生在下，而是成人在上、儿童在下。"在21世纪的现在，这一套封建思想早已落伍。为什么非得成人在上、儿童在下？相反，儿童在上、成人在下的观点，或许更合逻辑，因为年轻一代远比我们强。倘若我们的见解和年轻一代的见解对立，也可能后者才是正确的，因为他们年轻，创造新时代的是他们，他们的见解无论何时都是重要的。我们应当倾听他们的心声，因为这是来自未来的呐喊。我们应当真心诚意地对待他们、尊重他们，因为他们是继承我们事业的接班人。

所谓"平等"，就是"相互尊重"。在"合作原理"之下的平等不是"平等的竞争对象"。我们尊重儿童，这样，儿童也就学会了何谓"尊重"。一方面蔑视儿童，另一方面又要儿童尊重我们，这是不可能的。如果您一直凌驾于儿童之上，儿童充其量只是害怕，却绝不会尊重您。

班级里的儿童是创造明日世界的人，仅就这一点也值得我们尊重。当我们不复存在于这个社会时，这些儿童将会继承我们未竟的事业，并超越我们。成人应当在儿童来到这个世界之前，为他们创造一个没有核武器、没有公害等威胁人类生存的灾难，以及产生这些灾难的原因——"竞争原理"作祟的世界。儿童们一定会比我们活得更聪明，会克服我们的愚蠢，创造出更加美好的明天。

坐在后排打瞌睡的那个儿童，也许就是未来的爱因斯坦第二；心不在焉地看着窗外景色的那个儿童，也许就是未来出色的诗人；那个淘气的小女孩将来也许是温柔的护士。不管哪一个儿童，他们都前程无量，他们是人类的宝贝。尽管他们还是一块块有待雕琢的石头,但终将成为闪闪发光的宝石。尊重儿童吧,他们是人类的希望!

四、完全信赖儿童

要教育儿童,就得和儿童建立起信赖关系。没有相互间的信赖,便没有教育。这里的"相互",强调的是教师方面的主动。所谓"相互尊重",首先指的是教师尊重儿童;所谓"相互信赖",首先指教师信赖儿童。倘若教师不信赖儿童,却要儿童对其信赖,那简直是愚不可及。

信赖不同于相信。所谓"相信",是指由于有可相信的依据才相信;若无可相信的依据便不相信。所以,相信基本上是立足于"不相信感"的基础之上的,即"相信"是指"当你如何如何时,我才相信你"。而"信赖"则不然,即使没有信赖的依据,也信赖儿童的能力,坚信儿童"一定可以办好"。就像递过一张空白支票给他并对他说:"我相信你不会乱花的,请好好支配吧!"

相信是有附带条件的,而信赖则没有任何条件。如果教师对班级儿童的"相信"是附带条件的,一定会疑神疑鬼,心想"这个儿童会跟我作对吧"。于是,教师会下意识地收集儿童的缺点和过错。这样,儿童也会收集教师的缺点和过错,以至于师生间相互不信任。相互信赖关系无法从附带条件的相信关系中产生。

倘若不折不扣地信赖儿童,儿童一定也会报以信赖。不折不扣地、完完全全地信赖儿童,而他却加以背叛,这是极为少见的。

试举一例。这是一个不良少年的故事。姑且称他K生吧。他在初一之前还是一个老实不显眼的孩子,然而一度学业成绩低下,到初二上学期时,他开始逃学,整整旷课两周后才来上学。这时,他染了一头金黄色头发,身穿违反校规的服装,判若两人。教师们吃了一惊:"你以前是老老实实的乖孩子,我们信赖(应该说是'相信')你的,但你现在变坏了。"教师们纷纷言辞激烈地批评他。但K生当作耳边风,依然我行我素。就在这期间,他跟社会上的不良集团搭上了。他的操行急剧恶化,数次光顾警察局,最后终于被送进儿童教养所。总算挨到了毕业典礼。毕业典礼当天,他穿了一身奇装异服,日后成了人们的笑柄。虽然毕业了,但他既不能升学,也不能就业,成天和伙伴们到处游荡。只是有一点变化,那就是他的服装改为普通的便装了——普通的裤子、T恤衫,也不染发了。

辅导老师在毕业典礼前夕对他做了次咨询,问他:"毕业了,老师就不会再训斥你了,想必一定很高兴吧!为什么要换成普通服装呢?"他的回答出乎意料:"正因为不受训斥了,就是穿了奇装异服也枉然。"

这是实话,这里有他违反校规穿奇装异服的目的。他解释道:"一开始,成绩下降了。我想,那样同学们会把我看成笨蛋,像我这种人成绩若是再坏下去,不就是一个大笨蛋了吗?也许会受到人家的戏弄,因此便逃学了。不过,我不想一直逃学下去。考虑再三,如果穿上奇装异服的话,大家一定会吓一跳,他们也就不敢再戏弄我了。于是穿了一身奇装异服上学。当我受到老师训斥时,很是害怕,但我强作镇定,一心想'别输了',否则就完了。这样,班上的同学就会以尊重的眼光看待我。不良团体的人也会说我'有骨气',他们就会对我客气起来,使我浑身感到舒服。"

于是老师再问:"如果当初你来上课时老师说:'你来啦?太好了。我们正等着你呢!'没有半点责备之意,你会怎么样呢?"他考虑了一会回答道:"在一二周内我不想脱下奇装异服,变成普通同学。一再受到老师的训斥才显得潇洒。一人做事一人当。乖乖顺从不是地道的笨蛋吗?"

当K生穿奇装异服上学时,倘若教师真正相信"他一定有什么想法",与他交谈,而不是贸然动怒、张口大骂的话,他也许是另一种表现,也许不会沦为"不良团体"的一员了。

儿童就是这样思考和行动的。几乎在所有场合,不良少年都不会认为自己所做的是对的。他们明明知道这是不适当行为,但别无良策,只好不得已而为之了。要在"班级和学校争得一席之地",他们唯一想得出的办法就是违法乱纪。

"在班级和学校里争得一席之地"这一动机本身是善是恶?这当然是善。不要忘记,儿童们即使采取了不适当行为,他们的终极动机依然是善的。请相信这一点。因此,教师可以对学生说:"你就是不做出轨的事,也还是有你的位置的。"倘若教师或者同学都对K生说"你不穿奇装异服,能来上学就好"的话,他一定会成为一个好学生。

有的教师也许会反驳道:"不能容许个别学生违反校服规定,否则很难约束别的学生。"那么请问,作出规定究竟是为了什么?不是旨在防止违纪吗?但这种规定反而促使学生违纪。那么有问题的到底是儿童还是规定?

针对校服规定,师生之间形成了分庭抗礼的结构,学生为了挑战教师权力而违反校服规定,教师则取缔这种违纪行为,以显示自己手中握有的权力。在我们看来,这所学校中运作的就是这种竞争原理。有的规章制度倘若难以遵守,这就是规章制度的问题而不是人的问题。因为,规章制度无非是为了寻求人们的幸福,而不是人迁就规章制度。就学校而言,校规是为儿童谋幸福,而不是谋校规本身或是教师的幸福。某些校规倘若给儿童带来了不愉快,这个校规便不利于人的发展,应当立即废除。

"话虽如此,但毕竟有校服规定。作为一名老师,难道就束手无策了吗?"既然现在有校服规定,也不是完全无能为力的。倘若您是K生的老师,请别断然认为他所做的完全错了,而要进一步想想"这里面一定有更深刻的原因"。可与他好好交谈:"你穿这种服装来上学,一定有什么想法吧?如果可以的话,我想听听你的想法。"假如教师能耐心地听取他的申述,他一定会印证我们所说的一套逻辑。然后,要是他愿意向全班同学谈谈自己穿奇装异服的原委,教师就可以跟全班儿童说:"小K是这么想才违反校服规定的。但我想,他不这样做,照样可以安心在班上读书,因此需要你们的合作。你们能为他做些什么?我想听听大家的意见。"

要信赖儿童,即使他们一时采取了不适当行为,也要相信这不是他们所希望的。别急于奢望他们一夜之间长大成人,要一步一步地向他们提出要求,把他们视为一个人加以尊重和信赖,耐心引导他们。

我们要信赖问题儿童,信赖全班学生。帮助问题儿童不光是教师的职责,也应当是全体儿童共同的任务。要倾听儿童的智慧,儿童之间一旦形成了合作关系,就可以以此为基础让儿童自治了。

成人只要把儿童当作一个人看待,他们也一定会作为一个人而行动,否则他们永远无法成长,始终只能是小孩。儿童的能力远比我们想象的高得多。中小学生已经具备接近成人的理性与判断力了。请相信这一点。

儿童们拥有各式各样的权利:学习的权利、游戏的权利、幻想的权利、爱的权利、持不同意见的权利、成长的权利、学会生存的权利,以及个人的种种权利。我们必须把儿童当作一个人，一个完全与我们平起平坐的人加以尊重和信赖。必须让儿童感到："世界信赖我们，等待我们的参与。我们要接受教育，准备将来投身这个世界，开拓更辉煌的时代。"这样，班级里的儿童一定会比我们生活得更自由、更富冒险精神、更有勇气、更有个性，创造出超乎我们想象的崭新世界。

五、切忌批判

要平等地对待儿童，就切忌批判儿童，因为批判只能激发憎恨。受批判的儿童会感到一种屈辱，会产生"我绝不能输给老师"的念头。这时，教师和学生之间的关系已经陷入"竞争原理"的泥淖了。这样，赋予儿童的课题就不是"如何才能避免不适当行为，采取适当行为"，而是"如何战胜教师"。在儿童看来，一旦采取了适当行为，便意味着输给了老师，所以反而会不断地采取不适当行为。

不管发生了什么事情，绝对不要伤害儿童的颜面。即使只有教师和儿童两个人在场，教师也不能批判儿童。要是在其他同学面前批判儿童，结果就会更糟，那样的话，儿童不仅会下决心对教师"以牙还牙"，而且还会对全班同学施以报复。"竞争原理"也就在其他儿童心里开始作祟。而且不幸的是，下决心报复的儿童对于其他儿童的影响绝非建设性的，在几乎所有的场合，都是通过掌握权力之类破坏性办法去一争雌雄的。退一步说，即使是建设性的，诸如赌气提高学业成绩以便在其他同学面前争一口气，也只会加强班级中"竞争原理"的作用，使得同学之间处于敌对关系。

尤其是10岁以上的儿童，切不可当着其他儿童的面批判他。如果是消极型儿童，甚至会感到无地自容而自我伤害，以为那是对教师的报复。如果是积极型儿童，可能会以暴力向教师报复。面对这些，一些麻木不仁的教师会以为自己并没有做错什么，但在儿童看来却是非同小可，足以激发其极端行为。因为对于青春期儿童来说，最难以忍受的就是在朋友面前失去颜面。

要和儿童交朋友，时刻和他们保持友好关系。不要凌驾于他们之上，而是同他们一道生活、一道学习、一道思考。

要循循善诱，避免批判他们、伤害他们、羞辱他们，或指责他们的失败。教师要做的是提供替代方案——提出更好的解决办法。

例如，有的儿童尽管被反复告诫别忘了带文具，却总是依然故我。对此不必责备他，只要问他："怎么样才能不忘记带文具呢？有没有什么办法？"倘若这个儿童没有良策，可以向全班儿童征求意见："谁能想出好办法？"得到好办法，就可以再询问这位儿童："你看怎么样？试试看吧！"倘若全班儿童依然想不出良策，这时教师就可以提出意见了。这是一种不至于剥夺通力合作的好方法。要尽可能在儿童中收集好主意。

倘若这个儿童接受了同学出的主意，却未能付诸实施的话，该怎么办呢？倘若您责备他"不是说好了吗，为什么做不到呢？"，这是完全无效的。有了好主意，儿童却不能付诸实施，那是由于这个主意对于这个儿童来说难以办到，而不是这个儿童不好。因此，您可以对他说："这个办法看来对你不适用。那么，用什么办法才行呢？再好好想想看。"

应尽可能避免责问"为什么"，这类问题本身含有责难的味道。正如心理咨询中，心理咨询人员对"为什么"这一问题常常是无能为力的。在大多数场合，一个人并不明白自己行为的真正理由，行为的真正理由在无意识之中。因此，不管儿童申述什么理由，它不过是一种苦不堪言的辩解罢了。

我们不应专注于"为什么"的问题，而要随时掌握"怎么办"的问题。无论对自己还是对学生，教师都要时时提出这样一个问题："怎样才能解决这个问题？"唯有这样，没有批判的教育才可能实现。

六、帮助儿童"自我宽容"

儿童总是负载着成人莫大的期望，而且总是因为未能满足各种期望而受到指责。逐渐地，儿童开始嫌恶自己的一切，形成"我为什么这么糟呢"的观念，亦即陷入了"自我嫌恶"之中。这是非常棘手的事态。因为，一个人一旦自我嫌恶，说明他已经丧失了建设性地生存的欲望了。

教师的头脑中有着"理想儿童"的形象，而且总是把现实中的儿童和理想的形象作比较，张口闭口"你这一点不足，那一点不够"。于是，学生不久便自我嫌恶，开始采取不适当行为。

一个人"喜欢自己"亦即"自我宽容",是精神健康的最大条件。让儿童喜欢自己就是对他们最大的帮助。

教师应当做的事,首先是脑中不要有太多的幻想,老是以"理想儿童"的形象去衡量现实中的儿童。亦即不是"应当怎么办",而是应当实事求是地面对现实,细心地发现儿童的长处。

教师应传递给学生这样一个信息:"在你身上有不少优点。"当儿童了解到"我的这个特点不是缺点,好好发挥这个特点一定会变成优点",那么,他们一定会如愿以偿。正如心理学家阿德勒所说的:"问题不在于具备了什么,而在于如何运用业已具备的条件。"

七、无论如何不要发号施令

倘若您在课堂教学中大声嚷嚷"静一静",整个班级却依然静不下来,那不是儿童们不好,而是"静一静"的说法不妥。同样,任何一种方法若不起作用,只能说明方法本身有问题,而绝非儿童不好。

为什么"静一静"这个说法不能奏效呢?因为这是一个命令句。命令是自上而下传达的,因此这是"竞争原理"环境中的用语。教师大喊"静一静",可是学生们依然吵闹,那是他们故意那样做的。他们认为:"我们若是听了老师的话,我们就输了。我们要证明我们比老师强。"

倘若您开始发怒了,儿童们也许会安静下来。不过,如果是初中的教师,亦即儿童们已进入青春期,他们之所以静下来并不是因为您赢了。他们会对您嗤之以鼻:"这么一点小事就发怒,简直是笨蛋。"他们会因为胜过您而心满意足。如果不信,去问问学生看。

教师倘若用命令的语气说话,就是在实施基于"竞争原理"的教育。杜绝任何命令句,代之以请求的语气吧!例如,用"能不能静一静呀"来替代"静一静"。在这里,请求的语气比询问的方式更为有效。因为即使是"请静一静"这种说法依然带有命令的味道。当然,也可能有用假定语句的说法,诸如"如果能静一静的话"。

倘若儿童听进去了,一定会报之以礼的。这时教师就可以说:"谢谢大家的合作。"

倘若儿童听不进去,可以稍等片刻,面对全班儿童问道:"不能静下来吗?"如果还是吵闹,您可以再问:"开始上课了,大家能不能配合?"这里没有"为什么"的含义,若问"为什么不给我静下来",已经带有责难的味道了,因此要问"怎么办"。一般说来,这样做可以解决问题。

不过,如果儿童们至此还是不肯安静下来,这时教师只有尊重他们的意愿了。因为不许他们说"不"的请求不是请求,而是命令。不管用什么语气,凡是不许儿童说"不"字的,都是命令。倘若抛弃命令语气而改用请求的语气跟儿童说话,他们会猜想教师真正的意思何在。他们一定会怀疑:"你嘴巴上讲得好听,但一旦剥开面具,便原形毕露。"因此,当教师用请求的语气和他们交谈时,他们会故意不听从,看教师作何反应。这时教师如果又是暴跳如雷,硬是要压服他们,他们就会不再加以信任。这时教师就要自我克制,耐心等待一会儿,儿童们很快会安静下来的。因为,儿童们看着教师沉默不语,等待着他们安静下来,他们也不会好受的。无论是等待着的教师,抑或偷偷观察教师却依然骚动不安的儿童,都需要这种禀赋。

当然,请求的语气不仅适用于全班儿童,也可以用于每一个儿童。对于上课时窃窃私语的儿童,可以说:"对不起,能不能静下来?"对于抽烟的儿童可以说:"学校里恐怕是不准抽烟的哦。"儿童听了这一番话,一定会以礼相待的。

也许会有人反驳:"这不是娇宠吗?"何谓娇宠?把儿童当作一个人来对待就是娇宠?我们认为,儿童是完全和成人平等的,因此我们与他们相处的方式是致力于争取他们的合作,而不是控制他们。作为平等的人格,我们要更理解他们,并求得他们的理解,与他们一起建设这个学校、这个世界。倘若这也必须贴上"娇宠"的标签,那也无妨,反正它的内涵不变。我们认为这种做法是对的,而且有实际的效果。

其实,我们的做法离娇宠有十万八千里之遥。因为我们把儿童当作平等的人来对待,使他们自己肩负起自己的行为责任,而不是越俎代庖。

八、儿童以教师为榜样采取行动

成人以身作则是教育儿童的最好方法。倘若我们的家长和教师不断地向儿童示范怎样才算适当行为,那么在这种成人的身边成长的儿童一定不会成为问题儿童。不断矫正儿童行为的成人所做的一切,反而是为儿童提供了一个不良的范本,把他们引入歧途。遗憾的是,这一点已经司空见惯了。

"为什么不许体罚?"对于这个问题,我们的回答是:"儿童将学会以暴力控制别人。"也许会有这样一种见解:"我可以让孩子明白不是出于恶意,而是出于爱心才体罚的。"然而,不管基于什么动机,暴力就是暴力,控制就是控制。"只要儿童不憎恨给自己施加体罚的教师就没关系。"——这种议论是本末倒置的。即使儿童感激教师的体罚,但他学到的依然是用暴力去控制别人。而且,如果他因此感谢教师的话,那就更糟了。倘若儿童憎恨施加体罚的教师,也许反而会下决心:"我绝不还手",但对施加体罚的教师感激不尽的儿童来说,只会对暴力司空见惯,毫无反抗之意。因此,有朝一日这位教师所提供的教训——"你要控制别人,就得诉诸暴力"也将会发挥效用,儿童将学会以暴力去征服不顺从的异己。

在所有动物中,唯有人会残杀同类。我们认为,人类的这种攻击性不是与生俱来的,这不是遗传,而是后天习得的。诉诸暴力的教师,正像给这个世界带来杀戮和战争的恶魔一般。要使人类免于杀戮和战争的浩劫,就必须从家庭教育和学校教育开始,摒弃一切暴力,这是唯一的选择。

与体罚一样,语言的暴力对于儿童来说也是不良的示范。教师若是污言秽语,学生必定污言秽语;教师若是彬彬有礼,学生必定彬彬有礼。

如上所述,尊重儿童,不批判儿童,不用命令语气而用商量语气,这一切将对儿童产生良好的影响。它们将作为良好的范例,有助于人际关系问题的解决。

教师所从事的一切都会对儿童产生种种影响。他们会从您的一言一行中学到种种东西。认识到这点是非常重要的。

第 19 章　如何提高儿童的积极性？

激励勇气、"谢谢"、"我很高兴"、认识反射、共情

一、给儿童勇气

儿童采取不适当行为的根本原因之一，就是丧失了建设性生活的勇气。

凡是儿童，原本总是向往建设性生活的。然而当他们采取儿童式的建设性行为时，周围的成人却做出了种种挫伤儿童勇气的反应。长此以往，他们会以为，纵使做出了建设性行为也是"出力不讨好"，从而丧失了建设性生活的勇气。所谓"挫伤勇气"的反应，无非是批判、熟视无睹、受褒扬后的压力等。

这样，受到伤害的儿童相信，"我不能用建设性方法参与团体"。这种儿童将不再采取建设性行为，而且肯定会采取非建设性的甚至破坏性的不适当行为。这是因为，他发现即使采取了适当行为，也得不到周围人的认可。于是，"与其被排除在圈外，倒不如受罚来得强"，硬是凭借不适当行为来显示自己的存在，以确保自己在团体中的立足之地。因此而丧失了勇气的儿童会这样想："当我采取不适当行为时，团体才会为我提供立足之地。"

丧失了勇气的儿童反复做出不适当行为，周围的成人也往往对他作出反应，但他的不适当行为依然持续不断。这样，就在儿童与环境之间形成了恶性循环。儿童之所以反复地采取不适当行为，是因为这个儿童和他周围的环境之间形成了这种恶性循环的结构。班级里出现问题儿童，是因为在班级里有了这种恶性循环的结构。就问题儿童而言，问题不在于什么时候、是谁挫伤了他的勇气。例如，他也许是在家

庭或在以前的班级里受到过伤害。但这些都不是问题,历史不是问题。问题是在现在的班级中存在着挫伤这个儿童勇气的恶性循环的结构。

只要周围的人们不挫伤儿童的勇气,儿童就不会丧失参与这个社会的意愿。在班级中挫伤问题儿童勇气的,只有当下的教师以及班级里的其他儿童,使得整个班级充满着挫伤问题儿童勇气的氛围。能够驱散教室中这种氛围、打破这种恶性循环的,也只有现任教师而非别人。唯有教师才能斩断这个恶性循环链。

儿童感到"我已经采取适当的行为方式了,但还是无法保证自己在班级中的地位"之日,正是问题儿童出现之时。因此,要杜绝问题儿童的出现,教师就得时时赋予儿童采取适当行为的勇气。一旦出现了问题儿童,不仅是教师,还要发动班级全员一起来工作,使之鼓起勇气。

二、表扬未必能鼓起儿童的勇气

某些教师深信,表扬就能鼓起儿童的勇气。我们反对这种见解,表扬未必会使儿童鼓起勇气。

儿童受到表扬也许会采取适当行为。但那是因为求得表扬的喜悦,而非求得采取适当行为的喜悦。在表扬声中成长的儿童往往只关注自己的利益,他们想的不是"我应当为别人做些什么",而是"我做些什么才能受到人家的表扬"。这是极端利己主义的观点:"别人如何我不管,只要自己受到表扬就行了。"这种儿童即使偶尔为他人作出了贡献,那也不是出于对他人的关心,而是出于对来自他人的赞赏与表扬的关心。

过分的表扬会给儿童造成一种错觉,以为受表扬是自己想当然的权利。儿童一旦有了这种错觉,如果作出了努力却未得到与其努力相称的赞赏,就会对未能给予表扬的人满腔怒火:"我做得这么好,竟然没人表扬我。真是可恶! 我真可怜!"

一般说来,随着儿童渐渐长大,受表扬的机会将减少。那些认为"受表扬是理所当然"的儿童将开始憎恨这个不赏识他的世界,他们会决意复仇,进而完全陷入非建设性生活方式的泥淖。

所谓"问题得到了完满的解决",无非就是(即使谁也不承认)能够赋予充分的满足感,而所谓"通过解决问题为他人作出了贡献",就是指获得了更大的满足。应当使儿童们学会这一点。对儿童的成功和善行作一番表扬,只能污染对成就的纯粹的喜悦,剥夺了贡献感所带来的幸福。

让我们来讨论这样一个问题。假如突然看见班上的儿童在阶梯广场上收拾垃圾,教师该怎么办呢?

"置之不理"——这种回答简直令教师羞愧。对儿童采取的适当行为视而不见的教师,在儿童采取不适当行为时也一定会视而有见的。这就是自己率先制造了上面所说的恶性循环的结构。就是说,这种教师在看到儿童丢垃圾时,一定会训斥他。这是最坏的教育。

"真了不起!"——给予表扬会怎么样?谁也没有瞧见,亦即既没有受人指示,亦未受人表扬,完全是自觉地捡拾垃圾却受表扬,这也许会激励他从今以后为表扬而采取行动。这种教育并不是最坏的,但仍然是不及格的答案。

作为一个替代方案,不妨采取这样一种教育艺术:"维护学校的环境卫生人人有责,谢谢你的合作。"或者,只要说一句"谢谢你了"。请细细品味这种说法和"真了不起"之间的微妙差别。在这里,"(你)真了不起"这一说法有一种上下关系的意味,而"(我)谢谢你了"则是一种"横向关系"。这就是表扬与激励勇气的差别。也就是说,表扬是基于"纵向关系",必然贯穿竞争原理;激励勇气是基于"横向关系",以合作原理为基础,"谢谢"的说法不是表扬。

另一个可供考虑的替代方案是,当场默不作声,事后对全班儿童表示谢意:"今天有同学(不要说出名字)在阶梯广场收拾垃圾,我感到非常高兴。我想对他说一声'谢谢'的,但考虑到不仅是他,其他同学一定也为维护学校的环境卫生作出了努力,这位同学只是被我偶尔碰上罢了。在我不知道的地方,一定有许多同学收拾垃圾的。因此,我要对所有这些同学表示我的谢意。谢谢大家的合作,谢谢你们为维护学校的环境卫生作出的贡献。"这样处理,一定更有教育效果。

垃圾掉下来时即使谁也未瞧见,还是把掉下的垃圾捡起来倒掉。——你不希望有这种儿童吗?然而,一旦用表扬法,就难以培育出这种儿童了。在表扬声中成长的儿童,当没有人给予表扬时,就不会采取适当行为。因此,教师不能表扬,而应代之以激励勇气。

另外再讨论一个跟表扬关系不大的相关问题。假如看到班上的同学在阶梯广场丢垃圾，该怎么办？

"喂"地一声予以训斥的是专制型教师，"置之不理"的是放任型教师，两者均不合格。

首先必须考虑的是，儿童是否认识到丢垃圾是不适当行为。倘是托儿所、幼儿园的孩子，也许是不知道的，因此要教导他们。那么，怎么教呢？"不许往那儿丢垃圾"——这种说法不管您如何平心静气地说，仍然隐含一种主张："我是对的，你是错的。"这仍然是"纵向关系"，亦即有点专制的味道，因此不合格。因为一般说来，指责"这是坏的"的说法，是"纵向关系"，令人生厌。我们不妨换一种适当的说法。向儿童传递的信息不是"在阶梯广场丢垃圾是不适当行为"，而应当是"把垃圾丢进垃圾箱才是适当行为"。那么，倘若说，"请把垃圾丢进垃圾箱"是命令式语气，是"纵向关系"，不合格，则应改用商量的语气："能不能把垃圾丢进垃圾箱里？"这种说法是合格的，这完全是"横向关系"。儿童听了，不会忘记报之以礼的。

那么，倘若儿童认识到在阶梯广场丢垃圾是不好的，却照样做，该怎么办？首先，教师可以劝告他们："能否将垃圾丢进垃圾箱里？"如果他们听从了，事情便解决了。倘若他们不听从，依然照丢不误，或者反骂教师"讨厌鬼"，该怎么办？教师如果暴跳如雷，那就是隐蔽的专制型教师；若是一声不吭地离开现场，则是隐蔽的放任型教师。两者都不合格。

如果教师硬逼儿童把垃圾丢进垃圾箱里，就会落入对方的圈套，在不知不觉之间，把"该把垃圾丢进哪里"的问题转化成"师生之间角力"的问题了，这是常见的一种模式。倘若儿童执意不从，肯定会跟教师作一番较量的。这种角力是愚蠢的。若是教师输了，场面尴尬；若是教师赢了，则会遭到报复，那就难办了。

但是，倘若不了了之，那不是教育，因此应当找一个适当的替代方案。在这种情形下，您不妨捡起垃圾丢进垃圾箱里去。然后尽早找个机会对全班儿童说："有位同学（绝不能说出姓名）在阶梯广场丢垃圾，我对他说：'能不能把垃圾丢进垃圾箱里去？'那位同学似乎感到我得罪了他，没有听从我的忠告。也许是我的说法太刺耳，使得这位同学以为老师有意找他的茬，憋着一肚子气，因此偏不听我的话，否则似乎他就输了。由于我说话不得法，造成了对方的误解。其实，我的意思是，希望他将垃圾丢进垃圾箱,大家一道来维护校园环境,仅此而已。"就像讲故事似的,娓娓动听地说下去。接着,不妨再补充一番话:"好在当时这位同学作出了明确的反应,使我察觉到我的措辞不当,造成误解。也许,我不经意地刺伤了这位同学的心。如果真是如此,请多原谅。不管何时何地,老师都绝不会有意找茬的。如果你们觉得我在有意找茬,那就说明我笨嘴笨舌,请多多包涵!"

谈话中间,不宜正视那位同学,但不妨偷偷地观察他的表情。倘若这位同学低着头,表现出"被击中要害"或"无地自容"的样子,或者吃了一惊,做出急急地朝窗外张望之类的动作反应,那就大功告成了。这叫作"认知反射"。人一旦被拆穿了行为的下意识的目的,就一定会出现认识反射。若果真如此,则这位同学将不会持续同样的行为,因为他已经察觉了自己的错误。

即使问题儿童并未做出认知反射,这个替代方案还是有效的。请思考一下,如果就事论事地着眼于问题儿童本人,教师补充的那一段话会产生什么效应?

现在再回到表扬的弊端问题上。

表扬教育法有时反而会使儿童不采取适当行为。举例来说,当学生考试成绩优异时说"你做得不错"或者"看来下次还得努力"之类激励的话,那位儿童一定会把它视为一种压力,反而丧失了勇气,不肯学习了。他会感到"难以满足教师的期望"。有的场合,原本好心的表扬却可能被误解为嘲讽。当儿童自身对自己的要求格外高时,就会产生这种情形。这种儿童并不满足于些微的成功。当教师表扬他时,由于他自身并不满足,"这么一点小小成绩也值得表扬?",反而会感到"受了嘲讽"。倘若表扬了他,他可能还会憎恨表扬者。

好好观察一下当儿童们受到表扬时出现哪些表情,教师一定会十分惊讶。一些儿童会瞧不起同学,洋洋得意;一些儿童会做出难为情的表情,手足无措;一些儿童会感到莫名其妙,无动于衷;另一些儿童甚至会流露出厌烦的神情;一些儿童则会表现出失望的神情:"哎哟,这下可完了。"儿童是不会如成人期待的那样理解事物的。因此,儿童如何判断教师的影响作用,从其表情与动作就可以看得一清二楚。这样做是有其必要的。这样,您就可以理解,表扬有时也会挫伤儿童的勇气。

表扬还会产生种种不良的后果。表扬犹如向儿童传递了这样一个信息:"当你按照老师的期望行动时,老师才评价你。"从儿童的角度检视这一状况,就可以发觉这种方法是错误的。儿童会相信："只有满足了他人的期望,我才称得上是一个人。"有了这种认识的儿童,一定会成为看他人眼色行事的畏首畏尾者。这是极其胆怯的生活方式。这种儿童丧失了独力开拓自己的人生之旅的活力。他只能根据他人撰写的脚本,为了博取他人的赞赏演出自己的人生戏剧。这种儿童幸福与否,完全仰赖于他人。这种儿童的幸福或不幸,完全掌握在赞美他或训斥他的人们的手中。这种儿童的人生,将像乘客随意操作电梯按钮升降不定那样,上下沉浮。

三、对儿童的合作表示感谢

教师必须改变其基本态度,从"做得好"这一观点,即从纵向关系上表扬儿童的态度,改变为"谢谢你的合作",即从横向关系上对儿童表示感谢的态度。如果光是表扬或惩罚,教师就成为了执行竞争原理的机器。惩罚是绝对不行的,光是表扬也不行。激励勇气无非是帮助儿童达到这样一个认识境界——"我喜欢我自己""世界真美好""在这个世界里我可以大有作为""解决问题是一件乐事""为他人作出贡献多高尚",等等。

前面已经说过,班级中有的儿童抱有"为自己争得一席之地"的行为目标。教师若是不断地向儿童传递"你来了,我非常高兴""谢谢你的合作"这样的信息,那么,儿童们就会在班级中各得其所,不会做出越轨的事来。

那么,应该在什么场合增添儿童的勇气呢？第一,当他们同心协力致力于班级管理的场合。例如,安静地听课、参加教室的大扫除等。教师也许会说："专心听讲,值日大扫除,这是理所当然的。"不过,请对这个"理所当然"表示一声感谢。以为"理所当然"而一声不吭的教师,一定会对不认真听课、值日大扫除时偷懒的儿童有所反应。这样一来,班级里便形成了"采取适当行为时视而不见,采取不适当行为时受到指责"的结构。这是万恶之根源。因此,要好好意识到这一点,对"理所当然"说一声感谢。

我们对于到咨询室来的儿童要说一声："你来了,谢谢。"当咨询结束时,也一定要说一声："谢谢你告诉我这些。"这不是有意养成的习惯,而是真心的感谢之情。每当上学、放学时,学校的教师为什么不说一声"谢谢你今天这么早就来校了""谢谢你今天上了一天的课"呢？大概是缺乏感谢之情吧。

应该说"谢谢"的第二种场合，是当儿童们听从了教师的吩咐——"请过来一下好吗？"或者"能不能安静一下？"——时，教师一定要说声"谢谢大家的合作"。千万别以为"学生对老师言听计从是理所当然的"。

第三，当儿童们合作时，代表被帮助的一方说声"谢谢"。例如，看到一位儿童帮助另一位儿童时，对他说声"谢谢"，因为看到这种情景对教师而言是非常高兴的体验。这样就会在儿童之间萌生出种种合作关系的幼芽，这个班级也就成熟起来了。

四、对儿童的积极态度表示喜悦

激励勇气的初步做法是说声"谢谢"。此外还有另一种说法，就是说声"我很高兴"。假如教师说，"你做得好，了不起"，那就是纵向关系，是一种表扬。如果换成另一种说法，"（当我看到你积极地探究问题时）我很高兴"，这就是横向关系，将会激发儿童的勇气。"谢谢"和"高兴"所具有的共同特征是，不讲"你"，而讲"我"。不是判断儿童怎样，而是说教师自身作何感想。

"我很高兴"这一说法和说"谢谢"时的语气有所不同。它不适用于师生之间与生生之间合作、采取适当行为的时候，而更适合用在儿童单独积极钻研自己问题的场合。例如，对画图课上认真画画的儿童说声"谢谢"，就用错了场合，这个时候应该说："看到你兴致勃勃地画画，我真高兴。"

当儿童考试得到好分数时，用"你得到好分数，连我也十分高兴"这句话代替"做得好，了不起"是不妥的。无论如何这都是一种表扬的说法，况且，对于未得到好分数的儿童来说，听到这一番话会作何感想呢？某些儿童的影响会波及全班，对此不能掉以轻心。

就一般原则而言，"我很高兴"这一说法应当用于儿童积极钻研问题的态度，对于学业成绩，则不该使用。考试得了好分数，其行为已经结束，因此，好分数本身不能说是适当行为。不仅考试如此，诸如儿童对自己的画很满意而喜形于色时也是一样。他的行为已经终结了，不宜再加以评论。对于业已终结的行为的成功或是儿童对成功的反应，不管教师看法如何，都不必再说"我很高兴"，否则就无异于表扬了。

因此,对于成功,还是以不说为妥。也就是说,"我很高兴"这一说法应当注意使用的场合。

这里既然谈到考试,我们再来阐述一下在基于"合作原理"的班级中,考试究竟具有什么意义。在"竞争原理"的世界里,考试的意义是极为明显的,也就是将儿童分等级。然而在"合作原理"的世界里,儿童不必分等级。反对将儿童分等级的教育学家和一部分教师主张废除考试,但这未必妥当。在基于"合作原理"的班级中也应当实施考试。考试有三层意义:其一,可以给予儿童反馈,使儿童自己了解哪些部分已经理解了或尚未理解。其二,可以给予教师反馈,通过发现多数儿童犯错误的问题,教师就能了解哪些部分的教学不够,还得补讲。其三,可以作为学校凭借班级的平均分数去检验教师合格度的一种凭据。

班级平均分数低下并不表示学生差,而是教师的教法有问题。"这次数学测验平均只有50分,回家以后得好好学习。"——我们发现有教师会这样说。倘若真有其事,这是十分糟糕的。这完全是转嫁责任。家长没有教学的义务,这是教师的责任。家长的义务仅仅是帮助子女上学,接受义务教育。别把学校的教学义务转嫁给家长。儿童一旦在学业上落后了,便建议"去上补习班"或者"请家庭教师补课",这种教师确实存在。但教育儿童学会学习乃是教师的责任,而不是任何其他人的责任。

总之,对于儿童来说,考试并不是为了取得好分数,而是为了得到有关自己理解程度的一种信息。因此,即使得了好分数,也是儿童的问题而非教师的问题,教师没有和儿童一起高兴的必要。这时,教师的工作已告一段落。换句话说,在学生得了坏分数时,教师的工作才开始。

五、儿童失败时给他勇气

儿童失败了,就会丧失自信,丧失积极性。这正是需要您帮他鼓起勇气的时候。

绝不能指责失败。失败的儿童已经是十二万分的自我嫌恶了,千万不可以火上浇油。和成功一样,失败也是业已终结的行为结果,不适当行为已不存在。因此,问题在于今后如何处置。

例如，儿童误杀了班级饲养的小鸟，自然不能叱责他，哪怕是以沮丧的表情说"完了！""怎么这么不小心"等话语，也会产生不良的后果。不能把重点放在结果上，儿童也许会感到"老师把小鸟看得比我们还重要"或者"我什么也没做，为什么盯住我？"这种影响还会波及班级里的其他儿童。您看重结果，他们也看重结果，于是开始责备肇事的儿童。这样，班级中便产生了裂痕。这是非常糟糕的。

这里建议的替代方案是，放学之后，不要有其他同学在场，找这个肇事的儿童一道研究。首先是进行善后处理。问他："你看这只小鸟该怎么处理？"倘若他想出了办法，就该向他说声"谢谢"。倘若他不知道该怎么办好，就可以适当给些提示，诸如"把它埋在校园的角落里，做个墓，怎么样？"，以激励他付诸实施的勇气。倘若他照做了，向他说声"谢谢"。倘若儿童一个人无法完成，也可以帮他做。无论如何，教师单独处理善后是不妥的，儿童的行为责任终究应由儿童自身来负。善后工作完毕，第二阶段可以引导他考虑今后的预防对策。可以问他："今后若要避免类似事件再次发生，该注意哪些呢？说说看。"倘若他提出了适当的对策，就该说："你作了认真的考虑，我很高兴。"即使他未能回答适当的对策，也可以向他提供自己考虑的对策。倘若他点头应允了，教师该说："谢谢你明白了我的意思。"第三阶段，把事情告诉全班儿童，问道："同学们，你们有什么意见？"倘若儿童们提出了适当的慰抚之策，就应给予他们付诸实施的勇气。如果没有，教师可以提出自己的方案，甚至帮他们一把，实施这个方案。

这个事件发生时，若是全班儿童在场，工作程序也得改变。首先，第一阶段，问肇事的儿童："善后处理该怎么办？"倘若这位同学提出了适当的答案，教师就可以向全班儿童问道："他说的办法行吗？还有什么更好的意见？"倘若这个儿童未能提出适当的答案，可向全班儿童询问："谁有好的办法？"于是，一旦有了结论，便以肇事儿童为中心，发动全班儿童一起帮他处理善后，教师向全班儿童说声"谢谢"。第二阶段也是一样。先问肇事者，然后问全班儿童。第三阶段亦然。在这种情形下，教师绝不能当裁判，而是要跟同学们一起冷静地解决问题。倘若出现责怪肇事儿童的同学，教师必须认真开导："你能认真地看待这个问题，老师很高兴。不过我认为我们不该责备他。他不是故意的。况且他现在也在认真思过。你应该好好帮他一把，别让他再犯同样的错误。"

当儿童失败时,可以按照这三个阶段进行善后处理。首先是恢复原状或是进行善后处理。其次是提出预防对策,使之今后不再犯同类错误。最后是感情处理。在这个过程中,要不断地和儿童们交谈,不断地鼓起他们独立处理问题的勇气。越是这种场合,越不能感情用事,而要冷静处理。教师必须避免使肇事者本人和周围的儿童陷入恐慌之中。

只要是人,失败总是难免的。"绝对不能失败"乃是一种"求全病",重点在于从失败中学到了什么。业已逝去的往事已经无法逆转了,但是未来却不同,未来完全取决于我们的努力。一个人成功时学不到什么了不起的东西,但失败时却可以学到许许多多的东西。儿童并非通过成功而是通过失败才一步步成长的。要使儿童从失败中学到东西,就得使他在失败之时不致蒙受耻辱。儿童之所以失败,无非是未能掌握适当地处理问题的知识与技能。这不是耻辱,只要今后弥补了知识和技能就行。当儿童认识到自己"有朝一日总会做得出色"时,就不会丧失勇气了。

人的价值不是由成功与否左右的。人的价值并不会因一时一事的失败而有丝毫贬值。教师应当使儿童们认识这一点。

六、如何鼓起失意儿童的勇气

儿童有时会说:"太难了,我做不到!"说这种话的儿童丧失了勇气,成了懦夫。这样的话不管是否由消极失意的儿童说出来,总是存在于他们的心中。

我们当然必须考虑儿童的发展水准。如果教师期望的是儿童办不到的事,就会挫伤儿童的勇气,儿童会开始采取不适当行为。实际上,许多从事不适当行为的儿童都是由于家长或教师的期望过高,他们才反其道而行,这是"别对我期望太高"的一种表示。我们对儿童的期望始终必须符合儿童的发展现状。

如果儿童对完全有可能实现的课题也说"我做不到",这时该怎么办？教师不能发怒,可以冷静地对他说:"不过,我想你一定做得到的。"即使这样,倘若这个儿童依然不敢接受挑战,那他或许是一个"求全病"患者,陷入了失败恐惧症。若是那样,教师可以说:"不要害怕失败,失败了也不要紧。"倘若儿童依然故我,那就说明他的勇气被严重挫伤了。可以稍微等待一段时间,别揠苗助长。所谓"教育"从某种意义上说就是"等待"。常言道"瓜熟蒂落",青色的柿子尚未成熟,即使摇晃它也不会落下来;不过若是熟了,不去摇晃它,它同样不会掉落。这就是说,我们要等待时机、把握时机。

因此,需要对儿童做出鼓励,把握时机说声"谢谢""我很高兴"。不过别提及成果,请对他敢于挑战的态度作些品评。"只要做了就能办到""你不是做得不错嘛"之类的说法,只能愈加挫伤儿童的积极性,因为他们会感到一种无形的压力。最好换一种说法,比如"你能配合我,真是帮了我的大忙",或者"看到你积极进取的样子,我真高兴"。这里,不说"你"而说"我",并没有就儿童行为的善恶良莠作出评论,而只是评述了儿童给教师的良好印象。

当儿童期待受到表扬时,或者当他们没有意识到会受到表扬时,正是激励其勇气的好时机。只要好好观察一下就可以明白,任何一个儿童都一定会做出建设性行为,并为班级作出贡献的。问题在于教师是否有洞察这一切的眼力。

不管如何消沉的儿童都会对班级作出自己的贡献,只是以一种以消极的方式——"不做破坏性行为"来作出贡献的。教师只要认识到这一点,就可以鼓起这类儿童的勇气了。例如,"你能一直安静地听课,我要感谢你"之类的话,可以使这类儿童感到可以为自己归属的团体作出贡献。人总是追求幸福的,这是一个极其重要的因素。任何一个人只要能力所及,总是想做一个对他人有益的人。因此,教师要使儿童认识到,他们已经作出了贡献,进而为他们提供积极贡献的机会。

每一个儿童天天都在进步,也许不一定是我们所期待的领域的进步,但对儿童在任何一个领域的进步,教师都不能忽略。当儿童实实在在地感受到"我确实在进步之中"时,这个儿童一定会积极努力的。

如前所述,许多消沉的儿童是"求全病"患者。他对单独地做些什么或是向新的高度挑战总是畏缩不前,因为他非常恐惧"万一失败了怎么办"。这种儿童倘若和教师或同学共同承担某项课题,便较容易被激发起勇气,因为他感到"这不是一个人的失败,还可以承受"。

不过,当班级中渗透了竞争原理,让儿童一起做,可能反而会更加挫伤消极型儿童的积极性。

在这种场合,教师就必须跟他一道钻研课题了。不过,在和他合作共事之前,可以说:"我想,你一定会解决这个问题的。不过,如果要我帮忙的话,就跟我说一声。"教师得耐心地等待他的主动求助。而且,这种帮助应当适可而止,不要包办代替。否则,儿童就会以为"没有老师的帮助,我就一事无成"。教师应当把这样的信念——"儿童自身有能力解决自己面临的课题"——传递给儿童。等待儿童的求助,不要越俎代庖——这就是我们的方法论原则。

七、注意自己的感情色彩

和儿童交际时您一定会发现,我们所用的语气是一个重要的因素。说话时语气不同,会造成激励勇气或挫伤勇气等种种不同的后果。语气是受感情支配的,这是理性控制不了的。如果教师对班上的儿童感情用事,一定会在语气上表现出来,此时,传递给儿童的就不是语词内容,而首先是声调语气。

对儿童感情用事,只能证明教师并未抛弃竞争原理。感情是无法控制的,却是可以摆脱的,这是牵涉到教师对儿童的根本态度的问题。若是摆脱竞争原理,立足于合作原理,就绝不会对儿童抱有消极的感情。这不是因为教师在压抑感情,而是这种感情不会涌现出来。当然,这并不代表教师变成毫无感情的机器,而是喜悦与感谢之类的积极感情更加活跃,而愤怒、后悔和焦虑之类的消极感情消失了。

因此,仅仅学会字面的东西是无效的,甚至会产生反效果。教师的基本态度只要未能从"竞争原理"挣脱出来转变为"合作原理",从"纵向关系"摆脱出来转变为"横向关系",从"控制"转变为"帮助",是不可能脱胎换骨地改造过来的,那么本章所述的种种激励勇气的办法,都将是毫无效用的。

从"竞争原理"挣脱出来,并非轻而易举,一时可能还会感情用事。因此,教师还得了解一下在这种情形下该采取哪些对策。

当教师埋怨或训斥儿童的行为,对他们感情用事时,任何言辞都会挫伤儿童的勇气。这时,教师一定会感到"我是对的,儿童是错的,我非要证明给你看看不可",或者"和我作对的孩子是坏孩子,我要他付出代价"。不管怎样,这些都是不尊重儿童、不信赖儿童、不能和儿童平等相处的表现。这样,教师就根本不会倾听儿童的心声,甚至会拂袖而去。压抑自己的感情、自欺欺人地想用言辞去激励儿童的勇气,也是无济于事甚至是有害的。这是因为隐含于语调、表情和姿势中的信息都在传达教师的真正意图。

即使不诉诸感情发作,而只想对儿童空洞说教,也已经是黄色信号了。请记住:千万别判断儿童的善恶,只能判断儿童行为的善恶。当您认为"这个孩子坏透了"时,您已经在不知不觉之中想说教了。绝不能对儿童絮絮叨叨地进行说教。当您忍不住想说教时,您已经立足于"纵向关系"去反对学生了。在这种情形下,和感情用事一样,最安全的办法是沉默不语。因为您一旦开口,只会挫伤儿童的勇气。

也许有人会反驳:"这样说来岂不是不能教儿童区分善恶了吗?"教会儿童区分善恶既无须感情用事,也无须说教,只要说:"我喜欢你。不过,你做的事可不怎么好。下次不要这么做好吗?"不能让儿童以为"我已经被老师嫌弃了"。要清楚地把儿童和儿童的行为区分开来。也就是说,在尚未将行为与行为者严格划分开来之前,教师是无法使儿童学会真正的善恶的。

同情儿童也是一个黄色信号。绝不能同情儿童。有的心理学家宣称"摸透儿童的心情"是一切工作的关键,但事实是,认为如果别人不了解自己的心情,自己便不能生活下去的人是懦夫。我们所要培养的不是这种懦夫。同情儿童与帮助儿童是两码事。也就是说,一旦给予"同情",往往会给儿童造成一个错误的观念,以为"人生唯独对我不公平。我真可怜!""共情"——理解儿童的处境、具备帮助该儿童解决问题的态度,与"同情"——抱有和该儿童同样的感情,应当严格区分开来。相信"必须摸透儿童心情"的教师们深信,"儿童是弱者,必须加以保护",而这是纵向关系。这些教师在弱小的儿童面前不过是暗暗地陶醉于优越感罢了。我们应当相信儿童有能力独立地处理自己的人生课题,这就是"尊重儿童"。要使儿童们懂得:"你的心情我可以理解。但是,你一定能凭借自己的力量解决这个课题的。"

爱因斯坦说得好:"现代的教育方法没有完全窒息探求真理的神圣的好奇心,这只能说是一个奇迹……认为可以借着强制和义务感去唤起潜心钻研的喜悦,实在是可悲的过错。"

在现行的教育制度与教育方法之下,儿童们并未丧失求知的欲望,但学校中也确实存在某种压制的力量,长此以往,将会把儿童的勇气和创造力扼杀殆尽。现在,儿童们已经开始发出呐喊。在儿童真正怒吼之前,成人还是改弦易辙为妙。过于专制的纪律与秩序是静止的、僵死的,它同生机勃勃的生命的跃动是背道而驰的。

第 20 章　如何使儿童学会负责？

自然结局、社会结局、逻辑结局、民主性、合理性、平等性、课题的分离、共同课题、适当行为、不适当行为、中性行为

一、绝对不惩罚儿童

绝不能训斥儿童,因为训斥不会有任何教育效果。上面已经多次阐述了惩罚的弊端,这里再来概括一下。

儿童遭到训斥之后,也许会停止不适当行为,但这只是在训斥者在场的时候。儿童会想:"只要不受罚,做什么都可以。"这是非常错误的信念。许多不良少年就是这么想的。不良少年一般尚能区分是非善恶,只是他们认为"只要不被人发现,做坏事也无妨"。儿童的这种认识完全是惩罚不当教育造成的。不管您怎么罚他,这种错误的观念是不会改变的,而且只会促使儿童下定决心:"下次只要不被人发现,我还要做得更凶。"

也许有人认为:"你惩罚了他,不久便会被内化,促使儿童下决心不再做坏事了。"这种见解忽略了重要的一点,那就是在惩罚中长大的儿童不是积极地选择成人所期望的适当行为,而只是胆战心惊地不再采取不适当行为罢了。这是事实。在训斥声中长大的儿童只能是消极的,在他们看来,"积极地行动会遭到训斥,为免于训斥,只好什么也不做了"。害怕受罚的恐惧心理渗透于儿童的整个生活之中。抱着恐惧心理行动的人将会丧失行为的喜悦。到咨询室来的问题儿童在彼此不再陌生

以后,会拼命地问"可以喝茶吗?""这本书可以看吗?",在征得成人的许可后方才采取行动。当我们说"你不必一一地问"时,他们会露出不可思议的表情。这一定是他们遭受过凶狠的责骂,动辄受训斥,一直处于焦虑之中的缘故。我们所期望的是把儿童培养成为求得建设性行为的喜悦而采取建设性行为的人,而不是养成害怕受罚而提心吊胆地生活的人。

训斥也未必能阻止儿童的不适当行为。因为受训斥的儿童感到因此而引人注目了,或者"打一架,誓死报复",于是继续采取不适当行为。教师会说:"我们对某生的问题行为已经足够苦口婆心了。尽管如此,某生竟然依然故我。"这是误认了事实。真正的事实应当是:"我们对某生的问题行为已经足够苦口婆心了。正因为此,那个孩子才不终止问题行为。"如果教师以前一直是凶狠地训斥儿童,但其问题行为依然连续不断,那么,今后若是继续训斥,问题行为是会消失还是依然继续下去呢?如果依然继续下去,难道不会变得更加恶劣吗?这种局面并不是由于儿童的性格不良所致,而是教师处置失当的缘故。前面已经反复说过,大凡对儿童不起作用的措施,绝不是儿童不好,只是教师的处置方法不对。

训斥还会恶化师生关系。儿童会愤愤然地将老师视作敌人,从此紧闭自己的心扉。与儿童成为敌人绝不是教育。问题儿童对教师牢骚满腹,这实际上是教师一手造成的。

有一位初二学生,姑且称他S生吧。他教唆伙伴故意破坏了教室的几扇玻璃窗。老师就像警匪片中描述的那样审讯了肇事的一伙儿童。结果终于水落石出:主犯是S生。于是,教师把S生带到全班儿童面前,把他的头发剃成和尚头。不过是小小的恶作剧的S生,从此变得灰溜溜的,成了真正的不良少年。

玻璃窗和儿童,究竟哪一个重要?教师也许会说:"这不是玻璃窗的问题,而是纪律和秩序的问题。"那么,为了维护纪律和秩序就可以容许任何暴行吗?这位教师是在"私设公堂"!就是理发师也不能违反儿童本人的意愿剃光其头发。这位教师简直是在践踏法律。犯了法,还谈什么"纪律和秩序"!对于这种教师,学生是不会有什么尊敬之情的。S生受到教师的伤害,于是开始做出报复行为。

我们的替代方案是,如果从一开始就清楚谁是肇事者或肇事者首领,可以参考前章提及的误杀小鸟的例子。这里讨论一下若不知道肇事者是谁该怎么办。

第一阶段,在肇事者不明的情况下,不能像刑警审讯犯人那样,无端地耗费时日。一开始就应当探讨处理善后事宜。首先向全班儿童提问:"玻璃窗坏了,真糟糕。该怎么办好呢?"应当解决的问题不是"谁是犯人,为什么这么做",而是"今后该怎么办"。

假如儿童们提出"装上新的玻璃",那么,就尽量让大家一起把它修理好。要让儿童们懂得,装玻璃也不是那么简单的事,需要大家的合作,也需要有一定的技能。

倘若有儿童提出"这又不是我弄坏的,为什么要我来帮忙?",您可以回答:"这是大家的教室,要使大家感到舒服,因此谢谢你给予配合。"合作是可以请求的,但不能强制。倘若有儿童拒绝合作,也不必强求,因为不容许人家说个"不"字,那就不是请求而是命令了。若是要求"大家必须一起做相同的事",那就无异于专制了。所谓"合作",是每个人依据自己的个性,自发地作出力所能及的贡献。勉强应允的合作不是真正的合作。强制儿童合作,就不可能使他们体验到合作的喜悦,与其这样,不如让他们尝到"未能体验合作之喜悦"的沮丧更有教育意义。

第二阶段,讨论规则。"这次砸坏玻璃窗的人一定有什么原因才做了这蠢事。不过,不管有什么理由,我想,破坏公物总是不对的。在这方面,还是制定一些行为规则较好。你们说好不好?"规则不是简单制定的。在学校的规章制度中,虽然也有禁止损坏公物之类的规则,但还是另行制定班级的规则为妥。

第三阶段,提出这样的问题供讨论:"今后当你看见有人想破坏公物时,你该做些什么?有什么主意?请说说看。"这绝不仅仅是制定规则的问题。规则要付诸实施,必须有全员合作的体制。维护规则不是教师的责任,而是儿童的责任。教师兼任警官、法官、警察局长去维护规则,将会一事无成。在民主社会中,规则必须通过全体公民的合作加以维护。为此,在出现违反规则的现象时,自己该采取何种行为,这是需要每一个儿童作出决断的。在这里,没有必要统一儿童的步调。个人该采取何种行为,终究有赖于个人的决断。

"老师命令"或是"揍他一顿"之类的决断,是不该采纳的,但也不能断然摒弃说"这不行",因为这又是纵向关系了。应当这样说:"你是这样想的,但我认为,这种做法不怎么好。若是你能想出别的什么办法来,那真太令人高兴了。想想看,如果有好点子,请告诉我。"倘若有谁提出"大家一道来禁止",那么,您就可以对全班儿童表态："我认为这是一个好主意。大家能够一起配合吗?"这样就确立起合作体制了。那些认为这还不够,无论如何要搜索"犯人"的教师,在上述步骤结束之后会说:"如果有谁故意弄坏了玻璃窗,过后到我这儿来自报姓名。我不会训斥的,只不过想谈一谈。"自报姓名的可能性是不大的。倘若这样做"犯人"会乖乖地自首,那就证明这是一位民主协商型教师了,可喜可贺!然而,"犯人"自首之后,究竟该做些什么?既不能骂他,也不能因自首而表扬他,那么能做些什么呢?实际上,什么也做不了。这就是不能一味搜寻"犯人"的理由。

倘若有儿童告发,这是"S生做的",该怎么处理呢?这个儿童扮演"好孩子"的角色,想博得老师的赞扬。一旦这个儿童受到推崇,班级中的"竞争原理"便开始作祟。您可以反问他:"那么,你认为应该怎么办呢?"倘若这个儿童说:"所以,S生能够做些什么就好了。"您就可以接着说:"那么,你去跟S生谈谈,怎么样?"这是对待"告发"儿童的一种方式。

惩罚还会对整个班级产生不良影响。一些儿童受罚,另一些儿童就会产生优越感:"那个家伙是笨蛋,我聪明。""竞争原理"就在班级中作祟了。另一些儿童则会丧失勇气:"尽量少做,免得出岔子。"

惩罚也许会产生一时的效果,但这些是有百害而无一利的。尽管如此,多数教师依然不分青红皂白地继续采用惩罚的方法,这是可悲的。动辄惩罚绝对不是教育,这是绝对的真理。

二、让儿童尝到行为结局的苦果

仰赖惩罚的教师是无能之辈。这种教师除了惩罚之外不知道如何是好,一旦禁止惩罚,他便束手无策了。要摆脱惩罚教育的束缚,就得学会一些教育的艺术,以替代惩罚。否则,将有两条道路在等待您:要么会成为即使知道不该惩罚却依然无法控制地进行惩罚的专制型教师;要么成为既不惩罚也不采取其他举措的放任型教师。

我们倡导替代处罚的方法是,"使儿童尝到行为结局的苦果"。大体上有三种做法:自然结局、社会结局、逻辑结局。

所谓"自然结局"是指使儿童实际体验行为的必然结局；所谓"社会结局"是指使儿童实际体验社会规则对自己行为的反应；所谓"逻辑结局"是指事先和儿童讨论自然结局与社会结局。

（一）自然结局

所谓"自然结局"是指儿童行为的结果所必然导致的局面，不要剥夺了儿童体验这一结局的机会。儿童从体验自然结局中可以实际学到许多东西。

在发现儿童的不适当行为时，应首先寻思一下"如果我不做任何干预，会导致什么结局？"，设想的结果倘若仅仅会给儿童带来不便，且这种不便对儿童来说不是致命性的，那么，您就可以鼓起勇气让儿童尝尝苦果。

某幼儿园的 M 生，她常趁教师不留神便溜出教室。教师追她，或劝说或恫吓或诱导，总算把她带回教室。后来教师发现，M 生是为了引起老师的注意才这么做的。因此，此后 M 生生即使溜之大吉，教师也不再追她，悉听尊便。于是，M 生独自一人在户外游玩，一会儿就返回教室了。大概是一个人玩太无聊，从此以后，她再也不溜出教室了。

这就是利用自然结局的技法使 M 生体会到"一个人玩没有意思"这一结局。要使用这种技法，或许需要求得其他教师的理解，若是其他教师将 M 生生追回来，仍是收不到效果的。

要使儿童体验自然结局，前提条件是保证儿童的人身安全。M 生跑出了幼儿园，首先就得问她："小 M，跑到幼儿园外面的马路上，会发生什么事情？"M 生倘若说："会被车子撞到。""撞到了会怎么样？""会受伤。""如果小 M 受伤了，你爸爸妈妈会怎样？""会哭的。""是呀，爸爸妈妈非常喜欢小 M，要是小 M 受伤了，可多悲伤呀！老师也很喜欢小 M，要是小 M 受伤了，就不能一道跟大家来幼儿园了，那我会哭得很伤心。"倘若 M 生领会了，老师便可以问："老师有一个请求，你听不听？"她点头的话，便可提出要求说："小 M 若是受伤了，老师会非常难过的！不要一个人跑出园外好不好，做得到吗？"后面一段采用的是逻辑结局的技法。但是 5 岁儿童恐怕无法理解深层次的情绪，因此可以换成："周围的人会伤心的"或者"不能一道玩了"之类的说法。

这种技法只能用于逻辑能力业已发展了的儿童。对5岁儿童大概可以用了，4岁儿童恐怕还不行。在这种场合，只能问她："小M跑到园外，老师可不喜欢。小M为什么这么做呢？老师有一个请求，愿不愿听？"然后提出要求："不要到老师看不见的地方去。"如果她还是溜出大门，只好锁门，或者提示"想到园外的话，说一声"，然后带领全班儿童外出散步。

初中生倘若溜出教室，不宜采用自然结局的技法。因为初中生溜出了教室不会马上感到什么不便，不会感到"独自一人玩无聊"。尽管从长远看，会产生学业方面的落后这一自然结局，但一时他还不会有切肤之痛，不可能产生阻抑效应。自然结局唯有在儿童立刻会感到不便时才是有效的。

逻辑结局也不能运用。同样是"溜出教室"这一行为，幼儿园儿童和初中生的行为含义是不同的。幼儿园儿童几乎在所有场合都会采用"惹是生非"的行为，初中生则不然，他们会采取"分庭抗礼"或"伺机报复"的行为。对于儿童"博取赞赏""惹是生非"的手法，可以运用逻辑结局。对于"分庭抗礼""伺机报复""自暴自弃"的手法，若是再用逻辑结局，只能使事态恶化。

对于初中生溜出教室，暂时不要揪住当事人，而首先得考虑改革班级的结构。这里没有立竿见影的对策。班级中一旦形成相互尊重、相互信赖的合作或人际关系，就有可能和肇事儿童对话了。

（二）社会结局

所谓"社会结局"是指儿童的行为按照社会的约束将会达到的某种结局。"自然结局"同社会约束无关，但"社会结局"是预先有议定了的规则才会发生的。倘若规则合理，儿童可以从中学到许多东西；倘若规则不合理，这种技法是无效的。

所谓"合理的规则"，需满足下述条件：

1. 步骤的民主性：全员参与规则的制定与运用。
2. 内容的合理性：理所当然、毋庸置疑的内容。
3. 适用的平等性：不存在例外的特权阶层，包括教师在内，全员须一律遵守。

这种规则若不存在，"社会结局"也将不复存在。对教师片面地决定（缺乏民主性）、不明白为什么是必要的（缺乏合理性）、强加给学生（缺乏平等性）的规则，诸如

"不准用宽2厘米以上的皮带"之类的校规,倘若学生违反便加以惩罚的话,就谈不上什么社会结局。这种做法原本旨在使儿童理解"遵守规则的必要,且感到舒适",不合理的规则反而促使学生"违反规则,以便证明我比教师强",采取更不适当的行为。或者,即使遵守了规则,也是出于万般无奈和恐惧之心,是消极的。只要是出于恐惧之心而行动,儿童就不会幸福,也不会觉得"遵守规则过日子是必要的,是好事"。请再想想看,学校原本想使儿童懂得"遵守纪律是必要而舒适的",而不是"皮带宽度必须在2厘米以内"。

规则一旦制定了,发生问题时,最好还是由班级重新讨论一次为妥,否则就不能确保步骤的民主性。儿童倘若未参与校规的制定,就不可能有负责地遵守规则的觉悟。即使儿童不参与制定规则,起码也得对其逐条讨论,使之取得大家的赞同,并承诺维护它,这样才谈得上民主。不过,在现实中要做到这一点并非易事。因此不妨将规则搁置一边。从理念上说,学年一开始,班级是在无规则的状态中开始运作的,一切从零开始,待必要时再来制定规则。这样,所有的条款不仅有民主性,也能保障合理性。因为有了需要才制定的规则一定会是合理的。规则不应由教师制定,而必须由儿童制定。当教师感到有必要制定新的规定时,可向儿童提出动议。教师相当于咨询机构,维护业已制定的规则也不是教师的工作,而是儿童们的工作。

初中一年级某班多次发生盗窃事件,从情况看,作案者肯定是班级中的某一位同学,但不清楚究竟是谁。于是教师提出要求:"很遗憾,我们班上出现了作案者。我想他一定有什么原因才作案的。同学们都感到为难。这是不能容许的,希望别再发生了。"但失窃事件依然出现。于是一些同学自发组织自卫团,巡逻放哨一天,终于当场抓住了作案者。

那么,如何看待这个事件?表面看来,这是一种民主型的做法,但是仔细考虑一下,仍然是立足于"竞争原理"。这一点只要想想抓住了作案者该怎么处置,就可以明白了。同学们最终无非是想惩罚作案者。

作为一项替代方案,教师可以在儿童组织自卫团前,先向全班儿童征求意见:"如果抓到了作案者该怎么办?"倘若出现"交给老师""扭送警察局""痛打一顿"之类的主张,您可以引导他们讨论:"你们的主张我不理解,我不喜欢这种做法。因为我想,作案者之所以这么做,肯定有某种深层的原因。一定是这位同学感到全班同学跟他疏远了。他感到委屈,因此向你们报复,偷了你们的东西。我想,这位同学一定是想跟你们交朋友的。不过,他不明白怎样才能跟你们交朋友,他感到束手无策,于是做了这种事情。因此,若是抓住了作案者,不要责备他。彼此之间如何才能成为好朋友呢?希望你们和他一起考虑。那么,一旦明白了谁是作案者,为了表明你们正是这位同学的朋友,你们该做些什么呢?"

这种步骤,一方面是就作案者的心情,让包括作案者在内的全班同学展开讨论,这是一种心理影响作用;另一方面,也产生了法律性的影响作用:一旦抓到了,该经过哪些步骤?该施以何种处分?倘若包括作案者本人在内的全班儿童取得了明确一致的意见,就可以"搜捕"作案者了。况且,这种"刑罚"不是"报应刑",而应当是"教育刑"。这样,作案者就可以安心"被捕"了。

规则一旦制定,就得严格执行,丝毫不容许打折扣,否则儿童就不会尊重规则。倘若规则未能得到严格的遵守,那不是儿童的过错,一定是规则不好,就得修订规则,使之更趋合理。规则条款不宜过多,至多不超过十条,最好在五条左右,这样便于记忆、易于遵守。

倘若发生了现行的规则中未列入的新的不适当行为,不宜当场处置,而需要制定新的规则。在这种情形下,不宜上溯,即不应对规则制定前发生的不适当行为给予处分。"无法"便"无罪",规则只有在它生效之日起才有约束力。

规则的制定和执行必须考虑种种问题,关于这一点,下章将进一步论述。

(三)逻辑结局

逻辑结局是指在行为发生之前冷静地讨论这种行为将会带来什么自然结局或社会结局,最终让儿童自己判断该行为是否应当继续的一种方法。

其实这是一项相当繁重的作业。自然结局的技法很简单,只要不干预就行了。社会结局的技法则要制定规则,然后适当地实施。而运用逻辑结局的技法,必须满足如下三个前提条件:

1. 教师自始至终要冷静,不强加自己的意见,也不感情用事。
2. 儿童处于倾听的状态。

3. 师生之间确立了合作性的人际关系。

"不好好读书,进不了高中"这一类说法,乍看起来像是逻辑结局,其实不过是一种恫吓。教师不宜预先说出结局,应当由儿童自己作出预测。因此,我们需要的是这样的说法,诸如冷静地、充满温情地问道:"照现在的情形,将来会怎样呢?想想看。"等待儿童作答:"我想,照这样下去,升高中看来有点困难。"

儿童倘若这样回答,千万别顺口说"明白就好,那就得好好用功",而只能适当地问他:"那么,你打算怎么办?"我们要等待儿童亲口说出:"我还得加把劲。"

当然,事情也许不会那么顺利。对于您的问话"照现在的情形,将来会怎样呢?想想看",他也许会装傻说:"什么?"这时,不宜进行"好好跟你说还听不进去"之类咄咄逼人的说教。不管在什么场合,当儿童对教师的影响作出抵抗时,都得淡然地退让,否则就将陷入"分庭抗礼"的状态。教师可以就此打住:"你是那么想的吗?我可不这么想。你的想法看来是不太可行的。如果有什么想法要跟我商谈的话,请随时来!"一次交谈是解决不了所有问题的,只要打开继续交谈的通道就可以了。

儿童答道:"我想,升高中是没有希望了。""那么,你打算怎么办?"这时倘若儿童垂头丧气地说"算了,我是笨蛋。升学是没有指望的了",该怎么办?这时切忌冷嘲热讽:"你在胡扯什么?只要功夫深,铁杵磨成针。你得加油啊!"这不是在激发勇气,而是一种压制。我们应这样说:"这是你的想法,我倒不那么认为。我认为你过分低估了自己的实力。不过,你要是打消了升学的念头,老师还是尊重你的意愿。毕竟这是你的人生课题。"即使在这种场合,教师补充一句这样的话会更有效:"或许你会改变主意的,要商谈什么的话,我随时恭候。"

最终若是儿童说出了"我想再继续努力",那就值得庆幸了。教师可以说"看到你积极进取的样子,我真高兴",以激励他的勇气。

这样看来,逻辑结局的技法是非常复杂的,需要教师有相当高的素养。不仅是技术方面的素养,还要有师生之间相互尊重、相互信赖的合作关系,否则,这种技法只能归于失败。

逻辑结局的技法不应掺有任何消极感情。既然是激励勇气,那么哪怕是微妙的措辞和语气,都会影响到逻辑结局的成功。哪怕教师有一丁点强迫儿童听从其意见的想法，都会露出破绽来。这种技法只有在彻底摆脱了一切"控制欲"之后才能运用。在教师拥有完全委之于儿童去作出决断的勇气之前，这种技法是不能运用的。一旦教师运用逻辑结局将自己预先准备好的结论强加给儿童，它往往就会变质为惩罚了。

学龄前儿童和初中以上的儿童，往往难以运用"逻辑结局"取得预期的教育效果。这是因为，学龄前儿童尚未发展出能够充分预测自己行为结果的能力，而进入青春期的儿童容易把"逻辑结局"视为一种挑战。因此，对学龄前儿童宜用"自然结局"技法，对初中以上儿童宜运用"社会结局"技法，它们是教师的主力武器。

三、谁该负起解决问题的责任

教师往往有包办代替的倾向，把明明应由儿童负责的问题统统包揽下来。试问，"这究竟是谁的人生课题呢？"倘若儿童的行为结果仅仅是落在这个儿童身上，那么，这是儿童的人生课题，不是教师的人生课题。解决儿童的人生课题乃是儿童自身的责任，既非教师亦非家长的责任。

例如，学习是儿童的课题，不是教师的课题。教师的课题是好好教学。如果说教学是教师应负的责任，那么学习便是儿童的责任。因为不学习，其后果只能由儿童自己承担。倘若把它理解为"使儿童学习是我的责任"，那样就成专制了。大凡"使儿童如何如何"的观念不外乎如此。教师的责任不是使儿童如何，而是希望其如何。为儿童提供生动活泼的学习环境，正是教师的课题。

然而，前文屡屡用了"不适当行为"这一冷僻的名词，这是笔者新造的术语。我们不想用"不良行为"之类的术语。善乎恶乎，不过是人们主观的价值判断，缺乏客观根据，我们不能把自己的价值观强加给儿童。相反，如果说某行为是否是"不适当行为"，这就有某种程度的客观判断标准了。也就是说，我们把"破坏共同体的行为"称为"不适当行为"。所谓"破坏"，系指"实质性的扰乱"。因此，尽管某一行为从世俗的偏见来看是不良行为，但对您、对别的儿童、对整个社会并不构成扰乱，这一行为便不算是不良行为。举例来说，违反校服规定并不会对谁造成实质性扰乱，因此我们不认为这是一种不良行为。

"但是,违反校服规定扰乱了纪律,所以是破坏性的,对其他儿童会产生不良影响,难道不是实质性的扰乱?"对于这种反驳,只要这样回答就够了:"倘若没有校服规定,不是什么事情也不会发生了吗?"这就是说,违反校服规定从现象上看是破坏性的、扰乱秩序的,其实不过是人为的。

儿童行为的结果只要不是破坏性地影响他人,就不能说是不良行为,但也不是说对共同体的非破坏性行为全是适当行为。例如,不爱学习,其破坏性影响只限于学生本人,不是不良行为。虽说如此,也不能说它是适当行为。从某种意义上说,它是一种中性行为。从原则上说,即使诸如"自杀"之类的自我破坏性行为,在这里也不能说是不良行为,因为对于每一个人来说,人有生的权利,同样也有死的权利。这种说法也许过于偏激,但"矫枉必须过正",我们不能不这么说。

那么,何谓"适当行为"? 所谓"适当行为"是指对共同体无破坏性的,而且对自身和共同体均有建设性意义的行为。这个问题很复杂,兹列表如下(见表 20 - 1)。

表 20 - 1　儿童行为性质的类别

对共同体的影响	对自身的影响	行为的适当性
建设性	建设性	适　当
建设性	中性	适　当
建设性	破坏性	中　性
中性	建设性	适　当
中性	中性	中　性
中性	破坏性	中　性 *
破坏性	建设性	不适当
破坏性	中性	不适当
破坏性	破坏性	不适当

请注意表中带有星号的"中性"行为。对共同体是非破坏性的,但对儿童自身是破坏性的行为,既非适当行为,亦非不良行为。这样看来,被教师贴上"问题行为"标签的许多行为,诸如不读书、忘记带文具、上课迟到早退、违反校服规定、抽烟等,均可以列入此类。如果教师理解这些不是不良行为,那么工作量将会大大减轻。因为,倘若并非不良行为,就无需强迫他矫正。在某些场合,只要任其"自食其果"就行了。

您也许会说："这简直是不负责任！这不是放弃教育了吗？督促儿童学习，别忘记东西，别迟到，是教师的工作。"否！这是每一个儿童自身的工作。您每个礼拜天外出打网球，忘了带球拍了，这是您自己的事，练得一手好球艺也是您自己的事。其道理如出一辙。

您也许会反驳道："打网球是游戏，学校上课不是游戏，不能相提并论！"确实如此，但这依然是儿童自身应负的责任。打网球是游戏，假如球艺不佳怨不得任何人。现实的人生中未能获得成功也绝不能怨天尤人。读好书是儿童自身的责任，是儿童的人生课题。

或许还会有人反驳道："但是，对方是小孩，他们是负不了全部责任的。"这是"娇宠"。用奖赏来引诱或用惩罚来威吓儿童，在班级里对学生们发号施令，使他们不断地竞争，这是专制型教师的做法。当我们说，全部责任应由儿童自身来负，有人却认为这是折磨儿童；当我们主张相互尊重、相互信赖、合作和激励勇气时，有人却拼命地指责我们"娇宠"。其实，这正表示这些人才是严重的"娇宠主义"者。一个小学生对学校里所要求的一般课题是完全能够自主解决的。倘若这个年龄阶段的儿童无法完成原来可以自主解决的课题，那只能说是教育设计的根本错误。

自己的人生课题靠自己解决，我们认为这是儿童必须学会的最重要的事情。一方面，必须不断地鼓起儿童的勇气；另一方面，要尽量多地付诸"自然结局"。对在"自然结局"中不能解决的课题，则积极地帮助他们通过"社会结局"和"逻辑结局"加以解决。恐怕这就是我们所倡导的教育法不同于传统教育法的最大差别。

可能有人会说："原则是对的，但如果染上吸毒呢？要是置之不理，可不得了。"这个问题很重要。对于中性行为我们可以听其自然，任其自食其果，但这只限于其行为的破坏性是非致命的场合。像吸毒之类，其结局是致命性的，我们可以运用"逻辑结局"的技法，也就是说，我们要对儿童说明吸毒的危害，但说明应当是冷静的、易懂的，不能带有威吓的成分。

"对自闭儿童的自伤行为，该怎么办？他们是无法理解逻辑结局的。"对自闭儿童和重度发展障碍儿童，以上方法是无能为力的。这个问题超越了我们所要讨论的范围，是行为疗法专家咨询的领域。我们所设定的儿童对象应当满足的唯一条件是"能用语词沟通者"。只要能用语词沟通，我们倡导的方法肯定是有效的。

四、厘清应当合作解决的问题

学习是儿童的问题,记得带文具是儿童的问题,末了,抽烟也是儿童的问题,这样说来,教师可以无所事事了？其实,教师为什么非要揽下原本不属于自己的工作呢？这样成天忙忙碌碌,却把真正该做的工作抛诸脑后。

教师真正的工作是首先要负起自己的责任,也就是好好教学,做好班级经营工作。这是儿童无法胜任的,也是教师固有的课题。

教师有教师的工作,学生有学生的工作,原则就是如此。但是,一个人未必能独立地解决自身的问题,教师要上好课、管好班级,非得有儿童的合作不可。同样,儿童要采取适当行为,一方面要有教师的合作,另一方面要有同学的合作。这种同心协力是不可或缺的。

无论何种场合,教师都应当协助儿童解决问题。认清这一点非常重要。我们已经反复说过,许多教师把儿童应当自己解决的问题全都包揽下来了,这不是合作,而是娇宠或过分干预。

作为共同课题,必须满足下列两个条件：一是用明确的语言表示要求合作；二是被要求的一方要同意给予合作。共同课题有两种,即教师和个别儿童的共同课题,以及班级全员的课题。无论哪一种,一旦有谁提出"想把它列为共同课题",双方都得作出承诺。本来并不存在共同课题,而只存在个人的课题,要经过这种种步骤,才能成为共同课题。这些步骤有时是非常复杂的,不过,绝不能超越这些步骤。

例如,对学业成绩差的儿童说"好好用功"便是超越了形成共同课题的步骤,是一种过分干预的、娇宠的教育。首先应问他："你的功课好像有点退步了,我很担心。我想在学习方法方面提供一些建议,你想听吗？"教师要等待他的首肯。只有他说"好的,谢谢",教师才能开始和他讨论如何提高学业成绩。

经过这一步骤之后,教师不应再说"我的建议是好好用功","好好用功"之类的说法是完全无助于儿童的空洞的说教。

从教师方面提出共同课题,应当完全保证儿童有说"不"的权利。倘若教师向儿童提出了学习方法方面的建议,但遭断然拒绝,如"我自己会处理",那是完全容许的,因为学习原本就是儿童自身的课题。碰到类似这种顶撞时,教师千万要沉住气:"是吗?那我相信你。如果要老师帮忙,随时跟我说。"边鼓起他的勇气,边打开通话的渠道,千万别穷追不舍。

至于从学生方面提出的共同课题,教师是不应当拒绝的。接受儿童提出的合作要求是教师的职责。"老师,这个问题该如何解决呢?""学习是你自己的课题,你自己解决吧!"——说这种话的不是教师。儿童以明确的语言提出了求援要求时,教师无论如何都应当参与商谈。当然,帮助的程度如何视具体情况而定。有时或许可以鼓起儿童的勇气,使之独立解决;有时则可以帮他一把。偶尔也可能存在只有教师才能解决的问题,但就原则而言,应当千方百计地激发儿童的勇气,尽可能不要插手帮忙。

当儿童不用语言,却用表情显示出乞求帮助时,绝不能漫不经心、不了了之,而是要耐心地等待他"用语言明确表达自己的要求"——这是必须培养的儿童重要的生活力。

共同课题不仅产生于师生之间,教师的另一件工作就是发现班级的共同课题,激励儿童通过合作解决课题的勇气。聪明的读者也许已经明白,这正是本书的中心课题。

第 21 章　如何在班级中确立民主秩序？

班级共同体、班级议会、角色规则、
禁止性规则、讨论

一、构筑互相帮助的场所——班级

当代精神医学中有"治疗共同体"的概念，即"医疗场所与其说是直接治疗患者的，不如说是创造患者们相互治疗的环境"。它确实有种种优点。

教师总以为"我一个人必须照料全班儿童"，这是效率低下的做法。教师的责任是为全班儿童创造相互帮助的环境，无须越俎代庖，只需加以协调就可以了。这样，儿童们不仅可以从教师身上，同时也可以从同学身上学到许多东西、得到许多帮助。教师的数量也会从单独一人一下子增加到数十人。

作为这种"教育共同体"的班级，其实拥有种种优点。第一个优点是，班级成为儿童通过体验学会合作的场所。在传统的班级里，同学之间的关系是基于竞争原理的潜在或明显的敌对关系，因此儿童只能体验局部的合作关系。在基于合作原理的教育共同体中，所有儿童都结成了友好互信的关系，可以不断地体验到"合作"。再没有比实际体验更有效的教育方法了。与其反复强调合作的必要性，倒不如实际地创造场所，使之亲身体验更有效。在现实的"竞争原理"挂帅的班级里，为合作宣传不过是一席空谈。一个班级只要未能以"合作原理"为基础，儿童就不可能学会真正的合作。

第二个优点是，在基于"合作原理"的教育共同体中，教师比较超脱，这样就可以更准确地把握每一个儿童的状态。基于"竞争原理"的班级形成了以教师为顶点，与每一个儿童相联结的扇形人际关系结构,而班级的同学之间的关系相当脆弱,因此只在教师和每一个儿童之间形成各自的信息通道。在以"合作原理"为基础的教育共同体中则相反,儿童之间的人际关系是相互帮助的友好关系,彼此间形成了纵横交错的网状结构。教师也与儿童处于同一阶层,组成了一个网络系统。在这里,教师与每一个儿童之间是通过多重通道联结的,因此一切信息都在教师的掌握之中。这就是咨询人员在"治疗共同体"中时时体验到的:即使是一时疏远的患者的情形,只需询问常来咨询的患者,也能了如指掌。

第三个优点是,在传统的扇形人际关系结构中,教师可以利用的通信线路,是教师分别与每一个儿童的联结。如果某儿童拒绝建立友好关系,那么彼此的沟通便切断了,便会丧失通往该儿童的道路。倘若某儿童开始采取"分庭抗礼"的手段,那么教师和该儿童之间的通信线路已濒临切断。倘若儿童采取报复手段,教师与其的通信便完全切断了。网状结构的班级则不然,即使教师与该儿童之间的通信线路失灵,只要这个儿童在班级内未被完全孤立,教师就可以凭借其他儿童为中继站,和这个儿童之间保持几条稳固的通信线路,必要时随时可以利用。这样,即使儿童发生了问题行为,也几乎脱离不了教师的掌心。一旦班级的人际关系结构从扇形变为网状,教师与儿童之间的沟通也就恢复了。这就是在对问题儿童进行个案研究之前必须变革班级结构的最主要的理由之一。

二、培养班级中的民主精神

要变革班级结构,使之成长为教育共同体,教师的首要工作便是鼓励班级展开深度讨论。在现行的学校制度中,有"课外学习"之类提供讨论的种种机会,不过在我们看来,这里存在两个问题:其一,它的性质模糊不清,对在"课外学习"之类的场合该做些什么,并无明确的界定;其二,未能传授有关讨论程序的适当知识。

关于第二点容后再述,这里先谈第一个问题。我们倡导严格区分两种班会。一种是涉及整个班级管理的会议。这种会议的主要工作是制定班级规则,可以称为"班级议会"。另一种是全班协力帮助发生了问题行为的个人的会议。借用阿德勒心理学的术语,可以谓之"开放式咨询"。这是班级成员一起讨论如何解决班级内问题的会议。班级议会是运用法制手段，以立法功能为中心的集会；开放式咨询则是运用心理学手段，以行政功能为中心的集会。本章先阐述班级议会，开放式咨询则留待下章讨论。

班级议会分为例行议会与临时议会。所谓例行议会，是定期举行的班级议会，相当于"课外学习"活动的一部分，临时议会则在必要时召开。

先谈谈例行议会。例行议会一周一次，定期召开，由教师召集。初期阶段由教师担任主席，在儿童理解了班级议会的意义而且熟悉了讨论的方法和主席的角色之后，可由儿童担任主席。理想的模式是，与其固定由一名儿童担任主席，不如尽量让更多的儿童体验这一角色，更富教育意义。不过要防止机械式地轮流担任。因为每一个儿童对这一切都有否决权，不愿当主席并不构成对共同体的破坏性行为，所以并非不适当行为。"什么时候想试试看，告知一声"，任凭自然结局就可以了。在这种情形下，强制"一律"是虚伪的平等，是专制的做法。除主席之外，还得有一两名记录员。这个角色刚开始亦由教师兼任，等大家抓住要领后，再委之于儿童。

例行议会的题目可以是如下四点，请在例行议会前夕，写在黑板上：

1. 本周出现了哪些好事。

2. 本周出现了哪些麻烦事。

3. 下周要采取哪些改进措施。

4. 是否要制定规则。

会议每次三十分钟，平均每个议题大约八分钟时间，所以必须紧凑地进行。主席就各个议题征求意见。教师或者作记录的儿童在每个议题的标题之下记录各人发表的意见概要，这样就可以一目了然，易于归纳。

先就"本周出现了哪些好事"征求意见。乍看似乎浪费时间，其实这是非常重要的一步。因为这样做有利于促进儿童发现诸如进步、合作、相互帮助之类的自身与他人的积极面，也是进入正题讨论必要的准备步骤。与其让儿童"反省"毛病，不如让他们发现并肯定"自己又进步了一点"。"其他同学做了好事"对儿童激发勇气，从而建设性地生活，更加有效。

讨论应严格贯彻以下规则：

1. 畅所欲言。

2. 虚心听取他人发言。

3. 不针锋相对地反驳他人意见。如要反驳,不说"你错了",而代之以提出方案,说"我是这么想的"。

4. 先讲结论,再说明理由。诸如"我是这么考虑的,因为……"。

这就是适当的讨论方法。这种方法有四大优点。第一,有助于儿童发现建设性意见。所谓"建设性意见",就是涉及"如何才能合作解决问题"的意见,而"谁是恶人""为什么这么做"则是非建设性意见。

第二,为儿童学会建设性的讨论方法提供机会。要民主地展开讨论,就得分辨何谓非建设性做法,诸如"你说错了",或者"谁赢谁输,一决雌雄"。在民主型会议中,没有必要证明对方是错的。在这里,欢迎一切意见。不管采用哪一种意见,都是在听取了种种不同意见之后,由每一个参与者自己决定的。应当把指责对方意见错误的精力用于让他人完全理解自己的见解上。不能说"住嘴,你错了",而应当说"你的意见我懂了,不过我的想法是这样的"。这样,彼此就可以形成不带情绪地听取对方意见的心态,最终找到共同点,或者综合对方的意见,发现第三种意见。

第三,几经周折不能取得一致意见而又必须统一全班步调时,可以采取少数服从多数的原则,这样不至于引起情绪上的对立。这是在与对方无法取得一致见解时的一种会议策略,并不是要使对手沉默,而是把自己的意见诉诸大多数,取得多数人的赞同。这是民主型会议的基本策略。不说"你是错的",而说"我的意见的优点在这里",这样说更有说服力。儿童也应该掌握这种艺术。

第四,可以激发消极型儿童的发言勇气,因为这样做不会有"挨批"之虞。

我们可以让儿童经由一些练习,熟悉这种民主讨论的程序。

儿童担任会议主席时,会议的运作原则上由主席负责。倘若讨论有些离题,可以小声地提醒主席。倘若出现了非建设性意见,而主席一时茫然无头绪时,可以悄声向他建议说:"如何解决这个问题呢?我看还是再征求一下大家的意见。"在提建议的场合,不能当众羞辱主席,也不能撇开主席直接向同学发号施令。

临时议会基本上是在上课时暂停教学后开始的。必要的话,随时都可以召集临时议会,在极短时间内处理好问题,再恢复上课。这就需要预先在例行议会上决定召集临时议会的程序。其程序如下:无论教师或学生,如果觉得有必要召开临时议会,可要求发言,向全班同学简要说明会议主题,请求召开临时议会。教师可立即裁决,只要全班儿童同意,就宣布召开临时议会。若遭否决,则不宜在课堂上重提。这种情形并不多见,但如果教师的提议遭到儿童否决,必须服从儿童的决定。

三、透彻理解何谓"民主型规则"

班级议会讨论的焦点不应针对特定儿童,而应针对涉及全班的问题。教师与班级儿童讨论之后,应尽早(可能的话在刚开学之时)召开第一次班级议会。第一次议会的主题可以是教室的布置,或一周的活动计划。一开始不必急于制定班级的规则。尽管如此,班级议会的最大作用是制定班级规则。规则一旦制定了,就要在诸如教室的公告栏内张贴出来,以便随时都能看到。

何谓规则都必须有严格的界定。所谓"规则"是旨在确立班级秩序的决定事项,带有某种程度的强制性。它由关于角色分工的决定——"角色规则",与关于禁止不适当行为的规则——"禁止性规则"组成。关于角色分工的决定是指诸如值日的约定,它相当于行政法;关于禁止不适当行为的决定,则相当于刑法。相当于行政法的角色规则,从现状看似乎问题不大。它也不是从一开始就由教师制定的,应视需要由儿童来制定为妥,这样更有教育意义。

或问:"幼儿园和小学一年级儿童,该安排哪些值日呢?"一位朋友在幼儿园作了成功的尝试,这是一项有趣的实验,这里介绍一下。她原本不清楚该安排哪些值日工作。该园实施中午包餐制。开始时有孩子帮教师倒茶,教师只是诚恳地说了声"谢谢",孩子们不久便争相帮忙午餐的工作。教师于是吩咐先吃完的孩子:"请把水壶送还给厨房好不好?"若孩子照着做的话,教师必定对孩子说声"谢谢"。有的孩子见了,吃饭不再磨磨蹭蹭,而想要得到"谢谢"。然而有的孩子终究改不了慢吞吞进食的习惯,当这类孩子也表示"也让我们来帮忙吧"时,教师就可以让他们值日,不过要负责哪些工作全由孩子自己做主。孩子们可以从事各方面的值日工作,像关灯、关窗等,所有孩子都可以负些责任,自值日制实施以来,无论对于负起责任的值日生,还是非值日生却帮了忙的孩子,教师都不忘说声"谢谢"。这是出色的教育实践。

问题在于禁止不适当行为的规定。我们认为，什么都得由规则来禁止是不好的；随意增添规则的数量也不会有好结果。尤其是关于禁止性规则，应缩小到最低限度。

为此应注意，"不许如何如何"这种禁止性规则只能针对不适当行为，即对于共同体来说具有破坏性的行为来制定。例如，对"不许忘了带东西"之类，作为规则定下来就不好。破坏公物是不适当行为，因为会给全班带来麻烦，因此可以用规则来禁止，这是民主的。但是"忘记带东西"绝不是班级全体的事，而是个人应当解决的问题，用团体的力量去强制实行，那就是道道地地的专制主义。

顺便再说明一下，"别忘了带东西"只不过是换个说法罢了，换汤不换药，同样不能当作规则确定下来。不过，倘若"别忘了带东西"是作为一种号召、一种宣传，而非行为规则，那就无可厚非了。

或许不会有此类事情，但假如老是忘了带东西的儿童主动提出"我老是忘了带文具，很不方便，希望大家制定一条别忘了带东西的规则"，该怎么办？即使在这种场合，教师也应动员大家放弃这一动议，对全班儿童说："我想这不是全班同学的问题，怎么办呢？"当然，也可以对提这一要求的儿童说："我想这不能作为全班同学的共同课题，但老师可以尽量帮助你。怎么样？等会儿跟我谈谈好吗？"劝告他将此当作师生两人之间的共同问题来解决。

或许有人反驳说："但是，忘记带东西影响的不仅是这个儿童，还会扰乱借给他东西的其他同学。"对此，可以有一个替代方案，就是制定"不借东西"的规则，使之自食其果，诸如"被借者别借给人家，借者别逼人家借给你"之类。总之，不致伤害对方的请求方法或婉拒方法是一种重要的生活力，是需要儿童好好学习的。

或许有人会进一步反驳道："有的儿童心肠软，无法拒绝他人的请求。"有人请他帮忙时，即使会造成困扰，他也不会拒绝。真是左右为难。保护弱者，不是教师的责任么？其实，借东西给人家原本就谈不上困扰，倘若真的造成了困扰，就应当把它作为共同问题提出来。"即使是真的造成了困扰，也肯定不敢作声的，因此得……"——这种观念简直是荒谬绝伦的娇宠教育。前面已经说过，这种孩子并不是真正孱弱的儿童，只不过表面看来孱弱罢了。世界上不存在全然软弱无力的儿童。好好地尊重他们，信赖他们吧！

或许有人反驳道："违法乱纪怎么办？"一般而言，"维护共同体"是学校内部的政策，而违反了法律则应遵照法律由国家司法机构作出处置。严格地说，学校无权处置。因此，凡是违反法律的行为，处置权在司法机构。

不过，对学校共同体的破坏行为则另当别论，这里应作严格的区分。例如，偷东西是对共同体的破坏行为，因此是可以用规则禁止的，违反了这条规则就可以给予处置。总之，禁止性规则是可以制定的。至于能否就校外的行为制定禁止性规则，答案是否定的。规则只限于维护学校共同体及禁止破坏共同体的活动，不宜干预校外生活。

或问："那么，我在外面看到班上学生偷东西，也装聋作哑？"这是另一回事。制止偷盗行为不仅是教师的职责，也是一个公民起码的责任。即使看到不相识的人在偷东西，作为一个公民该做什么？倘若"事不关己，高高挂起"，那真是怪事了。不管这个少年是你的学生或是不相识的人，你都得以教师的身份发挥权威作用。身为一个公民，对于任何少年有损于社会的破坏性行为，都该理直气壮地纠正。

四、如何对待违反规则的儿童

规则只要是民主制定的、合理的，儿童就会自觉地加以遵守。如果他们既非为了求得教师的欢心，亦非旨在免受训斥，而是理解了遵守规则的必要性并发现其中的乐趣，便一定会遵守的。

不过，这也不是一蹴而就的。在"竞争原理"的世界中生活过的儿童，要真正觉悟到合作的必要性，尚需一段时日。在这个过渡时期里，还会有违反规则的事情发生。

当儿童违反规则时，就得依据规则处置。凡规则中预先规定了违反者应负的责任，教师可以立即据此采取行动。例如，"不得扰乱课堂秩序，违者立即离开教室"。倘若有了此项规定，当儿童妨碍上课时，教师可以马上指着门对他说："你到外面去好吗？想安心听课时再随时回来。"这时绝不能感情用事，要心平气和地处置，否则便是惩罚了。不要忘记，这里所要追求的绝不是惩罚儿童，而是使其接受"社会结局"的教训。

倘若违反了未能决定应负何种责任的规则,教师不能采用社会结局的方式来处置问题儿童。此时可以当场要求召集临时班级议会,或者在下次班级议会上提出,决定违反者应负的责任。不过在这种场合,对于已经违反了规则的儿童,不应再作任何处置。这是因为当他违反时尚无罚则,而社会结局是只能根据业已存在的规则追究。

这里试举一例。在小学四年级某班的班级议会上制定了这样一条规则:不得在窗户旁边踢球。N生踢球砸碎了玻璃窗,那么,身为班主任的你该怎么办?

说教当然是不行的。"N生应当承担责任"是正确的。然而,他该承担何种责任呢?"违反了纪律,故罚一个月不得踢球"是错误的,因为事先并无这条规则。教师倘若随心所欲地加以处置,这就不是"社会结局",而是"私刑"。"下节课召开班级议会讨论这个问题,修改规则,追加罚则"——这个主意如何呢?例如,"不得在窗户旁边踢球。违者禁止踢球五天。砸碎玻璃者,禁止踢球一个月。"这当然也是可以的。但问题在于这个规则出来了,一个月内不准N生踢球,这是错误的,因为这个规则是在事件发生之后生效的,对N生没有约束力。

只要违反者应当承担的责任未能在规则中明文规定,便不能采用"社会结局"的方法。或问:"那么,从一开始就明确规定违反者应承担的责任,如何?"这是一种预设"儿童必定违纪"的想法,表示你并不十分信任儿童。关于违纪的罚则,实际上应当在出现了违反者之后视需要再予以追加。

不过,承担责任与罚则是不同的。刚才提到的"砸碎玻璃窗者,禁止踢球一个月"的规定,是不折不扣的罚则,因为违纪事实与处置的逻辑关系不明确。假如是"砸碎玻璃窗者,善后工作自负",违纪事实与处置的逻辑关系就可以理解了,因而不能说是罚则。

或问:"维护规则为何如此拖泥带水?"这个反驳只对了一半。因为确实存在不守规则的儿童,但预设或过度扩张罚则,并强加给问题儿童,不仅不会有任何效果,反而会产生种种令人困惑的副作用,是绝对错误的做法。

或问:"砸碎了玻璃窗,由肇事者个人去处理善后工作,不能认为算是尽了责。"确实如此。规则没有必要规定违反者应当承担的一切责任,而且实际上也是不可能的。心理学的处置方法是,询问N生:"你对此该负哪些责任?"只要他决心不再犯同样的过错，并对全班同学作出情感处理——说声"对不起"，就可以了。这是不需要规则规定的。

我们为什么要反反复复地区分法制手段与心理学手段呢？法制手段终究是以全班为对象的。对个别问题儿童的处置必须采用另外的方法。有一所问题重重的中学，那位校长说："我是去年接管这所学校的。学生们的问题行为简直是'惨不忍睹'，所以修订了校规，增加了条款，严格了罚则。然而，问题非但没有减少，反而变本加厉了。现在的孩子，简直不像话！"

不过，"不像话"的究竟是谁呢？

五、把班级交给儿童

班级议会的最大作用就是制定角色规则和禁止规则。不过，宜尽量加以活用。虽说如此，除了制定规则之外，究竟还有哪些功能并无定论，因为这一切都仰赖儿童去做。当儿童熟练地掌握了讨论的方法，积极参与讨论时，他们定能主动地使班级议会发挥作用，代替教师从事班级管理的大部分工作。

我们一直围绕班级经营这一课题打转。迄今为止，似乎是在讨论教师该如何从事班级的经营，其实不然。在教育共同体中，管理班级的大部分工作是儿童的责任，教师只要在初期阶段劳神费力，尔后便无须事必躬亲了。

试举日本某幼儿园的实践为例。这是一所小型幼儿园，只有四名教师。他们在新学年伊始，决定发挥幼儿的自主性，放手让他们从事各项活动。除必不可少的暑假和毕业式之类的日程之外，包括运动会等年度计划，都不作预先安排。

初夏时节，教师想安排"家长参观日"，于是问班上的儿童："老师想请你们的爸爸妈妈来园参观，你们想以怎样的面貌来迎接自己的爸爸妈妈呢？该怎么做呢？"孩子们"啊"的一声，高兴极了。于是接着问："那么，我们拿什么给家长看呢？"孩子们七嘴八舌，提出了种种想法，结果多数人认为可以"画一幅家人的肖像"，反对的一方则提议"唱一支歌"，双方僵持不下。最后，教师总结道："画画的人画画，唱歌的人用歌声来支援画画的人，怎么样？"孩子们同意了。参观那天早上，家长未到之前，教师问："今天，你们想做一个乖孩子还是一个捣蛋鬼？""想做乖孩子。"事实上，每一个孩子都表现得笑逐颜开。

生日会、远足计划、运动会，所有这些都发挥了儿童的自主性。教师们只进行必要的提问，儿童一旦展开讨论，教师只提出最低限度的建议，以不发生危险为前提。即使儿童制订的计划不够完善，教师也不作过分的干预。为此，儿童会经历多次失败，但他们却从失败中学到了许多东西。

就这样，一学年过去，毕业典礼临近了。往年的毕业仪式是教师一手包办的，这次也听凭儿童自己做主。"很快就是毕业典礼了，做些什么好呢？"已经完全习惯于这一套的儿童们为教师制订了包括园长致词在内的程序。往年为了筹备毕业典礼，总得三番五次排练，每次教师都得声嘶力竭地指点。这次不同了。问儿童："排练得怎样了？"儿童们主动安排好了排练的日程，已经开始在练习了。在排练过程中，以园长为首的教师们也听从儿童的指挥。一旦碰到不如意的地方，他们会主动协商加以调整。当然，教师不必再吼叫了，手足无措受"叱责"的反而是教师了。经过三次排练后，毕业典礼圆满举行。当然，每一个儿童都表现得十分出色。

这不是编造的故事，也不是幻想，而是事实。试想，幼儿园儿童尚且能做到，小学生、初中生为何办不到呢？"让儿童施展自己的才华"——这种学校活动有着何等的教育意义啊！班级议会倘能好好运作，儿童们就会从事班级经营的几乎所有工作，教师就能集中全部精力于自己的本职工作了。而且，儿童还可以有效地学会如何在学校教育中发展自己的尊重心、责任心、社会性与生活力。班级议会一旦发挥了威力，不适当行为，尤其是暴力行为将销声匿迹，那些过去落后的儿童也会积极地参与班级活动，学业方面自然也会改观。

六、我们为什么说得这么刻薄

写到这里，我们要对读者们不嫌我们的尖刻措词表示由衷的谢意。我们虽然用了刻薄的措词抨击传统教育，但绝对不是出于恶意。或许有人会说："您一方面说'不宜批判''不要问恶人是谁'，另一方面对教师却又严厉批判，这不是自相矛盾吗？"确实如此，不过，这里面有若干原委，详述如下。

我们不厌其烦地提示"该怎么办？"，实际上这不是批判教师，而只是想提出种种替代方案。倘若这些阐述正好可以提示教师找到合适的替代方案,就是我们莫大的欣慰了。

我们知道,倘若只是简单地提示技术性的"是"或"否",专制的教师就会把请求的语气和社会结局作为更有效的统治工具加以运用了。不负责任的放任型教师也就有了听凭"自然结局"、自己什么也不必做的借口了。我们不愿为这类教师提供援助。面对如此刻薄的批评却仍然不怀好意地阅读本书的这类教师,读到这里一定会勃然大怒,果真如此,那正是我们所期待的。

耐心地读到这里的您一定是位有良心的教师。或许可以设想,您一定已经下定决心成为一名民主型教师了。或者您会在暗地里丧气地说:"您讲的一套我能理解,但教师的工作非得这么复杂不可么?"

是的,教育儿童确实是一件繁难的工作,但仍不能赞成严厉的罚则。这种想法当然有若干理由。

第一,因为罚则仍然是一种惩罚。虽说罚则经过了民主程序,是大家赞同的,但罚就是罚,具有惩罚的一切副作用。更糟的是,儿童并不是由于理解了违反规则的破坏性,而是出于对罚的恐惧心理才遵守规则的。

第二,不守规则的儿童毕竟是少数,不能因此对全体儿童抱有不信任感。只要制定并实施完全合理并且不附带罚则的规则,违反规则的情形就不会时常发生。即使有,只要合理处置,也很少有人会再犯的。

第三,常常违反规则者一般是有心理问题的儿童。对于这种儿童,不可用这里提到的法制手段,而必须用心理学手段。其具体做法留待下章阐述。

我们应当了解,规则与其说是旨在帮助每一个儿童,倒不如说它是有效地发挥团体作用所必需的。在这个问题上混淆不清,往往会陷入专制的泥淖。之所以增加规则条款、严格惩罚,是因为我们的时代是一个复杂的时代,而我们还不知道如何民主地生活。成人在教育儿童之前,必须确实学习何谓民主的生活方式。这里所倡导的教育方法乍看起来是违背常识的,其实都是对民主的教育方式深思熟虑之后所必然得出的结论。

第 22 章　创造儿童相互帮助的环境

开放式咨询、开放型提问、封闭型提问、见解、统一目标、诊断、认知反射、咨询课

一、班级的共同课题：帮助问题儿童

如今学习心理咨询的教师增加了，这是值得庆幸的事。不过遗憾的是，教师一般都未能掌握对问题儿童进行个别咨询的方法。个别咨询有种种好处，但也潜藏着一些危险。例如，接受个别咨询的儿童或许会以为只有自己才拥有与教师特别交往的权利，这样也许会助长其特权意识，甚至自恃和教师关系密切、地位特殊，因而不断地采取不适当行为。反之，那些原本没有问题也未接受咨询的儿童，可能嫉妒这位同学的特权，或许会认为"做坏事可以与老师确立特别的关系，成为班级中的特权阶层"，于是开始采取不适当行为。更棘手的问题是，从教师方面说，一旦教师与有受害者意识的儿童为伍，动辄与他们分享受害者意识，那就是把别的儿童视为敌对的一方了。有的教师同情问题儿童，和他们站在一边，甚至偏执地把班级里的其他儿童视为加害者，这样一来，班级终将全面瓦解。成为问题儿童受害者同盟一员的教师不仅把班级的儿童都归为敌方，也把同事和家长视同对手。这种事与愿违的事，现实生活中屡见不鲜。

与问题儿童作个别咨询固然重要，但发动全班儿童给予帮助也很重要。我们主张双管齐下。也就是说，让班级全体旁听个别咨询，这种方式谓之"开放式咨询"。教师事先与问题儿童交谈，在完全了解了若干问题所在之后，征求他的意见："关于

这些问题能不能跟班上同学谈谈,借用大家的智慧?"倘若得到允许,便可在全班儿童面前开展个别咨询了。

开放式咨询有种种优点。最大的优点首先是共同思考问题,形成班级内相互帮助的气氛。儿童可以从教师的做法中学到如何去帮助他人,形成有效的互相帮助的态势。其次,往往有助于开拓儿童的思路,集思广益。而且,上文已经说过,可以防患于未然:使得那些实施咨询法的教师不致陷入容易出现的种种危险。

实施开放式咨询的教师不应当专横跋扈。如果一心要在全班儿童面前证明问题儿童是"恶人"的话,是不可能得到任何成效的。开放式咨询不是判决,而是旨在提供帮助的"作战会议"。另外,指望以人多势众压服问题儿童的心态也是要不得的。不要忘记,我们要创造的,不是争论,而是班级全体能够和问题儿童合作的气氛;我们应当弄清楚的,不是谁对谁错,而是如何解决问题。

实施开放式咨询无非就是把帮助问题儿童当作班级全体的共同课题。因此,教师在掌握了问题儿童的问题所在之后,就得通过相应步骤,使之成为全班儿童的共同课题。教师向全班儿童提出:"我希望你们帮助他(她),能不能一道配合?"如果儿童们接受了这一课题,那就表示开放式咨询开始了。

二、请小心措辞

提起"开放式咨询",总会令人有一种严肃之感。其实,大可不必像想象的那么拘谨呆板。日常的班级经营活动只要稍作变动,就会成为出色的开放式咨询。在这方面,学校现场远比在班级之外提供特别的机会进行个别咨询更具优势。在学校里,可以单独安排时间,必要时还可以在日常的课时中临时中断几分钟或十几分钟,进行小型的开放式咨询。因此,别打着咨询的旗号趾高气扬,应尽可能轻松自在。

虽说如此,要出色地实施开放式咨询还得把握它的基本观念,同时通过训练,熟练地掌握如何措词及其他咨询技法。

在开放式咨询中,请尽量使用疑问句。这里面包含种种含义。第一,可以避免将您思考的解决策略强加给儿童。用"这么做怎么样"来代替"这样做好",儿童们就不会感到受强制。而且,您用疑问句来说,儿童就可以回答"不",这表示您同儿童之间保持着横向关系,这是非常重要的。断定自己的主张是正确的教师无非是想证明"我的想法比你们周全"。这样一来,老实的儿童会相信"我是笨蛋,没有老师的指点,一个人什么也做不了",调皮的儿童则会决心跟您周旋,"证明老师是笨蛋"。教师绝不能强硬地主张或暗示自己的一套多么高明。

  用疑问句的第二个优点是,可以赋予儿童进行独立思考的勇气。鼓励儿童独立思考远比您向儿童传递自己的想法重要得多。所谓"教育"不是向儿童灌输现成的答案,而是鼓起他们独立思考的勇气。实际上,提出正确的问题比找到正确的答案要困难得多。正确的问题一旦提出来了,自然会迎刃而解的。

  第三个优点是,可以使儿童知道何谓"正确"的问题。从错误的问题是不会引出正确的答案来的。"恶人是谁,受害者是谁"或者"责任者是谁,为什么会这样"之类的问题,都是荒谬的。每个儿童扪心自问"我现在能做些什么"是唯一正确的问题。教师通过对问题儿童提出"你现在能做些什么",对全班儿童提出"为了他(她),你们能做些什么",可以使儿童们学到什么才是正确的问题。

  我们将疑问句分为两种。一种是"封闭式提问",另一种是"开放式提问"。所谓"封闭式提问",就是用"是""否"作答的提问。所谓"开放式提问",是使用疑问句"怎么办"之类的提问。为了传达您的想法,就像用"你生气了吗"去替代"你对他的所作所为很生气吧"一样,请不要用叙述句,尽可能使用封闭式提问。上文提及的请求的语气也是一种封闭式提问,这是用封闭式提问来替代命令句的说法。而为了鼓起儿童解决课题的勇气,请使用开放式提问。就像"怎么做才能不迟到呢",尽可能避免斩钉截铁的说法。

  用疑问句交谈时还有一点值得注意,就是把"事实"与"见解"区分开来。人们往往有一种倾向,即把纯粹主观的见解当作绝对的事实来强调。例如,"你说错了",倘若您果真那么想,应当这样说:"我认为您说错了。"请多多使用"我认为""这不过是我的想法"之类的说法。我们把它称为"见解",也可以称之为"主观表达"。这种表达不至于使儿童感到您在强加于他,引起反感。这样做,儿童容易听得进,把您的见解作为参考资料加以利用,而且还会感受到您的真诚,从而信赖您。把主观见解当作客观事实来强调的教师,不仅逻辑混乱,而且试图掩饰自己的缺乏自信、自欺欺人。

上面阐述了说话的方式。其实，别忘了"听"远比"说"重要得多。您与其喋喋不休地"说"，不如多倾听儿童的意见。

正如要不断区分您所说的"事实"或"见解"一样，儿童所说的究竟是"事实"还是"见解"，也得不断地加以分辨。倘若儿童所说的是事实，您务必无条件地承认。倘若儿童把主观见解当作客观事实来强调，那就得指明这不过是一种见解："你是那么想的吧！"当儿童的见解与您的见解有分歧时，不要不问情由地轻易否定对方的见解，务必作为一种意见加以尊重，因为儿童拥有坚持己见的权利。倘若您想发表您的见解，别说"你是错的"，请说"你是这样考虑的，我也说说自己的意见行吗？这是我的见解"。因为您的见解也不是事实，不过是您的主观见解罢了。倘若儿童误认了客观事实，您不能断然地说"这不是事实，事实是这样的"，而应使用封闭式提问的说法："我想事实是这样的。你认为呢？"

在与儿童交谈中，万一发觉是您错了，就得勇于承认。在这种场合，与其说"对不起"，不如说"谢谢你指出了我的错误"。教师在儿童面前也应当有认错的勇气，使儿童懂得"教师也会犯错，不是十全十美的人"。

你说的话不仅是讲给交谈的对方听的，也是讲给在场的听众听的。当只有两人交谈时，只考虑对方就行了，但当着全班儿童的面与之交谈时，您必须清楚地意识到听众将怎样看待您说的话，对今后班级的人际关系将会产生什么影响。例如，教师对某儿童说"当心别迟到"，倘若全班儿童在场，会产生完全不同的效果。在全班儿童面前被教师叮嘱了的儿童一旦迟到了，别的儿童也许就会指责他："老师叮嘱过了，还做不到！"这样，合作关系就会崩溃，竞争原理将会作祟。凡是有可能损害班级儿童态度的建议话题，不应纳入开放式咨询的内容，只要私底下与当事者本人讨论就可以了。

教师应当清楚地意识到解决问题的目标，而且始终与儿童保持一致的目标。咨询犹如外出旅游，好比登山时儿童滑落山崖，教师要跟着下去和他们一道研究如何爬上去。要外出旅游，先得决定目标，而且这个目标要取得全体旅游者的赞同。一起旅游的伙伴倘若各有各的目的地，中途非吵架不可。教师就像一名导游，十分清楚旅游的目的地，即明确地规定目标，并使每一个旅客——儿童能够了解其责任。规定的目标应当是现实中可以达到的，不能期望看来难以实现的目标。目标一旦确定了，就得使儿童明白，并取得儿童的赞同。倘若遭到反对，就得重新考虑可以获得赞同的目标。在交谈过程中变更目标并不要紧，要紧的是无论如何不能丧失目标，否则将一事无成。

三、寻求全班的帮助

如何在各种不同的问题上实施开放式咨询，将留待下章讨论。这里，试举中断上课实施微型开放式咨询的简单实例。

某幼儿园 K 生，上课不专心听讲，老是在教室里转来转去。教师往往会说："小K，为什么转来转去呀？""猴子屁股坐不住，不许这样！"上文已经阐述了这类说法的害处，也提到过譬如用请求语气劝告"小 K，能不能坐下来呀"的做法。

请求当然是不错的，但我们担心的是，这种做法是否会加剧不适当行为。因为不管采用何种说法，当儿童从事不适当行为时，只要你讲他一声，反而会有增加该行为的危险。儿童以为"做了不适当行为，老师一定会注意我"，即使他听了你的话坐下来，而且您对他说了"谢谢""我很高兴"之类的话，不适当行为照样会发生。他会想："首先做不适当行为，然后听从老师的话做适当行为，这样最容易引人注目了。"倘若 K 生老是徘徊踱步，虽经多次请求，他依然故我，那肯定是这一逻辑使然。

若是采用自然结局的手法，虽说没有什么危险，但遗憾的是，在这种场合，K 生即使不坐下来也不会感到什么不便，因此效果不佳。

这时，我们就得利用儿童间的人际关系。例如，撇开转来转去坐不住的儿童，面对正正经经坐着的儿童说："你们精神饱满地坐着，谢谢你们，老师非常高兴。"于是，K 生懂了："安心坐下来，能够得到老师和同学的赏识。"这是一种旁敲侧击的做法，调动了班级儿童的团体动力学因素。遗憾的是，这种做法未必有什么效用。旁敲侧击，与其说是发挥了作为应急措施的治疗性作用，倒不如说是发挥了潜移默化的预防性作用。倘若平日遵循这一原则从事班级经营，像 K 生那样的儿童是不会出现的。

当然，不是不能运用治疗法。对于旨在"博取赞赏"和"引人注目"而采取不适当行为的儿童来说，这种应急措施有时是非常灵验的。不过，对于抱有"分庭抗礼"和"伺机报复"的目的而采取不适当行为的儿童，这种措施反而有害。至于到了中学阶段,这种方法更是无济于事。不过,尽管如此,确立平时班级经营的基本方针是十分必要的。

倘若K生还是不能安心坐下来,这时就可以正式开始开放式咨询了。首先问他:"小K,谈谈你的事情好吗?"然而K生根本不予理睬,照样来回踱步。在这种场合,K生不愿说"不",似乎是略有所悟了。"对讨厌的事说声'不'",是K生应当学习的,是一种生活力。

这时,教师面对全班儿童发问:"K生坐不住,为什么?"儿童们一定会七嘴八舌纷纷发言。有的可能会说:"因为他是一个笨蛋。"倘若出现这类说法,千万别附和说:"是呀,我懂啦。"因为K生不是审判的对象,不应责备他。另外,也不能批评说这种话的儿童。这是一个绝佳的教育机会。你可以接他的话说:"你是这样想的吗?不过,老师可不是那么想的。我认为,小K是很乖很乖的,是好孩子。"这样,教师表明了对问题儿童的尊重,也使其他儿童学会了尊重。

当意见大体谈完之后,教师可以如此引导:"老师是这么想的:小K一定想同老师交谈。不过,小K可能在想,若是老老实实地坐在椅子上,老师只同大家一道交谈,不想跟自己交谈。其实,不是那么回事。老师喜欢你们每一个孩子,也喜欢小K。我想跟大家交谈,也想跟小K交谈。"说到这里,K生一定会竖起耳朵倾听,而且一定会有认知反射,诸如吃惊地凝视着教师,或者频频点头,突然笑出声来。这时,你就可以问他:"小K,坐下来同老师谈谈好吗?"K生一定会乖乖地听话坐回位子上的。

从这个例子可见,教师同K生几乎没有什么直接的对话。开放式咨询有时可采用这种方式:同别的儿童而不是问题儿童本人讨论问题儿童的问题。一般人有一种倾向,喜欢倾听别人关于自己的谈话甚于直接交谈。在这里,教师虽不是直接和K生交谈,但一切的信息都是指向他的。当儿童不能积极地跟您交谈时,采用此法尤其有效。这是一种很难操作的方法,但熟练之后,将会愈加发挥威力。

四、摸清儿童施展的抗争手法

在开放式咨询中,必须通过诊断不适当行为,向儿童点明他们所采取的手法的本质。

儿童采取的不适当行为不外乎我们业已分析过的五种抗争手法,理解这一点非常重要,否则就无法采取相应的对策。理解这一点不仅对教师来说很重要,对采取了不适当行为的儿童本身也是很重要的。倘若儿童认识了自己所采取的手法究竟为何,就能发觉用这么麻烦的手法什么也得不到,还是用更适当的方法为妥。甚至在某种场合会埋怨自己:"怎么这么无聊呢!"于是也许会放弃不适当行为的目的本身。其实,正确地诊断不适当行为的目的并告知儿童,儿童自然会适当地采取行动的。隐蔽的动机一旦暴露了,同样的行为绝不会持续。

诊断的第一个线索是,当您面对儿童的行为时自身所拥有的情感。倘若儿童旨在博取赞赏而行动,而您不想表扬他,或者感到其要求有些过分或有了厌烦情绪时,说明儿童正在施展第一种抗争手法。当儿童惹是生非时,您会更加烦恼,但并未生气。当您生气,达到苦笑的程度,"真拿他没有办法",并且明显地流露出愤怒之情时,那就是儿童在采用"分庭抗礼"的手法。这时您会感到他处处作对,真想大声吼叫:"为什么老师说的话也不听!"儿童一旦开始伺机报复,这时您与其说是生气,不如说是情绪郁闷,感到"那个孩子是我烦恼的根源,简直抹了我一鼻子灰",郁郁寡欢。当儿童进入第五种抗争阶段(自暴自弃)时,您会灰心丧气,"这个孩子已经没有出息了",感到绝望而弃之不顾。像这样,您把自己对儿童行为的感情当作晴雨表,就可以诊断儿童施展的抗争手法的种类。

另一种诊断法是考察儿童本身。采用封闭式提问,冷静而温柔地向儿童询问。为使语气尽可能委婉些,可以夹杂一些诸如"或许""恐怕"之类的词汇。"你或许想出风头吧?""你大概是想证明你比老师强吧?"用这一类说法去询问处于分庭抗礼阶段的儿童,千万注意措辞和语调,绝不能掺杂消极感情。

在这里,构成诊断线索的,与其说是儿童的语词反应,不如说是他们的动作反应,即认知反射。你可以问一些足以使之表现出动作反应的问题。这种反应时而是点头,时而是眨眼,时而表现为晃荡的双脚突然静止下来等,这就是儿童的回答。当一个人突然清楚地意识到自己未曾意识到的问题时,便会出现认知反射。一旦儿童在教师的提问之下觉察到"啊!原来如此"时,认知反射便出来了。倘若儿童对原来知晓的内容表示肯定,这时的认知反射就是通常见到的点头或微笑反应。然而,儿童面对使之恍然大悟的内容时,一定会出现更猛烈的动作反应。这种情形,年龄愈小愈明显。若是幼儿园孩子和小学生,会从椅子上跳起来,或者目瞪口呆,作出明显的反应。初中以上者,反应通常较平缓。

边询问边诊断的方法不仅是一种诊断法,也是一种有效的治疗法。关于这一点,上面已经介绍了一些实例。下面还将提供若干具体实例。倘若您对诊断缺乏自信,不妨按照五种抗争手法的顺序,逐一加以询问。您可以就下列五个问题,用委婉的语气逐一询问。措词一定要注意儿童的年龄特征。每当问完一个问题,观察一下儿童的反应。倘若出现了认知反射,那就可以确定儿童施展的手法了。倘若对两个以上的提问都出现了认知反射,那么答案便是更深一步的抗争手法。

1. 你或许想获得老师的表扬才那么做的吧?
2. 或者,或许你想出出风头才那么做的吧?
3. 或者,或许你是想证明自己强才那么做的吧?
4. 或者,或许你是想报复才那么做的吧?
5. 或者,或许你是想一路错到底才那么做的吧?

五、定期开设咨询课

正像班级议会中有例行议会,定期开设咨询课是值得推荐的做法,可以称为"商谈课"或"商谈会",不必让儿童知道"开放式咨询"的名称,因为有的儿童一听到"咨询"便畏缩不前。

当问题发生,需要应急地实施开放式咨询时,往往需要高超的咨询技术。因为在这种场合,具有问题意识的是教师而非儿童。儿童并不希望咨询,或许连听都不想听,因而不少情况下不能形成对话。倘若咨询的主题是某种不适当行为,问题就更加复杂。因为教师自身往往处于不适当行为的对立面,而作为对立面的教师希望咨询,会使得对话更加复杂。

开设定期的咨询课,一般只需要简单的技术。因为提出咨询的是儿童,一旦儿童本身拥有问题意识,对话的形成就有了保障。况且咨询的问题未必是不适当行为,通常是学习方法、交友的烦恼之类,总之,是教师可以客观处置的话题,这就好办多了。当然，即使是临时的咨询，只要儿童愿意参与，也并不困难。

在咨询课上，是采取预约手段，还是采取征求手段都可以："有谁想跟老师谈谈吗？任何事情都可以。"开始时参与者也许寥寥无几，慢慢习惯了，肯定会蜂拥而至的。不仅心理烦恼，其他的事情也都可以作为咨询的内容。"这个礼拜天有几位同学想郊游，但不知道到哪儿去好"，这一类咨询也应当受到欢迎。

不管什么问题的咨询，不能光由教师作答，还应当问问班上同学。不要忘记，开设咨询课的目的不仅是旨在帮助来商谈的儿童，这也是形成班级合作关系的大好时机。

倘若有儿童希望"不公开，个别交谈"，当然应予尊重。不过，倘若听完了他的陈述，觉得可以公开内容，不妨鼓励他把问题带到咨询课上去。强迫自然是不行的，但应尽量使全班拥有共同的课题，以便儿童学会合作解决课题。

倘若咨询内容涉及责难别的同学，有几点是值得注意的。首先，要劝导同学之间和解，不要让他们对质后作出判决，否则班级迟早会分崩离析。第二，保持中立，不要偏袒任何一方。即使不当裁判，但倘若片面地同情、庇护某一方，也往往会招致儿童针对教师展开种种抗争。第三，可以委托班级中的儿童加以仲裁，但不是开庭宣判。教师绝不能宣判"谁是恶人"，儿童更加不能。

例如，小学三年级某班M生希望咨询的内容是"T生借了我的铅笔和橡皮，他不还我"。首先要统一目标，因此问他："那么，你想怎么办？"这个问题问的不是"咨询的理由"，而是使之明了"咨询的目的"。M生说："我要他还给我。"这个回答非常重要。因为他并没有说"我想揍他"，而是提了建设性的意见。在这里，多数教师的处置往往流于草率："你去要过了吗？""没有。"教师便命令T生："小T，还他！"这是不对的。应该采取使M生鼓起勇气的建设性做法："听了你的想法，老师很高兴。你非常明白自己想要做的事。"这就确保了目标的一致。接着，探讨替代方案："那么，你的想法如何？"答："我希望老师帮我向小T说一声，还我东西。"这不是一个好办法，可以建议他："你自己不能直接跟他说吗？""不能"，M生回答。这里的"不能"其实是"不愿"的意思。教师可以说："你是不愿去说吧？那就没有办法了。"让他感到左右为难。稍等一会再鼓起他的勇气："老师倒想请你去说，行不行？""过后他会欺负我的"，M生说。"我想，小T不是那种孩子"，教师说完再对全班儿童说，"如果是那样的话,全班同学会帮助你的,是吗?"M生终于说:"那么,我试试看。""你有这个勇气,老师很高兴。那么,你去跟小T说说看。你懂得怎么说吗?""'请还给我',这样说行吗?""这样说很好,那么,你试试看。"M生走向T生说:"小T,借给你的铅笔和橡皮请还给我。"T生答"知道了",并朝M生走去,把铅笔和橡皮还给M生。全班同学一齐鼓掌。教师再给M生打气:"看到小M做得很好,我真高兴。"然后又给T生打气:"小T也做得很好,谢谢你。"然后说:"小T,老师有一个请求,愿意听吗?""嗯",小T含糊地应了一声。"小T,你借用了小M的铅笔和橡皮,如果能表示一下谢意,老师会非常高兴的。"教师用委婉的语气启发他。"明白了",T生回答。"怎么说,明白了?"T生不吭声,径直走到M生面前说:"我错了,对不起。这种事以后不会发生了。"于是,同学们鼓掌。

简单吗?费劲吗?倘是动辄发怒的教师来处置,后果将棘手得多呢!

最后应当指出的一点是,绝不能混淆了班级议会同咨询课。班级议会是发挥儿童创造精神,并且属于儿童本身的会议,其目标涉及整个班级的运作。而咨询课是咨询活动,它要求教师必须有创造性,其目的是帮助有问题的个别儿童。两者需要明确地区别开来。

第 23 章　如何处置儿童的问题行为？

战略目标、战术目标、战斗技术

一、让儿童学会尊重

在这一章里，我们以实际事例和咨询事例为中心，通过一些常见的问题行为，介绍一下对儿童不适当行为的典型处置方法。

不过，这里不对不良行为和逃学之类问题的处置，作专门论述。我们反复说过，要处置这一类问题，必须有全班同学的配合。我们需要求得班级经营的全面改革，否则，只要稍稍偏离轨道，便将一事无成，不能触及这些问题的核心。这些问题是"班级病"的晚期症状。对于"班级病"听之任之，是无法根治这些问题的。平时注重保健预防疾病，远比症状出现之后惊慌失措要明智得多。

这样说来，应当"好好考虑并实施健全地培育儿童的对策"。这是无可非议的。问题在于它的含义。现行学校通行的保健法大体可以分为两种：一是"号召"型保健法；二是"早发现、早应对"型保健法。然而在我们看来，无论哪一种都不会有什么效果。

例如，有的中学在推行"礼貌运动"，号召大家"打招呼"之类。碰到不打招呼的儿童便斥之他："喂，怎么不打招呼！"尽管如此，儿童们总是无法养成礼貌的习惯。

聪明的您一定已经明白这种做法是毫无意义的。这正如写上"别感冒"的字条贴在墙上，当感冒发高烧时面对高烧怒吼"喂，怎么不退热"一样。这样做，说不定病情会加剧，转为肺炎了。我们并不是说"号召"毫无意义，而是说我们别忘记"号召"本身不是保健法这一事实。要实现"别感冒"这一目标，教会儿童用干布及时擦干雨水、汗水之类尚可理解,但以为写成标语贴在墙上本身就是保健法是愚蠢的。当然,面对高烧不退而怒吼,更是愚不可及。

终极目标、眼前目标、即时处置,这三者是不同的,不能混淆。这里套用一下军事术语,也就是说,我们不应混淆了"战略""战术""战斗技术"的区别。教育的终极目标是什么?那就是儿童的精神健康。所谓"健全地培育"这一目的,类似于咨询人员所说的"培育精神健康的儿童",但其实质无非是"别使儿童出问题"这一消极目的。消极目的不能成为战略目标。然而,战略目标如果不适当,战术也一定不适当。如果教育的战略目标仅仅是防止犯罪,那么由此出发就会形成"号召"这种粗糙不堪的战术,并倚赖"惩罚"这种最坏的战术了。

战略目标应当是"培育精神健康的儿童"。我们已经讨论过衡量"精神健康的人"的指标。这些指标不仅适用于学校教育,也适用于家庭教育,同样是儿童青春期精神医学和心理治疗工作的目标。所谓"战略目标",是不以具体的战场为转移的。它只有一个,是普遍适用的。不过,战术目标会随不同战场而有所差异。那么,学校这一战场的战术目标是什么?就是确保班级健康。战斗技术呢?就是适当的班级经营。我们的回答就是这么泾渭分明。

"早发现、早应对"这一战术的无价值性也是一清二楚的。它就像患感冒之初仅仅考虑如何退热,而不考虑全身治疗一样。仅从"退热"这一战术目标去考虑战斗技术,犹如感冒患者脱光了衣服洗冷水澡一般愚蠢。错误的战术只能引出错误的战斗技术。服药、吃容易消化且富有营养的食物、静卧等正确的方法,并不是着眼于"发烧"这一症状,而是着眼于全身治疗的。早期发现当然不错,但思考对策者不应局限于问题儿童这一部分症状,而应当是班级这一"全身"。

这里,让我们为"礼貌运动"试拟一个替代方案。恰巧有一位教师觉得,教师应该"以身作则",见到儿童就主动地大声说"你好""再见"。数周之后,同学们只对这位教师主动打招呼。

这位教师有点忐忑不安,问"这样做行吗?"问题究竟出在哪里呢?儿童们有一个非常聪明的做法,这就是将不该打招呼的教师同该打招呼的教师区别开来:"一些教师非常尊重我们,我们就打招呼;另一些教师对我们存有轻蔑之意,我们就不打招呼。"由此看来,礼貌问题绝非习惯的形成问题,而是内心情感的表露。

要转变儿童,首先得转变教师。这是唯一的办法。

二、惹是生非的儿童

小学五年级的 F 生,老是作弄人。教师要求的作业,他一概拒绝。要他写作文,他就在作文簿上随便画漫画。上图画课时,不仅在画纸上而且在桌上乱涂一通。要他朗读,他便扮鬼脸、怪声怪调地读。上课不时做纸飞机从同学头上抛过去。教师发火了,他便伸长舌头,像是担惊受怕的样子,弄得教师哭笑不得,束手无策。好声好气地劝他"上课时能不能安静一下",但终究毫无结果。

采取这类行为的儿童可以说分布于所有年龄层。这类行为是为了博取赞赏,或是同教师分庭抗礼,还是更恶劣的抗争手段,难以从表面来判断。这就需要用前章阐述的方法,诊断儿童采取的究竟是哪一种抗争手法。

从教师的情感反应来看,这是典型的第二种抗争手法——"惹是生非"。明白了这一点,就可以确定对策的中心是对 F 生不予理睬,甚至不必用请求的语气规劝他,否则就是又在理睬他了。用请求的语气交谈常是有效的方法,但绝不是万能的。一种单纯的方法无论在何种场合,开始使用时看起来有一些价值,但若无效了,就得毅然放弃,尝试别的方法,这才是科学的态度。

对不适当行为不予理睬,这是一个通用的大原则。然而,这样一来,F 生一定会陷入需求不满。他总要使自己的不适当行为不断升级,直至教师注意他为止。尽管如此,倘若教师依然不理睬,F 生就会变换手法,转入第三种抗争——"分庭抗礼"。因此,教师一面需对 F 生的不适当行为不予理睬,一面需对适当行为作出反应,借以鼓舞学生的勇气。"F 生干什么随他的便,我们照常上课"——这一方案是不能采用的,因为这是放任的做法。专制型教师只对不适当行为产生反应,而放任型教师对不适当的冲突行为不予理睬,但对适当行为也视而不见。

教师也许会说:"F 生做不出什么适当行为来。"其实,有许多适当行为由于司空见惯,在一般教师眼中就被视为"理所当然"的,往往被忽略过去了。比如,F 生总不至于成天无休止地作弄人,总有安静下来的时刻吧!那时就可以说:"安静下来就好,谢谢你。"因为,安静地听课,无论对他自身还是对班级都是一种建设性行为。再如,不管他的语调如何别扭,只要朗读了,可以说声"谢谢,好多字都能读出来了"。总之,着眼于他成功的部分加以反应。

当然,光采用这个对策仍然是不够的。倘若F生头脑聪明,他会想到"我恶作剧照样可以受到表扬",也许会决心继续采取不适当行为。另外,即使停止了恶作剧,那也是为了博取教师的表扬,仍然不过是一种错误的抗争手法。

这个问题之所以发生,是由于这种对策只针对F生个人。对整个班级的处置不变,只改变对问题儿童的对策,不管怎么做都不过是给予问题儿童格外的注意罢了。这不是措辞上的问题,不用说"了不起",即使说"谢谢""我很高兴",问题的实质未变,依然是"表扬"。因此,必须对班级中的所有儿童确立起这样一个方针:"不理睬不适当行为;发现适当行为则予以鼓励。"否则,不仅F生的行为不能改正,班级中其他儿童也会抱怨"老师偏袒F生",于是也采取不适当行为。

因此,假如教室一度安静下来,教师可对全班儿童说:"能安安静静地上课,太好了,谢谢你们的合作。"无论哪一位儿童朗读之后,都可以就其长处加以肯定,说声"谢谢,能够流利地朗读了"之类。没有这个基础便不可能对付F生。有了这个基础,则可以对F生作出同样的处置。例如,他画满了漫画的作文簿上毕竟写了几行字,不妨说一声:"你这几个字写得挺不错呢!"

借由这些措施,儿童们不会愚蠢地为博得教师更多的表扬而与别的同学争风吃醋,而是为了求得成就的喜悦才采取行动。到了这个时候,你就可以授以新的奋斗目标:"通过同他人合作,为他人作出贡献,使自己归属于共同体。"我们需要针对"归属"这一战略目标,使儿童施展的五种错误战术转变为"合作"与"贡献"这个唯一正确的战术。这正是教育的战略目标。

因此,如果F生在桌上乱涂乱画,就可以引导他发挥其绘画才能,对他说:"你好像有画壁画的才能。我想请大家一起在教室后面的那面墙上作画,你愿不愿意带头?"鼓励他通过对整个班级作出建设性贡献,使自己归属于班级团体。教师应当针对每一个儿童的个性,让他们有机会在各自擅长的领域里助力班级,发挥一技之长,为整个班级作出贡献。

可能有人会问:"顶多是一个孩子的问题,何必小题大做呢!"我们的回答是:"错了!这不是F生一个人的问题。"这个班级已经"患病"了,全班同学已经围绕"博取赞赏"与"惹是生非",深深地染上了竞争的"病毒"。F生不过出现早期发作的局部症状罢了。

上述思路可以归结为以下步骤:儿童采取不适当行为→劝其改正无效→儿童抗争(采取"惹是生非"的手法)→对儿童的不适当行为不予理睬→对班级全员的适当行为予以鼓励→对问题儿童的适当行为予以鼓励→为班级全员提供合作与贡献的机会→为问题儿童提供合作与贡献的机会。

三、分庭抗礼的儿童

小学三年级的 A 生,上课时老是做小动作或说笑话,干扰了班级儿童的学习。教师不管怎么劝说也无济于事,终于怒不可遏,大声训斥。A 生只在这时才算老实一点,但很快又故态复萌。

训斥总会带来消极效果。严格地说,劝告 A 生"能不能静心地听课"不过是一种应急措施,终究是起不了作用的。您一旦动了怒,先前的苦口婆心便前功尽弃了。隐蔽的专制型教师在这种情形下不免会露出马脚。这种教师只注意言行举止,但基本态度并无丝毫的变化。

教师或许会辩解说:"不能发怒,这个道理我是知道的,但儿童过分放肆,实在忍无可忍便发作了!"果真如此,就证明教师已经被问题儿童的抗争手法引上了钩,如今完全受儿童的遥控,情感的闸门也握在了儿童的手里,他们可以随心所欲地左右教师的喜怒哀乐。对于儿童来说,教师成了他手中有趣的玩具。这正是 A 生那样的儿童所求的。遗憾的是,至今仍有许多教师不明白这一点。

不管怎样,我们先来诊断一下 A 生的抗争手法。教师发怒了,容易使 A 生采取"分庭抗礼"的手法,这是十分清楚的。明白这一点,教师就应当千方百计地避免落入圈套。这样,A 生再继续采取不适当行为便毫无意义了。在这里,教师不必跟他纠缠不休,尽可以爽快地承认自己被击败了,坦然地宣布"老师输了,你赢了"。你即使不肯照说,至少在心中要有这种清醒的认识。

教师和儿童的冲突,即使是教师获胜了,教师也不会获得半点好处,而一旦输了,反而会丧失更多的东西。在冲突面前认输不会有任何损失,因为这不是谁赢谁输的问题,而是如何争取合作的问题。不要以为"这里不能输,否则会丧失教师的尊严"。儿童不会因为教师被谁击败了而不再尊敬他,或者因为赢不了同学而把他视为懦夫。倒不如让儿童学会避免冲突的勇气,学会冷静地处理纠纷的方法,这只会使儿童更加尊重教师的智慧。

"这样一来,儿童将会得意忘形,无法无天了。"那么请问,即使赢了儿童,儿童会对教师谦逊、尊重吗?还是会导致他们想:"这次输了,若是不赢老师一次,不就让他太得意了?"百遍议论不如一次实验。不妨试试看,只要不发怒,多数儿童就不会继续挑衅。

一旦摆脱了冲突的危险,如前所述,就可以面对全班儿童做三件事:对不适当行为不予理睬;发现了适当行为便予以鼓励;为每一个儿童提供合作与贡献的机会。儿童以第二种抗争手法(惹是生非)采取行动的场合,这样处置通常可以解决一切问题。儿童进入第三种抗争状态(分庭抗礼),这种程度的班级结构尚不充分。因为问题虽然大致解决了,但其中还会有一些顽固的儿童,像 A 生那样,不承认新体制,多少仍然有与教师抗争的可能性。为此,教师不仅要做全班儿童的工作,还要对 A 生做个别工作。

对于以第三种抗争手法(分庭抗礼)采取行动的儿童,必须在改造了整个班级的氛围之后进行应对。例如,对上课时窃窃私语的儿童说:"你们好像谈得很开心,能说给老师听听吗?我想,全班同学也想听的,不妨说给大家听听看。"这不过是一种对症疗法。这种方法若是用于"惹是生非"阶段的儿童,是十分有效的。但对"分庭抗礼"阶段的儿童却毫无作用,只会引起事后的报复。教师不管怎么温柔地说,儿童总会感到是在跟他作对,那么教师与"分庭抗礼"阶段的儿童之间的通信线路便会处于断绝的边缘,而隔绝了所有的信息。

倘若班级议会正常运作,并制定了民主型规则,就可运用"社会结局"的方法。在这种场合,教师用不着多费心思。"上课了,静一静"这句话不再仅止于"号召",而是一种纪律了。因为儿童带着这种问题意识在班级议会中作过充分的讨论,凡是不遵守规定者就会被孤立,这一点 A 生是知道的。因此,规则一旦生效,上课时 A 生就不会再骚扰了。即使不由自主地重犯这一毛病,班上同学也会提醒他"请静一静"。倘若不从,A 生非但成不了班上的英雄,反而会成为人人讨厌的不良分子,于是只得服从了。

这就是规则不应由教师提供，而应由儿童自主地作出决定的理由之一。民主型规则对于采取分庭抗礼行为的儿童是有效的对策。但对采取第四种抗争手法(伺机报复)的儿童，这样的规则是无济于事的，因为他有意跟你作对。为这种儿童追加罚则也是毫无效果的。罚则一旦破灭，恶作剧会变本加厉，这正是他所要的。合理的民主型规则一旦制定了，维护规则的儿童即使没有罚则也照样维护，不维护规则的儿童即使有罚则仍然不维护。这就是对违反规则者的处置无须追加罚则的理由。

做了上述这些工作，A 生依然骚扰不断的话，就得采用开放式咨询了。"A 生，老师想跟你谈谈，行吗？"得到他同意后，教师面对全班儿童说："我们的课暂停一会儿。我们来商量一件事，好吗？"征得全班儿童的同意后问："怎样才能让 A 生安静下来听课呢？谁有好主意？"绝不能问："为什么不好好听课？"始终不要问"为什么"，而只问"怎么办"。如果必要的话再问："A 生，你是否以为上课时扰乱课堂秩序便证明你比老师强？"倘若 A 生出现认识反射，便向他指出："不必那样做，老师也知道你强。我想不仅老师，班上同学也都知道你是一个强者。"说完征求全班同学意见："你们说是不是？"然后再说："你战胜了老师，已经获胜了。能不能听听我这个失败者的恳求？强者总会听弱者的恳求的吧？"等待 A 生的首肯。"你扰乱秩序很有一套办法，老师和同学都吃了一惊。现在能不能静下来听课，也让老师和同学吃一惊呢？"这样一来，他肯定会改弦易辙。

"何必这么转弯抹角，还是开门见山好。与其改造整个班级结构，不如在儿童扰乱时，立刻实施开放式咨询。"——这种主意只能导致失败。前文已经指出，儿童没有问题意识，出于教师的问题意识实施的"开放式咨询"里，教师终究只能孤军作战，一般都会以失败而告终。当 A 生尚未体验到班级中洋溢着合作气氛、同学们为了帮助自己而行动时，他只会以为"老师以势压人"，反而把全班同学视为"敌人"，也许还会采取报复行为。

或许有这么一种见解："你们的方法不能成为我们的对策，为什么不能当场阻止这个孩子的所作所为？我们所希望的是当孩子扰乱时就能立竿见影的对策。我们等不及班级结构的变革了。没有可以快速见效的对策吗？"这种见解就像治感冒仅仅着眼于退烧一样可笑。一旦这么做，即使这一个儿童老实了，另一些儿童又会冒出别的什么问题来。

总之,我们的思路可以归纳为以下步骤:儿童采取不适当行为→恳求他改正无效→儿童采取分庭抗礼手法→承认儿童赢了,对其不适当行为不予理睬→对全班儿童的适当行为作出鼓励→对问题儿童的适当行为作出鼓励→为全班儿童提供合作与贡献的机会→为问题儿童提供合作与贡献的机会→发动班级议会制定规则→委之于社会结局无效→开放式咨询。

四、顽童

小学六年级的B生,成天紧绷着脸,教师指名他演算计算题,他便耍赖:"这种题目我能做吗?"然后不耐烦地跑出了教室。教师追他回来,他就牢骚满腹,坐在那儿一动不动。要是不肯返回,教师把他抱进教室,他会板着脸,恶狠狠地盯着教师。不仅如此,课间休息时,他捡起砖头把教室的玻璃窗也给砸碎了。面对这些,教师茫然失措,总感到受了B生的愚弄,一种"这个孩子要是不在我的班上就好了"的念头油然而生。

B生采用的抗争手法读者也许已经明白了,即第四种抗争手法——"伺机报复"。发展到这步田地,教师用什么恳求的语气跟他交谈都已经无济于事了。在这种情形下,班级结构虽然可能作出稍许变革,规则也已制定出来,但也许不会有什么明显的效果。如果这样,就得求助于咨询专家了。在这里,教师能做的,就是牢牢地确立起基于合作原理的班级结构,在此基础上实施开放式咨询。

实施开放式咨询时,应首先冷静地向他挑明他所采用的"伺机报复"这一手法。"你想报复才这么做的吧!""老师根本没有伤害你的意思,但也许无意中伤害了你。倘是那样,那是我的过错。"在这里,提请您正视B生确实受了心灵上的创伤,坦率地承认尽管并非出于本意,但B生毕竟受到伤害这一事实。即使不是事实,也别说"不过老师也受到伤害",这种说法只会加强报复,这是肯定无疑的。不管教师如何想吐露真言,此时此刻,应当绝对保持缄默,表情上也不能有所流露。

其次,可以面向全班儿童做工作,让全班儿童一起帮助他。"B生受了委屈,老师已经无能为力。同学们有什么好办法,使B生在班上更加快乐。"B生的问题单凭教师的力量已经无济于事,这是事实。教师对于像B生那样处于"伺机报复"阶段的儿童,无法直接施加影响,通信线路完全断了。不通过班级儿童这一中继站,任何信息都不会传到B生那儿去。因此,可以发动和B生要好并能够帮助他的儿童,有了这些儿童的帮助,要不了多久,B生一定会改变过来。为了做到这一点,可以通过交友测验之类的途径,预先了解班级儿童的交友关系。

五、自暴自弃的儿童

初中二年级的C生,上课时总是心不在焉地朝窗外眺望,不和同学打交道。开始时学业成绩并不怎么坏,现在则是糟透了。教师开始时还热心帮助她,实施个别咨询。但三番五次地跟她交谈,她就是不理不睬。不久教师也感到厌倦了,至今一筹莫展。

这显然是第五种抗争手法——"自暴自弃"的案例。C生已经看破红尘了,她甚至声称"我已经无可救药了,我的一生完了"。

像C生这种儿童,倘若不努力促使她顿悟,赋予其最大的勇气,是不可能转变的。即使对C生的成功表示喜悦,恐怕也不会给她带来勇气。在她看来,"我的成功不过是一时的好运气罢了,日后一定会连连失败的。对未来的成功抱有期望只会加重精神负担"。这样,C生的人生也许会更加暗淡悲惨。当C生失败时,应当赋予她勇气,使之保持积极进取的心态,同时为取得哪怕是些微的进步而喜悦。

在这种场合,通过开放式咨询取得全班儿童的合作是格外有用的。否则,教师单枪匹马为C生打气,其他儿童会以为"老师偏袒C生",他们或许会因为嫉妒而作弄C生。特别值得一提的是,如果是一名年轻的男教师,同学们还可能产生不必要的误会。总之,应当求得全班的帮助。

当教师直接从C生那儿了解到真相之后,可以发动全班儿童说:"老师认为C生缺乏起码的自信心。她心灵上受了创伤,也许认为'既然做什么都会失败,何必去做呢!'为了鼓起她的勇气,我们该怎么做?请大家出出主意。"

在开放式咨询中,不需跟问题儿童直接对话。像C生那样沉默寡言的儿童,虽说不能展开个别咨询,但开放式咨询却是较容易办到的。全班讨论帮助C生本身就能有效地鼓舞其勇气。她会感到"我并不孤单"。这样,问题也就开始解决了。

这些对策要起作用,其前提条件是班级结构的变革。这一点已不言自明。但对于采取第四种抗争手法(伺机报复)和第五种抗争手法(自暴自弃)的儿童,仅仅实现班级结构的变革还是不够的,往往还需要有开放式咨询。援助这种儿童的开放式咨询的一般步骤可以归纳为:发动儿童开始咨询→揭露儿童所采用的抗争手法→从感情入手发动儿童→寻求班级的合作→在班级讨论中征求合作者与具体的帮助策略→确认讨论的结论并付诸实施。

六、乱班

我们常常会听到这样的抱怨:"对个别问题儿童总可以找到某些对策,整个班级一旦骚乱起来,连课也上不下去了。"这表明整个班级已进入与教师分庭抗礼的状态。因此,仅仅靠自上而下的指令是无法解决的。这里试拟几个替代方案。

替代方案一:面对乱哄哄的课堂,什么也别提,踏上讲台,照讲不误,不管他们听不听。讲好课是教师的责任,安静下来听课是学生的责任。教师只要精神饱满地完成使命就可以了。学生未能承担自己的责任,损失的是他们自己。这就是"自然结局"。这是运用"自然结局"让他们自食其果最有效的方法。不过,倘若几分钟之后还静不下来,就得马上改弦易辙,否则就无异于放任型教师了。

替代方案二:教师踏上讲台宣布"你们认为什么时候可以上课了,请讲一声",然后坐到教室后排的椅子上。您可以看书,或者备课。几分钟后同学会开始商量该怎么办,学生代表很快会上前来要求您开讲。

替代方案三:踏上讲台,用请求的语气说"上课了,请安静!"只用说一遍,声音不能激昂,否则不会生效。细声细语地说,只要前排的儿童能听清楚就行。然后在椅子上坐下来,目不转睛地观察动静,直到整个班级安静为止。观察所有儿童,就像洛伦兹(K. Lorenz)博士趣味盎然地观察他的野鸭子那样,那么您一定会有大发现。

七、打架儿童

同学之间打架,这是所有年龄层儿童常见的现象。处理这种场合的原则是,只要当事者不至于有致命性的结局,教师大可不必插手。对于打架的结果,教师也不必扮演法官的角色。判决一方对另一方错,这本身就是竞争原理在作祟:被判为对的一方会抱有优越感蔑视对方;被判为错的一方则会发誓报复。这样一来,打架事件将没完没了。被判为错的一方不久将对教师和同学采用第四种抗争手法——报复。

如果碰到班级里有两个同学在打架,教师可以提出这样的要求:"不得损坏教室里的东西,不得打扰别的同学,到运动场上去打好吗?"还可以补充一句:"请你们光明正大地打。别攻击脸部和下腹部。挠、踢、咬都是违反规则的,更不得使用凶器。"这样做,反而会收到意想不到的教育效果。

八、所谓"恶作剧"

儿童之间的纠纷,只要不至于使双方当事者有致命性结果,都可以任其自然,让其自食其果。所谓"恶作剧"就属此列。在班级中"竞争原理"消逝了,"恶作剧"自然也会消失。不过,在这个过渡时期,对某些场合还得作出处置。

首先应当采用班级议会的方式施加影响,使儿童认识到"恶作剧"是对他人起破坏性影响的行为。可以让儿童通过讨论,制定若干规则。教师提出的规则是没有任何效果的。规则一定要由儿童亲自制定。儿童一旦习惯了班级议会的方式,只要提出问题,诸如"有人恶作剧,真拿他没办法,这是打扰别人的行为,该怎么办好呢?",他们便会形成规则,而且这样制定的规则必定能为每个人所遵守。

要实施开放式咨询,就得清醒地认识到究竟是什么造成了问题儿童。"恶作剧"的问题既不是作弄人的儿童也不是受作弄的儿童,而是由于班级有了问题才产生的。因此,不要追问"谁是加害者,谁是被害者",或者"为什么这么做",而是应当针对这一课题展开讨论"一旦发现了恶作剧,你们可以做些什么",向全班同学征求意见。

"向老师告状。"——这个主意不宜采纳。这时教师可以半开玩笑地说:"向我告密?这太好了。"使儿童们隐约地听出您的弦外之音:"我不是万能的。"然后问大家:"你对作弄人的同学和受作弄的同学可以做些什么呢?"

教师不宜直接参与任何一方的讨论。如果参与了作弄者一方的讨论,受作弄者一方会以为他们在"搬弄是非",对这些儿童加以报复;如果参与了受作弄者一方的讨论,就会使他们以为"我们是受害者,受到老师的特别保护",这无异于鼓励第二种抗争手法——"惹是生非"了。教师尤其不宜和受作弄的儿童私底下个别交谈,否则很容易被人看作教师和这些儿童之间结成了受害者联盟。

九、逃学儿童

对于逃学儿童,教师尚无良策。因为这些儿童和教师之间的联系纽带完全切断了。儿童倘若在班上一开始就逃学,教师是无能为力的,只能求助于咨询专家。阿德勒心理学的咨询专家们相信,对于逃学儿童,他们可以给予相当大的帮助,所以教师应当尝试与之联手合作。在咨询人员看来,帮助逃学儿童并不困难;不过对教师来说肯定是相当棘手的,因为逃学儿童正是与教师为敌才使用抗争手法的。如果有的儿童与家长为敌,只要家长改变了态度和方法,还可以帮助他们,毕竟亲子相处,儿童可以敏感地作出反应。但是即使教师的态度和方法有所改变,也难以对其产生影响。

动员全班儿童帮助逃学儿童是否有用?"为了帮助他(她),你们可以做些什么?"这一般是行不通的。班级议会和开放式咨询不同,即使问题儿童自身光听不发言,只要他在场,总会产生影响。也就是说,在这种场合,教师直接找他或班级同学直接找他谈,都不会有什么实效。因为这是逃学儿童自身所不希望的,所以不会有效果。若是教师进行家访或是让班级儿童去接他来上学,还是以征得问题儿童的意见之后实施为宜。

虽说如此,总有若干例外。首先,要使进入您的班级之前有过逃学倾向、进入您的班级之后总算来上学的儿童感到精神振奋,对你言听计从。总之,要让您的班级经营使他感到"这位老师和以前的不一样,这个班级也不同于先前的班级"。参与咨询的逃学儿童中有几个因为新学年换了老师重新去上学了,但几周后又说"这个教师跟先前的一模一样",又不想上学了。如果他们感到您是另一种风格的教师,对于参与这个班级团体便会产生兴趣。

此外,当他们接受了专家咨询以后,或者即使未接受专家咨询却想来上学时,也有大量的工作等待教师去做。

十、拥有不良行为的儿童

就我们所见,许多教师在面对儿童的不良行为时简直是软弱无力,他们除了感叹之外别无他法,于是只好弃之不理。

能够主动扭转这一局面的,唯有教师。如果教师不想矫正儿童的观念,或是对他们的行为作出直接改变,这些儿童就不会有任何转变。你不能把他们视为洪水猛兽,你应当成为他们的朋友,班级的儿童也应当成为他们的朋友。尊重他们、信赖他们,这样,他们终将转变过来。

对于教师来说,他们比逃学儿童更容易处置,因为可以依赖班级儿童的合作。教师从根本上变革整个学校经营,至少是班级管理的方法,那就不至于对"不良行为"束手无策。"尽快地使聪明的孩子变成更聪明的成人"——这一学校教育的目标,终将实现。

第三编
班级愿景

第 24 章　作为学习团体的班级

成长与团体、能力与态度、竞争与合作、归属与参照标准、母性原理与父性原理、P 功能与 M 功能、自我表现

一、班级·学习·指导

(一) 何谓班级

当今的社会与 20 年前、50 年前截然不同。其一，当今社会是老龄化社会。确实，"生涯已非五十载，半百人生从兹始"。其二，当今时代是休闲时代。文化的昌明给人们带来了闲暇时间，使人拥有了更多休闲与学习的时光。如今，各种业余进修班、文化中心、网络课程随处可见，盛况空前，就是这种社会进化的硕果。"人生就是成长"——多少人抱有这样的感慨。

不过，"人生就是成长"这一信念并非自今日始。裴斯泰洛齐就曾经说过："生活是陶冶。"人们与其说是从种种知识中学习，不如说是从体验中学习。也就是说，一个人只要有人生的体验，就会成长。或曰："万物皆吾师。"亦即一个人只要有积极向上的精神世界，随时随地都能学习，哪怕面对的是一草一木，或是来去匆匆的过客，都能从中汲取教益。一个人或进步向上，或停滞堕落，取决于他领悟自身体验的方式。五光十色的众生相会向您说明，这个论断是千真万确的。

那么，要使自己得以成长，主要条件是什么呢？也许可以归纳为两个要因：一是生物性要因；二是心理性要因。

何谓"生物性要因"？主要是指从双亲那里遗传得来的素质性因素。每一个人都拥有各自不同的能力，例如智力、社会性、体能、创造力等能力上的不同。气质上的差异也是与生俱来的，诸如多血质、忧郁质、胆汁质、粘液质。对于同样一件事，不同的人有不同的接纳方式，这首先是由人在能力上、气质上的差异所致。

不过，给予"人生之成长"更大影响的，恐怕是心理性要因。具体而言，就是人的动机与态度。这里所谓的"动机"（motive），是指驱动人的行为者；所谓"态度"则是指引这种动机的准备状态。这种动机与态度是后天形成的。由于后天形成的动机与态度，行为得以产生，并决定人生。

这样，一些人能从随风摇曳的草木或是过往行人不经心的话语中领悟其中蕴意，而另一些人则可能一无所得。关于体验的这种意义作用是受个人的能力、气质、动机以及态度所制约的，同时又借助这种意义作用进一步强化个体的态度与人格。

上面所述的"随风摇曳的草木"和"匆匆过客的语言"并不是在同某人的谈话中产生的。然而，一个人绝不是孑然一身度过人生的，在他周围有许多人以不同的语气、态度与他交谈。可以进一步地说，一个人是通过和他人的人际关系，作为一种刺激去体验诸如草木、语词或是其他种种物象的。

人是不可能一个人成长的。事实上一个人如何对待自然，如何对待人类与文化（价值），都会受到周围人的教育。这种场合的他人并不是吐露无关宏旨的言辞的"过路人"，而是在下述两点上对他来说极有分量的"他人"。

第一，所谓"他人"，是指自己的楷模。例如，父母、兄弟、朋友、先辈、师长、上司，他们的行为是个人自身行为的先例。美国社会学家米德（G. H. Mead）把这种人称为"概念化他人"。

第二，他人是自己良心的源泉。当你采取某种行动时，他人是高兴地表扬你呢，还是愤恨地叱责你呢？人们常在心中以他人作为判断自己的标准。弗洛伊德（S. Freud）把这种他人视为"超自我"的源泉，这是创造人类道德标准的因素。

对自身来说是重要的"他人"，在漫长的人生旅途中恐怕也不会太多。然而，自身周围的他人和与自身有过种种交往的他人，在人生中多得不可胜数，他们也对自身的成长拥有巨大的意义。那么，应如何分类呢？

文化人类学家米德（M. Mead）把社会分成三类：重竞争的社会、重合作的社会、既不重竞争亦不重合作的社会。不过，一般说来，任何社会都存在竞争性人际关系和合作性人际关系。人正是在这种人际关系之中把握各自成长的契机的。

第一，从竞争性人际关系来说，人首先学会的是排他性竞争。是食还是被食？"强者生存"是和斗争精神一脉相通的。然而它会转化为曼海姆（K. Mannheim）所说的"累积性竞争"。也就是说，为了一个目标，自己和自己战斗，不断努力，不断克己。意识到敌手，努力向目标进击，自然会在不知不觉间奔向目标本身。

第二，从合作性人际关系来看，人首先学会的是相互扶助。为了共同的利害互通有无，这是极其势利的合作。不过，不久会由此产生出与他人共情和对团体忠诚一类的意识。我们姑且称之为"协同行动"。

由图 24-1 可见，在竞争与合作的人际关系中，作为目的的"利害"与自我充实的领域是交织在一起的。的确，就在这样的四度空间中，"人际关系是成长"或"人际关系是一间教室"得以实现。

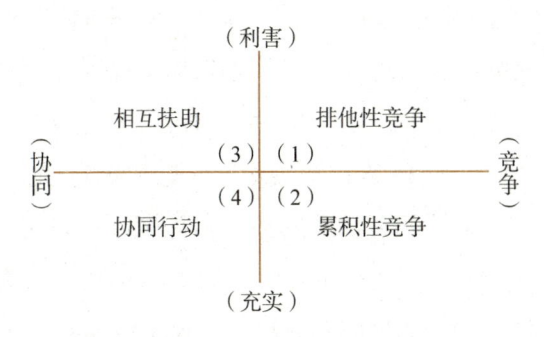

```
                    （利害）
                      │
         相互扶助     │    排他性竞争
           （3）     │     （1）
（协同）─────────────┼─────────────（竞争）
           （4）     │     （2）
         协同行动    │    累积性竞争
                      │
                    （充实）
```

图 24-1 成长与人际关系

的确，在人际关系中受磨练，就是在人生这个班级中学习。既然谓之"班级"的，自然与一般人生有所分别，它也不是以种种形态交流的人际关系本身。那么，严格意义上的"班级"究竟是什么呢？"班级"是在下述条件下被应用的：

1. 一个以上的学习（成长）目的。
2. 为了实现这个目的，集中了两个以上的人。
3. 有角色分工：旨在实现该目的的、从事指导的人和学习的人。
4. 这样一种群集持续一定的时期。
5. 通常占有一定的物理空间。

第 24 章 作为学习团体的班级

最后第五条之所以加上"通常"两字,是因为它不是决定性条件,场所有时是流动性的,有时是抽象的,因此要点在于前四条。换言之,所谓"班级",是一种"学习团体"。

这里所谓的"学习团体"是什么呢？就是以学习为目的的团体。那么在这个场合的"学习"是什么,"团体"又是什么？首先,所谓"学习",是指人朝着有价值的方向变化。具体地说,指的是人为了智能的、道德的、审美的、身体的成长,有意识、有计划地作出努力。其次,所谓"团体",指的是为了一个或若干个共同的目的,彼此以一定的角色互动着的两人以上的人群。

在这种学习条件中,按照广义的解释,有种种的因素介入。例如,无论家庭这种团体中或是工作单位这种组织中,都存在学习团体的作用。但是在这些场合,这种作用不过是这些团体和组织所拥有的若干个目的和功能的一种而已,或者说,不过是从属性的目的和功能。因此,只限于"班级"的场合,学习团体才能以最纯粹的形式显示出来。

以班级为名的学习团体就其形成的方式而言,可分两种类型:一是成人学习小组之类所体现的自发性班级;二是义务教育阶段所体现的强制性班级。但是不管哪一种情形,班级都是作为一种"归属团体"建立的,希望转变为"参照团体",亦称"正作用参照团体"。只要没有这种变化,班级便不可能成为真正的学习团体。

为什么这么说呢？试看两种团体的性质。首先,在"归属团体"(membership group)里,某人归属于某团体是客观的、外在的。此人的团体归属从外部看,无论在谁看来都是一清二楚的。反之,"参照团体"(reference group)是指某人想成为其中一员而心向往之的团体,或者是和该人拥有同样的观点、思想、感受的人们的集合。不过,人的学习是最具观念或内在性的活动。所以,在班级里的学习对于每一个学习者来说,必须是主体性的活动。以班级的关系而言,班级对个人来说不只是"归属团体"。只要不是"参照团体",班级中的学习对个人而言便不构成主体性的活动。所谓"耳边风""对牛弹琴",就是指这一种情形。

试以班级形成的方式来看,班级的第一类型是自发性班级,个体主动加入该班级。可以说,班级从一开始便是他的参照团体。问题在于第二类型——强制性班级,个体或并不那么自觉自愿地归属于该班级。一般说来,"归属团体"未必等同于"参照团体",两者之间有时一致,有时不一致。那么,他的"归属团体"要成为"参照团体"需要哪些条件呢？纽康(T. M. Newcomb)明确指出，就看他在该团体中是否获得了某些满足。

这种满足在班级中是什么东西呢？大体可分为六类：

1. 懂，即知性认识。

2. 巧，即掌握技术。

3. 善，即道德性态度。

4. 乐，即解放感。

5. 受器重，即社会承认。

6. 起作用，即社会贡献。

其中1、2、3是涉及班级中教学内容的喜悦，4、5、6则是涉及经营的喜悦。作为班级的指导者，重视学习者寻求的懂、巧、善是不言而喻的，但4、5、6的喜悦也得充分加以考虑。可以说，"班级社会学"对"教育方法"的实践多少会作出一些贡献。

(二) 指导与经营

如今有许多称之为"学校"或"班级"的组织，教育必须加以改革之处也很多。例如，空中大学或者说开放大学的班级形态可能是传统的大学观无法想象的。试将现行的种种班级，从学习者的参与原理及其对应原理的角度加以整理，归纳成如图24-2的四种类型。

这里所谓的"参与原理"涉及个人参与班级是自发的还是强迫的；"对应原理"则是指社会和教育者方面对学习者作出的对应方式。可依据"母性原理"或"父性原理"加以划分。

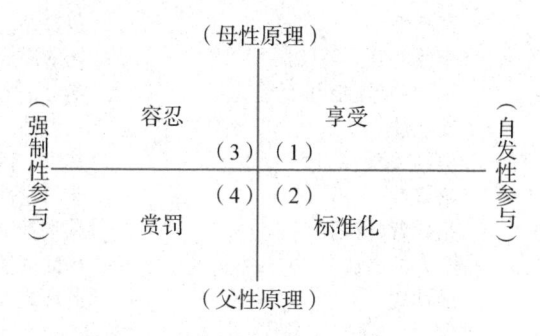

```
                    （母性原理）
                        │
   （强       容忍      │      享受      （自
     制              (3) │ (1)              发
     性   ─────────────┼─────────────      性
     参              (4) │ (2)              参
     与）     赏罚      │    标准化       与）
                        │
                    （父性原理）
```

图 24-2 班级的分类——参与与对应

第24章 作为学习团体的班级

例如,(1)和(2)以终身学习居多,个人参加班级是自发的。远山先生所说的"剧场型"大体相当于(1),而"汽车维修学校型"相当于(2)。在(1)中,既没有测验也没有毕业证书,仅仅是享受学习就满足了,不喜欢的话,可悄悄地退出班级。而(2)的学习期限不固定,也不会受到社会的尊敬,仅仅是要求学到一定的技术,测验合格。

与此相反,(3)和(4)就是作为"制度"的学校的班级,这种参与是强制性的。身为国民,就有就学的义务,这自不待言,即使是选修被承认的学科,入学和学籍也都有严格的限制。但是,即使(3)和(4)也有不同。中小学属(3),高中、大学则可列入(4)。这两者之间可以认为是教学内容的差异,不过在许多场合,可以认为是一个班级的学习团体进展的差异。亦即,它的对应或指导原理可以解释为从"母性原理"转移至"父性原理"。

那么,这里所谓的"母性原理"与"父性原理"是什么呢?根据精神分析学,这是社会成立的原理、人类精神的原理,包括了狭义上的"指导原理"。正因为如此,在这里可以被认为是社会和教育者方面对学习者的广义上的对应原理。

关于这两个原理的特色,河合隼雄作了总结,如表 24-1 所示。"母性原理"温柔,"父性原理"严峻。这两个原理看起来是超越了经济结构、超越了家庭和职业生活的差异的,差别仅仅在于哪一个原理发挥较强的作用。例如,日本的社会和欧美各国比较起来,"母性原理"起主导作用,但即使在日本,往昔比之今日,"父性原理"更强烈一些。

表 24-1 父性原理与母性原理

	父性原理	母性原理
基本功能	武断性	包容性
基本目标	个体的确立与成长	场的形成
个体模式	个别差异(能力)的肯定	绝对平等感
序列	功能性	一致性
人际关系	契约关系	共生一体感
沟通	语言性	非语言性
干部的作用	指导者(权威)	调整者
责任	个人的责任	场的责任
变化	线性式	循环式

（三）何谓"指导"

何谓"指导"？名为指导者、领导者的人很多。例如，企业的经理、部长、科长、工会干部、行政官员，都在行使建议、指导或是管理、运营的职责。大大小小的政治家也是这样，协调利害关系，引导人们向目标迈进。许多利益团体的发起者也是一种领导，班级的教师当然也是。所有这些建设、指导、运营、调节的行使力统称为"指导"(leadership)。班级的指导也是纳入社会整体的对应原理之中的，以"场的函数"发挥更微妙的作用。

所谓"指导"，从广义上说，就是引导更多的人为达到一定的目标而发挥作用，也包含了支配与操作之类的概念。但是，从狭义上说，指的是：(1)帮助理解这些人的利害的共通性、目标的含义及达成目标的方法；(2)使这些人自觉地为追求这个目标进行合作。因此，指导者就是指拥有这种指导力的人。那么，这些指导者在团体中或在组织中是具备了哪些条件的人呢？

第一，清楚地了解团体的目标和实现该目标之方法的人。

第二，被许多成员公认是受到团体其他成员依赖的人。

由此看来，指导者是相对的角色。也就是说，所谓有了指导力，就是指对团体的成员拥有某种程度不等的指导作用。这样，团体和班级的新人也好，熟练者也好，都能相应地发挥作用。发挥这种指导作用的人随场合不同而不同。一个运动队，当它处于顺境时，会有人发挥核心成员的作用；而当它处于逆境时，该队的另一些队员会激励队友，使之脱离困境。

在"班级的组织与运营"的实际中，当您考虑是否在学习者中培养干部时，就需要想到这点。也就是说，不能僵化地看待学习者。"善于当干部"或"不善于当干部"，这种一般的人格特性论是无效的。

指导力的具体作用可分为如下三类：

1. 针对该团体目标的实现，指导人们的作用，谓之"目标达成功能"(performance function，简称P功能)。

2. 团结该团体的各成员，不使之解体的作用，谓之"团体形成功能"(maintenance function，简称M功能)。

3. 对该团体所处情境作出判断的作用,谓之"情境判断功能"。

在这三类作用中,可以认为,第一类与"父性原理"相对应,第二类与"母性原理"相对应。班级的指导直接涉及教学内容,传递、阐释教学内容并使学生获得训练发展,是第一类,而激励班级成员参与、不致出现落伍者,是第二类。

也许班级的教师未必能针对班级的整体情境加以判断,但是一旦丧失了这种功能,班级就会成为"班级王国",即"封闭的世外桃源"。由此可见,对于班级的指导来说,情境判断是很重要的。

(四) 教育性指导

一般的指导力大体具有如上的特色。不过,指导力在不同的领域发挥作用会出现若干差异。教师、管理者、政治家,尽管同样都是"指导者",但在某些方面总会有一些差异。明白他们之间的不同,也就了解教师指导力的特色了。

首先,教师与政治家之间有很大差别,但也有若干共同点。最大的共同点就在于两者都是"产婆"的角色。政治家也好,教师也好,都发挥了一种帮助"成长者"的作用,扮演着中介角色和促进角色。

韦伯(M. Weber)在《政治作为一种职业》中陈述了政治家的三个条件:第一是热情;第二是责任感;第三是精准的眼光。其中第一、二条不限于政治家,也完全适合于教师及其他指导者。第三个条件也是一种普适的情境判断的能力,政治家尤其要有深刻的洞察力。

但是,教师和政治家的根本差异在于教师所拥有的信赖关系是远离权力中心的。政治家虽然也利用信赖关系推动工作,但它终究是以指向权力为手段的。因此,政治家在这一点上凸显了父性原理的特性,教师则展现出母性原理的特质。

其次,一般认为,运用权力和主意的人是管理者。P功能(目标达成型)的管理者尤其如此。但是,真正出色的管理者需要具备两个条件:第一,能充分发挥部下各自的个性;第二,以信赖与部下交往。这两点与教师的条件几乎相同。

不过,管理与教育毕竟有根本的差别。管理者是在信赖关系的基础上发挥员工的个性,这一点比之政治家更接近母性原理。尽管如此,管理者终究要优先考虑企业和整个组织。对全体目标的追求与个别员工的成长,有时未必是一致的。这时,管理者也可能立足于一种"父性原理"之上,展现出有碍员工成长的冷酷无情。

教师具有与政治家、管理者同样的特质,但终究是不同的。其一,指导者与被指导者的关系始终一贯建立在信赖的基础上。班级,以凭借信赖始,以坚定的信赖终。在班级中,替代政治权力的是信赖,信赖既是手段又是目的。因此,班级整体的目标与个别成员的成长这一目标,在信赖这一点上是一致的。这也是班级有别于企业和其他团体的地方。其二,班级的指导方向有一个幅度。目标是既定的,但达到该目标的路径有一定的幅度。这种幅度给学习者留下了个性选择的余地。

因此,班级中指导者说服对方的方式,正如贝尔(D. Bell)所说,是"影响性说服",而非"权力性说服"。后者是"你倘若这么做,我就对你如何如何"。在这里,所谓"如何如何"是诱惑和威胁,将会产生强制和划一。相反,前者是"你倘若这么做,你也许会如何如何"。这里的"如何如何"是预告,是让对方思考,是忠告,给对方留有选择判断的时间与空间。

当然,班级的一切并不全是这里所谓的"影响性说服"。视学习者的发展阶段与状况,有时反而不得不进行"权力性说服"。我们的信条是,从"监督性教育"走向"照料性教育"。无论从适应学习者发展,还是从教师和班级中一般趋势的改善看,这种方向的转型都是我们应当追求的。

二、作为学习团体的班级的形成

(一) 班级形成的基本原理

学校在选择人这一点上,无论教师、学生,几乎没有任何选择的余地。例如,某生即使"希望在 A 教师的班级里上课,因此想换班",大体是不可通融的。师生关系完全是凭借偶然的机遇决定的。

试看此时儿童的心态,肯定会有各种各样的想法:有的觉得先前的班级令人留恋;有的身在班级,心向往培训班;有的对社会和家庭兴趣盎然,等等。这样,教师和学生彼此都抱有孤立感和戒心。因此,重要的是建立能使儿童拥有自信的班级,使他们感到"这才是我的班级""能在这个班真好""喜欢老师,喜欢全班同学"。那么,具体地说,这应当是怎样一种班级呢?

第一，从相互理解开始。班级里的会面通常从自我介绍做起，即逐一陈述自己的姓名、出身、特长、兴趣。这个阶段给人留下的印象是，引人注目的孤立，而把其他同学全然给忘了。为了避免这一局面，最好不从交谈开始，而诉诸感性和行为，开始自我介绍。

1. 握手——不交谈，而是同众多的同学握手。

2. 用纸笔——借着纸笔沟通建立人际关系。在这个过程中，彼此在感性上相通。

3. 用语词——分小组，开始用语言自我介绍。然后增加人数，六人围成一圈，面对面地介绍。

第二，认识个别差异。"人是无可替代的"——这句话是说，每一个人都是别人无法替代的独特的存在，认识这种差异很重要。例如，可用下列方法：

1. 集音话筒——捕捉所有的声音，无论多小的声音也逃不过去。

2. 表象测验——从一张画或照片开始，试让学生描述种种形象（不限于画，音乐、声音、颜色均可），通过这种测验，学生可以了解到每个人对表象的认识是大不相同的。

所谓"自我表现"，就是用某种方法彰显自身拥有的想象力。这里的关键在于，表现"什么"，"怎么"表现。在考察这个问题时，布莱恩·韦（Brian Way）把人生比作剧本的主张值得参考。

布莱恩·韦是世界知名的戏剧教育大师。主张"戏剧是人格成长的教育模式"，他阐述了演戏与剧本的不同。亦即演戏是演员与观众之间的沟通，而剧本不以这种沟通为前提。剧本是"一个参与的经验"，这此种经验的剧本有可能达于头脑、心灵、身体的全人的理解，与人的塑造结合起来。

在他看来，在构成人格的"相"中，有注意、感觉、想象、身体、说话、感情、知性七个要素。他把这些称为"人格之相"。这七个相，无论哪一个都是凭借剧本有发展可能的功能。而且这七个要素之间相互关联，和谐发展，绝非线性式地发展。圆周上的点所示的，就是这个意义（图24-3）。

那么，这里说的"自我表现"指的是什么呢？主要是指凭借专注、感觉、想象进行的表象创造。这种表象所触发的内心需求，借着某种技术向外发散。这是"怎样"表现的问题。它相当于身体、谈话,采用身体动作与语言表述的方式表现出来。就情感与知性来说,它们发挥了支撑这些自我表现的基础的作用。可以说,人的表现活动是以情意和认知为基础的。

"自我表现"有哪些意义呢?可以列述如下六点:

1. 全员参与性——谁都能参加。
2. 情动性与感受性——逻辑理解兼有感性理解,近乎整体的理解。

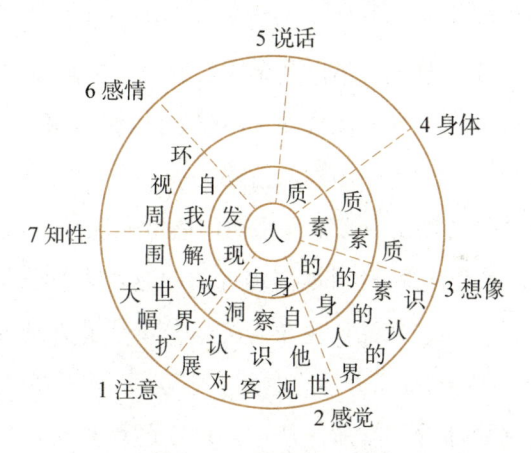

图 24-3　人格诸相(范围)

3. 能动性与开放性——由于是外显的,因此是积极的,甚至是开放的。
4. 创造性——常常需要新创意。
5. 社会性——表现活动是以与对方的关系为前提的。
6. 个性与多样性——表现方式多种多样,适于每个人各自的个性。

这里值得注意的是表现所拥有的社会功能。因为,倘若缺乏应予传递的内容与对象,表现活动就不能成立。

所谓"自我表现",是以环顾四周、意识到对方、切实地将自己的内心世界传递给对方为前提的。借助这种反复性的相互作用,改变对方,也改变自身。这样看来,表现活动中的社会性更应受到重视。

这种自我表现的领域有哪些呢?

1. 说——"说"与"听"是基于发声之冲动的信息传输(输入/输出)过程,两者是相辅相成、彼此促进的。

2. 写与画——用文章、绘画、音乐来表现。学校里多采用这一形式。

3. 构架——形成资料和造型作品，使沟通得以成立。

4. 身体表现——用身体的动作和表情与对方交流。

5. 戏剧表现——综合 1～4 的活动表现。

如何指导这些自我表现活动才有助于班级的形成呢？那就是建立人际关系，反复体验合作。为此可以展开如下种种尝试：

1. 提供绝对合作的场所。设计一种缺了一个人就无法完成的活动。例如，组织八人左右的小组，其中一位成员借助其余成员的力量被高高抛起。这个尝试倘若没有全体成员的合作与信赖，便不能成功。不仅如此，在从事这一类活动时，全体成员还可以体验到合作的美妙，进一步加深信赖关系。

2. 提供创造性合作的场所。几个人用动作造型表现什么，这里要求创造性，同时格外要求观赏性。也就是说，针对如何表现的问题，小组展开讨论。全体成员获得共识之后，就可以着手创造作品。主角与配角若不能有效地发挥作用，便不能使其成为作品，诸如千手观音、孔雀开屏之类的形态表演，便不能成功。

3. 提供文化创造性活动的场所。从创造班级的观点看，可以考虑许多文化活动，诸如创作班歌、班旗、编辑班级文选、班级报纸，创作戏剧，等等。这里试以创作班歌、创作戏剧为例加以阐述。

(1) 创作班歌。大部分学校都有校歌，但没有班歌的班级并不罕见。因此不妨创作班歌，通过唱班歌的活动，统一班级全体的步调。

这时重要的是，不宜把作词作曲全权委托给有音乐才华的学生，而是由班级全体一道参与作词作曲，否则就不会成为"我们"的班歌。另一件重要的事是，不宜从一开始就要求应该做得如何完美。也可以从创作班歌开始，随着儿童的成长，反复推敲歌词，进而着手作曲。

(2) 创作戏剧。所谓"戏剧"是种种自我表现的综合活动。如何指导这种活动呢？

第一，设定场所。即设定某种问题场面，让儿童即兴表演，看此后会产生什么情况。例如，让三名儿童分别表演早上不上学的儿童及其父母的对策。即兴演出可以反映儿童们的想法和体验，妙趣横生。譬如以大扫除的纠纷或恃强凌弱的问题为核心,作即兴表演,问题的结局将十分明确,近乎解决问题。

第二,提出问题。从设定场面到大体的进展过程,或是角色的分工,都需要考虑,所以会有相当大的难度。不过,仅就这些也有助于发挥创意和促进合作,并且有助于班级的形成。例如,排练题为"温情"的戏剧,这类戏剧是作用于人、改变人的,而且也是作用于团体、改变团体的。

最后顺便补充两点:

其一,上面主要是叙述学校教育中的"班级形成"。不过,这也适用于社会教育的领域。就是说,通过身心的解放与相互理解等的尝试,肯定会加深人际关系,提高士气,减少辍学者。

其二,以上叙述了种种尝试,但这些不是唯一绝对的办法。视学习者与情境不同,还可以有其他种种尝试。这些尝试期待指导者与学习者下更多的创意功夫。

(二) 班级的组织与经营

1. 求效率

适于班级的组织与经营的究竟是什么样的呢?让我们从团体与组织效率这一角度加以检视。

团体一般有两种类型,一是有定型结构的定型性团体;二是非定型性结构的不定型性团体。前者的典型是军队,公司和政府机构亦属此列;后者则包含形形色色的社团。前者拥有近乎官僚的结构,各人的角色作用是固定的,以"命令—服从"关系结合起来。因此,其团体的目的也是单一而固定的,要求高效率的目标达成。与此相反,后者中各人的角色作用是流动的,彼此间的关系具有相互扶助性,目的也是多个且流动的,与其说急于达成目的,不如说以目标分化为其特色。前者尊奉的是划一与控制,后者则是强调个性与创造。

然而,通常所谓的团体往往局限于定型性团体,容易联想到办事效率高、步调划一的团体行为或者团结之类。这是莫大的误解。

班级也往往被视为定型性团体。其管理通常由一名指导者或是责任者承包班级的管理,或者去照料、监督班级的所有成员。这种方法谓之"教师中心式管理"。这里所谓的"教师"不限于学校教师,也包括社会教育的"指导责任者"。这是在热心的教师和责任者之间司空见惯的类型。

另外还有一种依据"民主集中型"的团体指导进行的管理。在这里,一名教师或责任者之下配备了数名副手,分别赋予组长、副组长之职,一般各司其职,也兼用"小组竞争"的方法,鼓励班级的团结和组与组之间的竞赛。这种方法类似于军队、公司和政府机构的组织与管理,不过组长、副组长是由成员选出的,可谓之"民主集中"。

确实,这种"教师中心型"与"民主集中型"可以提高一人或数人、固定的指导者与班长等人的积极性,乍看起来似乎都体现了一个团体的样子,秩序井然。不过在这种团体中,未进入核心圈的大多数学生,其自主性、合作性将会受到极大损害。就多数成员的学习与成长而言,难以培养其个性与创造性、积极性。在这一点上,"求效率"会导致问题丛生。简言之,在短期内实现规定课题的"效率"也许很高,但从长期的"成长"角度来看,未必是合适的。

2. 求成长

旨在成长与学习的班级组织与经营是怎样一种情形呢?从结论上说,可以在上述的"不定型团体"中求得其原型。但在多数场合,班级往往是作为定型性团体与组织而存在的。这里讨论一下解决的方法。

(1) 人人发挥作用的全员参与方式。首先必须考虑的是班级所有成员在团体中处于一定的地位,发挥一定的作用。也就是说,人人都能"发挥作用"。例如,在终身学习的班级中,有会议主持者、联络员、宣传员、记录员,或者在中小学班级中,有语文科小老师、数学科小老师,或演讲比赛代表。这诸多的代表、干部还可以采取小组制、交替制,将会更有效。

这种方法并不意味着每一个班级成员都是单纯的基层干部,而是通过这些角色发挥如下作用:第一,增加班级中相互作用的机会;第二,使每个人具有"存在感";第三,通过发挥种种角色的作用,发现各自的潜在能力;第四,提供每个人"演出"的机会,以培养多样的指导力,使每个人各自发挥某种积极性。在编入班级之前,或是在班级存续期间,引导那些丧失自我存在感的人、不认识自己潜力的人,以及未能发挥积极指导力的人更好地成长与学习的"班级组织",便是通过"人人发挥作用的全体参与"方式形成的。

(2) 以课题为中心分组的方式。其次要考虑的是班级的分组。例如,学校中的一个班级,从整个学校来看,它是一个小组,但这些班级通常都有30~40名学生。说它是小团体,规模稍微大了些。终身教育场合的小组和班级有更小的,也有更大的。把班级划分成小组的理由在于,成员可以尽快相互理解,易于发挥创意,易于发展个性,易于合作,等等。那么,这种小组如何建立呢?有诸多办法:

① 凭借偶然因素(如抽签、按座位顺序)决定。

② 根据特长和爱好来组织。

③ 根据某种课题和目标来组织。

在这些方法中,第一种方法也有很大意义。在新生入学,彼此不熟悉的最初阶段的班级里,不得不采取这种方法。而且,在班级成为真正班级的最终阶段的分组,也适用这种方式,因为"人人都能组合在一起"的状态是理想的。不过,应当注意的是第三类方法,例如某小学的班级为了协助语文教学,组织语文学习组,或者为了协助社团活动的开展推选社团负责人。

(3) 常设组与临时组的方式。班级分组的另一种形式就是分为"常设组"与"临时组"。前者是根据日常的或经常性的课题长期从事共同活动的单位。从某种意义上说,它是班级团体的基础,但仅仅用这种方法会使班级"僵化"。为打破僵化的局面,可采取定期替换和设临时组的方法。后者可在讲课时临时指定课题,要求一部分学生负责。课题一旦完成,小组便解散,回到原来的组(常设组)。

3. 人际感情的世界

世上总会有一些令人"打心眼里讨厌的家伙"。尽管我们完全了解"人是平等的""人人都得尊重人权",却产生不了相应的人际感情。这是理性与情感"相克"使然。

班级的经营也是一样,在学习团体中更应如此,甚至出现不讲分寸、冷酷无情地思考问题的倾向。所以我们需要将团体的感情层面也考虑进去,展开班级的组织与经营。

霍曼斯(G. C. Homans)说,对某人的好感程度与彼此的相互作用有关。说得浅显一点,愈与某人相处,愈会产生好感,也会与有好感的人更进一步地交往。的确,乍看起来令人厌恶的教师,一旦听了他的课,往往会逐渐对他产生好感,出乎意料地把他视为好老师。但也有相反的情形,随着交往的加深,愈觉嫌恶,不久便断绝了交往。

莫雷诺(J.L. Moreno)认为人际关系有相吸与相斥两个层面。因此,他只从情感层面去把握团体的结构。表24-2和图24-4便是实例之一。借助这种方法,可以了解团体的下述问题:

(1) 整个团体是否统一?
(2) 可以划分成哪些小组?
(3) 团体和小组的中心人物是谁?
(4) 每一个成员扮演何种角色?

我们可以紧紧抓住这种情感(好恶)的交往来考察团体结构,进而考察班级的经营。尤其是学习者尚处低龄时,他们易受情感的左右,尤应注重这方面的分析。

表24-2 社会计量法则题例

为进一步展开学习,成立学习小组:
① 请写出你最想一道学习的三位同学的名字。
② 请写出无论如何你都不想跟他一道学习的三位同学的名字。

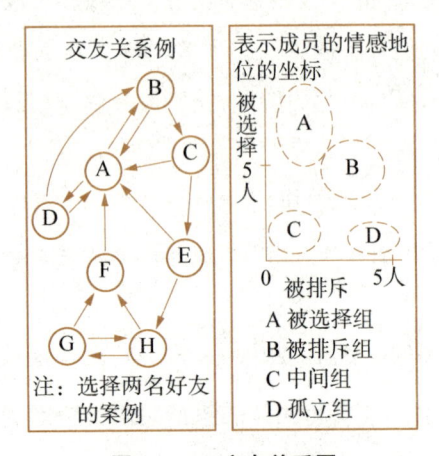

图24-4 交友关系图

看看合作的模式。不涉及对对方的好恶,而是为达成团体的目的而能合作。这种合作对低龄学习者来说也许是困难的。

在米德看来,"合作"有两种:一是为了对方而进行合作的人际合作;二是不涉对对方的好恶,为了共同的目的而进行的合作。由于社会和文化背景的不同,合作行为的价值也不相同。因此,合作的质与年龄发展的关系也许无法简单地加以说明。但是从日本儿童来看,小学三年级之前,似乎以"人际合作"居多,小学四年级以上,则以目的合作居多。

由此可见,关于整个班级及其小组的编制与经营,考察一下成员的人际情感因素便可以判断。当然,即使在年龄递增,也不能忽视人际情感,这也是不限于班级的普遍性的问题。因为,"人终究是感情的动物"。

三、班级的纪律与氛围

组织有会则,学校有校规,班级也有"学习纪律"。一般而言,在团体生活和组织活动中,会强调严格的纪律,以便实现目标。所以苏联著名教育家马卡连柯(A. C. Makarenko)说:"纪律即自由。"

然而,诸多学校为彰显"纪律",却把学习者"五花大绑",变成"纪律即束缚"了。夸张一点说,这是侵害"公民自由"的。由此,学校和班级自身造成了诸多违反校规和学习纪律的逆反儿童和差生。这是为什么呢?

理由之一,制度过分繁琐。规定的项目过多,使得行为的幅度过窄,缺乏选择的余地,势必强制采取划一的行为模式。

理由之二,纪律检查过分严厉。即陷于所谓"检查主义"的境地,召开"检讨会",检点他人的违纪行为,对违反者施以严厉的惩罚。这样不但在团体中创造了"坏蛋",教师自身也深感吃力不讨好。

班级的纪律应当反其道而行之。

第一,变细则主义为"温柔的纪律"。例如,(1)规定的条目尽量少而精;(2)不作这样那样的禁止,而只是指示方向;(3)有主动选择行为的幅度;(4)对违反者的处罚不过严。

第二,变"检查主义"为"相互反省"。"检讨会"的做法是,由他人提出被检查者的违纪行为和问题行为。但"相互反省"却不同,不仅限于违反者的问题行为,其他人还得将违反者的问题当作自己的问题加以反省。只有彼此交流的反省才能真正形成"班级反省会",其目的之一也在于培育"关怀和体谅"。

班级里提出象征性的目标比之纪律条文更为有效,例如,"友好""合作""努力"之类的目标,这些也是班级的象征。

当然,教师要发挥主导作用,但重要的是不要扼杀班级成员的希望。在这种场合,川喜田四郎的 KJ 法是有效的。他的做法是,每一个成员提出自己的个人目标,以此为线索组成若干小组,形成班级整体的目标形象,因为借助这种方法可以创造"全员参与"的目标(见图 24-5)。

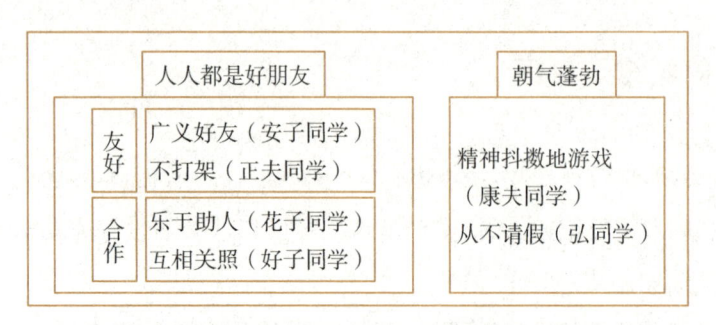

	人人都是好朋友	朝气蓬勃
友好	广义好友(安子同学) 不打架(正夫同学)	精神抖擞地游戏 (康夫同学) 从不请假(弘同学)
合作	乐于助人(花子同学) 互相关照(好子同学)	

图 24-5　以 KJ 法形成的班级目标(小学四年级 A 组,局部)

为使班级提高到学习团体的地位,制定纪律条款、召开纪律反省会、提出班级目标等,都是强有力的措施。这些积极的影响因素统称为"团体氛围"。

这里所谓"团体氛围"(group climate),包含了团体的凝聚力、士气、团体结构、指导力等作为整个团体的氛围。这种团体氛围可以用种种形象表现出来,例如"舒适""平静""泼辣""开朗"等,或者按照一般的划分,有民主型氛围团体、专制型氛围团体等。

吉布(J. R. Gibb)所谓的"支持性氛围"与"防御性氛围"有助于我们研究班级氛围的应有模式。这种划分其实是以团体成员的信赖关系为基础的。支持性氛围立足于信赖与支持的关系,防御性氛围立足于不信任与攻击(防御)的关系。

首先,所谓"支持性氛围"(supportive climate)是指:(1)表现出好友之间的自信与信赖。例如,自己充满了能适应该团体的自信,没有必要伪装外表,无牵无挂地宣泄自己的感情与纠葛,即使与朋友感情不睦,也能真诚相处,对成员有积极的感情。(2)作为组织,表现出宽容和相互扶助。例如,潜在的敌意少,争执少,组织与角色是流动不定的。(3)关于目标追求,多数是自发且多样化的。例如,追求目标的方法正直、坦率、开放性、上下左右的沟通多,积极参与多,全员自发地创造性地参与工作,作出多角度的评价。

与此相反,所谓"防御性氛围"(defensive climate)是指:(1)朋友之间怀有恐慌与不信任。例如,当自己不适应该团体时,就会陷于恐慌,拘泥于细节,形成互相庇护的小团体,或者彼此抱怨,相互勾结。(2)作为组织,强调控制与服从。例如,依靠权威的一方对控制充满敌意,争权夺利,十分在乎地位与权力。(3)在目标追求方面,则以操作和策略居多。例如,诡计多端,秘密策划,难以上传下达,参与度低,划一的强制性的评价多,活动的开展为规章制度所束缚,偏于保守。

上面所述的两种团体类型中,一般分别对应于这两种氛围。也就是说,支持性氛围属非定型性团体,防御性氛围以定型性团体者居多。

这两种氛围给班级的学习造成了巨大的差异。首先我们看看支持性氛围的班级——

(1)移情与净化。设身处地倾听他人的发言与问题,而提出问题的一方则会产生一种心灵的净化作用。

(2)自律性。不看他人的脸色办事,充满自信,自己思考,自己负责。

(3)客观性知觉。这里的探究和判断不受团体压力所左右,不为焦虑而含混的眼力所蒙蔽,而是能大胆观察、小心求证。

(4)创造性思维。以积极的态度,不受常规和周围舆论的束缚,有个性地、从各个角度思考问题,尊重创意。

(5)合作与和谐。在成员之间,相互扶助,即使强调"团结",也会产生尊重每个人个性的伙伴意识,即形成"和谐"。

相反,防御性氛围的班级——

(1)攻击与防御(检讨与惩罚)。成员之间互相不信任,有不安全感,为此攻击对方,保护自己。另一方面制定详尽的规章制度加以约束,以检查为唯一手段,着力于处罚违纪。

(2)他律性。支配自己精神的是他人的眼神和反应。

(3)主观感受。探究和判断凭主观设想的居多,不能率直地看待情况和事物。

（4）保守性思考，从众性高。生怕"越雷池一步"，因此不分良莠，回避新事物，难以培养发散性思维。

（5）结党营私。尽管强调作为一个整体的团结，却是分崩离析、派别林立。强化上级与下级的关系，于是勾心斗角，互相倾轧。

这种学习结果与倾向，从实践上看，是容易理解的。支持性氛围的班级比防卫性氛围的班级更易产生创造性的共同行为。

如何形成这种"支持性氛围"呢？这不是一朝一夕的事。许多以定型性团体为开端的班级容易形成防御性氛围，难以产生支持性气氛。这是班级经营中必须注意的，亦即需要注意学习者与教师的态度及团体的课题与结构。

首先，班级的所有学习者应具备如下态度：

（1）对于对方的言论和行为要设身处地地站在对方的立场上去思考。

（2）对对方的想法不能嘲笑作弄，尤其重视"创意"。

（3）用心发现对方言行中的长处。

（4）学会运用"谢谢"（感动）、"对不起"（谢罪）、"好极了"（共鸣）、"欢迎"（劝诱）之类的用语。

（5）提问时注意时间间隔，以便让对方从容作答。

其次，教师应注意教学中或日常生活中的用语，借助这类用语，将会促进学习者态度的形成：

（1）找出学习者言行中好的一面，加以表扬。

（2）当学习者面临失败和错误时，给予热情鼓励。

（3）对破坏支持性氛围的言行严加批评。

（4）注意多维评价，避免划一的评价。

另外应注意的是班级的课题。班级的课题既有易于形成支持性氛围的课题，也有不易形成支持性氛围的课题。例如，不是只有一个正确答案，而是宜作出多种思考的场合（即容许发散性思维的场合），或者每一个成员、小组乃至整个班级按其所好地创造宜于自我表现活动的场合，都有助于支持性氛围的进一步形成。

最后，作为班级团体的结构本身也会左右支持性氛围的形成。上述的非定型性组织，或谓之"柔软结构"的团体，是直接与支持性氛围相通的。在这里——

(1) 每个成员的角色地位是不固定的、流动的,没有严格的上下级关系。

(2) 根据不同的情境,指导者分别由不同成员担任。

(3) 不是形成以班长为中心的小团体关系的小组划分,而是根据课题形成小组。

(4) 没有组与组之间的竞争,而是开放性的班级。

只有在这种班级结构中,团体成员才能建立起相互信赖的关系,才能朝气蓬勃地成长。

第 25 章　走向创意型班级的营造

学校教育的基础单位是"班级",教师的"班级经营"状态决定了"学习团体"的性质与品格。从"学习共同体"的视点看来,我们需要从层级型班级模式中解放出来,走向"网络型班级组织"。这就意味着"创意型班级"的营造,即支援学生自组织化的班级团体的经营与创造。"创意型班级"作为未来班级经营的一种方式,尽管步履维艰,却是班级改革的必由之路。

一、班级与"班级经营"

(一) 教师的"班级经营"

学校教育的基础是"班级经营"。教师的班级经营状态决定了"学习团体"的性质与品格,班级的"学习共同体"建设是"能动学习"所需要的。学校史的研究表明,中世纪的学校是没有班级的[①]。在中世纪,多数场合只是一间房子,而且这不是"教室"(classroom),而是"教场"(schoolroom)。在这种教场中的儿童年龄各异,看不到

---

① 柳治男."班级"的历史学[M].东京:讲谈社,2011:2.

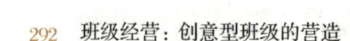

同样年龄的集合,完全不存在我们称作"课程"的整体教学活动的计划。所谓"班级",是近代学校特有的组织。作为指导班级团体的术语,有"班级指导""班级管理""班级经营"(班级运营)。教师旨在持续地进行学科教学与生活指导,拥有同质性的一定数量的儿童所构成的团体,谓之"班级指导"或"班级管理"。教师信赖班级中儿童的自我教育力、集体的相互教育力,创造以儿童为主体的班级经营,通常谓之"班级创造"。自17世纪夸美纽斯率先倡导"班级"的意义及其必要性以来,在近代学校中,一齐教授众多的儿童,既提升了教学效率又提升了财政效率,"班级"得以广泛普及。

学生是在班级中成长的。班级作为学校教育的基本单位,教师在进行集体教学方面有诸多胜于个别教学的优点:教学效率高,对学生的人格形成会产生良好的影响。班级的发展是学生发展的必要条件。不过,班级的发展不是教育的目的,它终究是教育的手段。历来的班级管理的典型模式是,仿效工业社会时代追求生产效率,着眼于教师如何直接地以规则作为理论背景进行指导、管理与监督,这种"班级管理"确实可以为学校生活的稳定与学生的安心带来一定的效果,以往的班级团体研究重点也放在了旨在有效地运作团体的方略与教师指导作用的研究。这是来自教育管理的一种诉求。但在当代知识社会的教育期许个人的自由、培育主体性的活动的背景下,单纯地着眼于强制性的"管理"是行不通的。教师通盘地管理拥有多样个性的学生集合体,会丧失学生对教师的绝对信赖。那么,应当怎样作班级指导,才能既维系作为团体的秩序,又发挥每一个学生的潜能,建构主体性的活动呢?从学习共同体的视点看来,我们需要从划一的管理型班级的模式中解放出来,转型为支援型的"班级经营"。妹尾坚一郎聚焦人际之间的"关系性",梳理了"班级经营"的五个要点[1]:

1. 倾听——倾听学生的心声,收集学生的信息,旨在把握学生的特征。

2. 分析——理解学生的个性,进行个性特征的分析,借以助推学生的发展与成长。

3. 激活——激活学生复杂的个性,激活学生多样的个性,激活班级团体。

---

[1] 兰千寿,高桥知己.创发班级的进展[M].京都:ナカニシヤ出版,2016:61.

4. 场域——重视有助于发挥学生个性特征的"场域"。

5. 意图——通过同学生的讨论与活动贯彻教师的意图。

这是一个走向"学习共同体"的班级创造的时代。如何在多样的学生、教师及其周遭社会情境的错综复杂的交织之中展开运作，才能实现"承认多样的价值观与团体中个人的可能性"这样一个集体与个人二元对立的课题，是关系到未来时代学校教育使命的严峻课题。"班级经营"的新时代到来了。

(二) 班级团体的类型

获取班级团体的模型的一种方法，就是以学生为对象，收集他们过去所经历的实际的班级体验案例。不过，倘若没有线索，要收集班级体验案例是很困难的。倘若以"开放型班级"与"封闭型班级"作为关键词，要求学生对过去的班级体验作出自由表述。那么，通过这些表述，可以归纳出两种类型班级的不同特征。"封闭型班级"的特征是：固化的人际关系；存在层级性；顽固的闭塞感；浑浑噩噩。"开放型班级"的特征是：开放的氛围；自由的交流；出现新秩序与新规则；持续地变化与进化；意气风发。

兰千寿和高桥知己为揭示班级的整体特征，设定了两个维度——"活动的指导性"(承担活动主导性的是谁)与"班级的活动性"(班级活动是积极的还是消极的)，用以进行班级类型的分析[①]：

类型Ⅰ：放任型班级(学生分层型班级)。在这种类型的班级里，教师在尊重学生自主性的名目下对学生的指导，等同于放任自流。其结果是班级形成僵化的人际关系，或学生之间产生阶层分化，班级中霸凌事件层出不穷，特定个人与团体的捣乱事件此伏彼起。

类型Ⅱ：稳定型班级(教师专制型班级)。这种类型班级的特征是，教师实施强制性管理。教师强行灌输自己的意见，时而采取体罚手段，学生害怕这种教师，面从心不从。学生的行动受教师的控制，因此乍看起来是遵从教师的管教。班级表面上安定，事实上学生之间潜藏着霸凌的结构。

---

① 兰千寿，高桥知己.创发班级的进展[M].京都：ナカニシヤ出版，2016：42—49.

类型Ⅲ：放心型班级（教师主导型班级）。这里所谓"放心"是指，威胁每一个学生自由活动的其他学生惹是生非的行动不仅受到控制，而且学生们在教师有效地引领下，能够安心地展开班级生活，根据教师的指导协调行动，并在班级里获得满足感。

类型Ⅳ：创意型班级（属放心型班级范畴）。这种类型班级的活动，出现从前半教师主导到后半学生主导、展开自主的积极活动的变化。教师逐渐退出前台，从侧面提供支撑。这种班级作为集体一旦成熟，学生们就能更主动地决定规则，展开班级集体活动，学生自身的创造活动的欲望也益发高涨。这样，基于守望学生活动的师生之间的信赖关系，以及支撑互动的学生与学生之间的信赖关系，出现了能动的创意型班级。所谓"班级团体"既不是与世隔绝的世界，也不是实验室那样的固定的环境，而是情境时刻变化、人际关系也变动不居的共同体。要在这种不稳定的复杂情境中展开活动，同学之间、师生之间的信赖关系是不可或缺的。

二、"创意型班级"与能动学习

（一）何谓"创意型班级"

建构基于自立的个人、以信赖为基础的自由的网络，展开主体的活动——这就是"创意型班级"的形象。这里所谓的"创意"，是指局部的交互作用影响到大局、新的组织框架得以自组织地产生的样态；意味着以生生之间、师生之间微小的、局部的交互作用为契机，逐步影响到班级团体的从微观到宏观的变化。这种组织架构并不是被控制的现象，而是作为自律地行动的结果而形成的自生的秩序。它并不是要素主义那样还原为个别现象加以精密分析而积聚起来的大型集体的作用。为了支撑儿童的能动的活动，就得基于由每一个小小特性积聚而成巨大变化的复杂系统的科学，运用创意性的机制形成创意型团体。

创意型班级是从自立的学生网络中产生的，但绝不是说无需教师的指导。不过，与其进行管理式的指导，不如建构包括慎重而过细地应对在内的环境，这种环境既能促进学生自立，又能维系集体转型和规则的重要性。个人自立与他者自立是表里一体的关系，不理解这一点，就不能形成可信赖的网络。维系作为集体的规则与尊重他者,是需要在每一个人的心中养成的。因此,"指导"并非那么轻而易举的。兰千寿和高桥知己从三个视点,来确认创意型班级营造的要诀:

其一,变革个体。同学之间、师生之间往往会给人贴标签,这是司空见惯的。这可能会导致伙伴关系的封闭,断绝彼此的交流。倘若立足于社会建构主义的学习观,把"学习"视为学生受到来自环境的知识与刺激而发生的变化,那么作为指导者的教师就不能把自己的主观判断和学校拥有的逻辑强加给学生,不能把一个个学生个体看扁、看死了。重要的是从不同的角度来看待立体的学生个体。

其二,多元价值。作为指导者的教师即便承认每一个学生的多样性,也往往容易把社会价值、教育价值、基于自身信念的价值硬生生地灌输给学生,其结果只能导致学生自主性与自立性的削弱。重要的教育课题是,如何既发挥优等生多方面的才能,也发现和发展差生得意的侧面。挖掘学生拥有的多样的能力与特征,创造多样的价值与作用,是创意型班级不可或缺的。

其三,相互印证。学生通过活动会感悟到自我有用感与效能感,这一点无论对于个人还是团体都是好事。这是一种体验活动、体验角色的承担和个人内在的喜悦,进而得到周遭伙伴的协作与认可,体验的价值便得以进一步提升。这种体验使学生自身的角色作用在班级内部得以定位,并成为尔后活动的参照点。如此循环往复,积累起作为共同体一员的充实感与成就感。从某种意义上说,这就成了确立"新的自我"的契机。

(二) 创意型班级与能动学习

作为教学方案设计的要素必须考虑儿童的实际与班级集体的实际。这是因为,教学的形态受如下三种要素的制约:

1. 每一个儿童的实态——儿童的基础学力、社会技能水准、协同意识。

2. 班级集体的实态——班级内学生之间的人际关系(协同关系的建构度)与儿童准备的分散度。

3. 教学内容与教学阶段——预设、实施、反思三个阶段。

这里的"预设"相当于教学的铺垫,包括:激发儿童对课题的兴趣与自我效能感;设定学习目标;就学习方略与协同方法形成规则与默契;确认活动的框架与留意点。

"实施"指的是学习活动中产生的交互作用过程。在这里,关键是如何适当地展开"参与"与"外化"。"自我反思"指的是学习活动之后的反思。亦即就个人与小组的学习状况与学习方略问题展开"归因",交流之后对自身思考差错的矫正、下一步学习的"预设",以及如何组合"讲解中心有效的教学内容与教学阶段"与"活动中心有效的教学内容与学习阶段"。不过,知识传递型教学不可能期待深度学习,不可能掌握通用能力。从被动学习转向能动学习势在必然。

能动学习是在"学习团体",亦即"班级团体"中展开的。"班级团体"内的成员之间的交互作用具有决定性意义[1]。因此,班级团体的状况与素质对于学校教育的成败至关重要。但近年来,在"分层教学"的名目下,我国的班级团体变得有形无实,具体表现在两个方面:其一,目标与实际存在极大的落差。儿童之间沟通的机会不足,只能在等质的小组与人际关系中行动,不善于基于异质的小组与课题的解决。就是说,"开放的个体"尽管是教学的一个目标,但事实上教学面向"封闭的个体"的形成。其二,一线教师不理解比传统体制更高水准的班级团体的状态与素质。为了展开能动的学习,传统上达到"儿童之间亲和水准"的学习团体的状态是不充分的,需要达到更高水准的基于"信赖"关系的状态。"分层教学"本质上是赤裸裸的应试教育激烈竞争的产物,同创意型班级的形成格格不入。

创意型班级的形成大体可以分为如下三个阶段:

第一,个体变革的阶段。班主任的责任首先是收集信息、把握现状。在这里,并不局限于对某个学生的信息收集,还应包括该生的家庭在内的社区的、社会的信息。教师应根据收集的信息来分析比较现状,策划下一步的对策。

第二,多元价值形成的阶段。在这个阶段里教师的应对大体可以考虑三点。其一,向学生阐明责任并要求其参与决策。这是促进学生参与活动的第一步,是对学生自主、积极地参与的一种引导。其二,角色赋予。通过对个体赋予作为团体一员的角色,可以使其实际感悟到个体在组织中设定的地位,增强其归属感。特别是教师赋予学生以一定的角色及其责任,无异于提升他们的自尊感。这里必须注意的是,片面地对特定学生赋予责任是有风险的。在学生承担不了责任的场合,或者在

---

[1] 河川茂雄.能动学习的班级创造[M].东京:诚信书房,2017:1.

实际活动中感到负担过重的场合,也会有拉大学生、团体与教师之间距离的可能性。如何把握赋予学生的角色与责任的"度",是关键所在。其三,支持。教师的动态协调、有效支持有助于学生的团体参与,成为其自主性、自立性活动的支撑。

第三,相互印证的阶段。具有更重要意义的是相互印证阶段的应对。在学生发挥这种能力、充分参与团体活动之际,每一个学生是怎样借助反馈获得成功体验的,这一点十分重要。这种印证相当于从实际活动中再次确认学习的经验,并成为尔后活动的资源。在班级经营中,基本上可以考虑两个战略:一是班级规范的形成;二是促进学生的自立。① 对于班级中的学生而言,他是通过班级规范的确立来展开作为班级一员的团体行动的。尔后,每一个学生从这种规范中解放出来,确立起有助于各自自立的协同关系建构的班级。

三、社会关系资本与"创意型班级"

(一) 社会关系资本与层级型班级团体的弊端

班级不仅是知识技能的习得与能力开发的场所,也是通过班级生活推进人格形成的场所。就是说,能动学习得以具体实现的"场",就是班级团体。班级与学习团体的创造之所以重要,最大的一个理由是每一个人的心境。就是说,每一个儿童"自我安静"的心境与"自己有益于大家"的感受是不可或缺的。② 班级团体是多样的个性的存在,有复杂的人际关系,有时甚至会有摩擦。超越这种摩擦就可以构筑更深的人际关系。当然也不能无视在消极的人际关系中产生霸凌的、扭曲的人际关系。第二个理由是创造知性课堂环境的需要。课堂教学需要在知性环境中进行,在包括语言环境在内的知性气息洋溢的课堂里,儿童才能形成团体与社会生活的基本生活习惯,形成学习积极性与良好的学习习惯,奠定健全的人格发展基础与确凿的学力发展基础。

在学校教育中班级经营所起的作用是极大的,稳定的班级经营是提升学力不可或缺的。倘若作为学校生活之基础的班级不稳定,学生的学习成果是难以提升的。

---

① 兰千寿,古城和敬.教师与教育集团的心理[M].东京:诚信书房,2005:83.
② 北村文夫.班级经营读本[M].东京:玉川大学出版部,2012:62—83.

对于班主任而言,稳定班级社会是重要的优先课题。实际上,从学生的班级体验和班主任的班级经营的体验记录来看,作为生活场所的班级一旦不稳定,学生便不能集中精力学习的经验与案例,比比皆是。这也是每一个科任教师的实际感受。那么,如何去经营作为一种社会集团的班级团体才好呢?

基于怎样的理论才能培育富于活力的班级团体呢?以生生之间、师生之间的人际关系为中心的班级的状态,是受班级内部的沟通与网络的状态所制约的。如果网络的稳定对社会团体而言是必要的,那么网络的状态对班级经营而言是关系成败的重要因素。这种班级经营中网络的重要性,同思考社会基础之际的"社会关系资本"(social-capital,简称SC)的重要性如出一辙。"社会关系资本"是支撑经济发展与社会稳定的一个概念,往往是作为一种政策工具来探讨的。从社会关系资本论来看,作为政策规划的基础,就是制约人与人之间联结的三个要因——"网络""规范""信赖"。而这些要因的再生与强化,对于未来的社会制度而言是必要的"社会关系资本"。换言之,构成集团社会的基本概念是"物力资本""人力资本",再加上"社会关系资本",这是思考政治、经济、教育问题的关键概念。

在近代教育发展史上,"班级团体"作为学校教育的基本单位,从诞生之日起就形成了以班主任为权威的层级型结构。最适于保护学生的安全、能有效地展开学习与生活的,被视为最好的班级管理方式。然而,经济学与经营学的研究表明,这种传统的层级性组织难以胜任现代急剧变革时代的变化。由于历来的"上位—下位"的层级性,在管理制度上信息的传递必须有规定的步骤与决策的许可,不可能应对各个企业体和组织体中价值观的多样性与信息流通的速度与变化,不可能及时而有效地因应消费者与生产者的需求。现今的"班级团体"只要是实施传统的层级型结构系统的指导,也是同样情形。教师主导的管理行为强势的"层级型班级团体"存在如下三个弊端:第一,组织的下级员工(班级团体的场合是学生)依赖倾向强烈,缺乏自主、自立活动的意愿。大凡等待上级指示、照章办事的,就能不被斥责,因此与其凭借自己的意志行动,不如察言观色,于是丧失了干劲,主动性低落。这样,教师不过是信息的传递者而已。这种类型的组织仅仅是靠规则与管理来驱动的。第二,组织僵化,缺乏灵活性。层级社会一旦形成,则下情难以上达。诸如一旦发生霸凌事件,教师往往会被蒙在鼓里。第三,作为指导者的教师包揽管理所有学生的一切行动,越俎代庖。

(二) 从"层级型班级组织"走向"网络型班级组织"

要克服层级型组织的局限性,就得要求成员自主、自立,更积极、更灵活、更活跃。为此,需要从"社会关系资本"原理出发,思考以"信赖"为内核、基于"规范"而形成的"网络型班级组织"。这种"网络型班级组织"称之为"网络型社会共同体"。这种基于网络型观念组织起来的组织,是相对扁平的、柔软的组织。参与者不是单纯的学习传递者,而是以积极性驱动自身的学习主体。网络型组织的指导者角色不同于传统的层级型组织的指导者。他的责任不是管理、控制、作出细枝末节的指示与提醒,而是提示作为基本的愿景、组织的价值观和应当达成的目标。借助适当的指导力,不仅可以提升团体的活动指向性,而且可以选择适当的行动。

根据日本综合研究所的研究(2008年),社会关系资本的核心是网络的类型。社会关系资本分"结合型SC"与"联动型SC"。"结合型SC"具有如下特征:组织内部的人与人之间是同质的结合,产生组织内部的信赖与协同,产生向心力,具有像"社会粘合剂"般的强烈的链接与约束。这样,这种社会关系资本的内向性一旦过强,往往就会偏向"闭塞性"与"排他性"。而"联动型SC"是由不同组织之间异质的人和组织、价值观结合起来的网络,因此比之"结合型SC",其链接与约束相对弱小一些。不过,"联动型SC"更开放、更扁平化,可以发挥"社会润滑油"的作用。在这里需要考察的是,这种社会关系资本从小组内到小组外渐次地移动的过程,亦即从"结合型SC"向"联动型SC"移动的过程。特别是低年级,接受"结合型SC"的功能的影响具有重要意义。这个时期的学生基本上处于习得生活习惯的阶段,学习的课题是人格形成时期作为共同体一员的价值观与社会关系、规范。亦即借助班级团体的"结合型SC"的功能,学生们学习并体验集团社会的处世方式与规范、伦理、道德。这对于尔后的信赖关系与人格的形成具有莫大的影响。

从"管理"走向"支援"也十分必要。在过去那样变化与差异稀少的时代,管理行为是有效的。但在现今时代,要在不断变化的情境下达成目标,靠"管理"是不行的。当你的管理行动出台之际,计划原本的前提已经发生了变化,因而不得不不断地借助命令来行动,势必引发常态化和闭塞。而"支援"则不同,可以采取不断地适应对方、调整自身的行为方式,所以不管对方如何变化,均可追踪这种变化与差异。就是说,倘若从"支援"自组织的班级经营的视点出发,"班级"就能够自在地、能动地展开经营。

这里所谓"基于自组织的班级经营"不是权威式的班级管理,而是指个人与个人的相遇,通过在新的关系性中发生的碰撞与变革,凭借学生自身制定新的规则,产生新的秩序,在尊重多样个性中,形成多声交响的集体创造——这就是"创意型班级"的营造。在这里,不容许从管理出发的控制与教师的单向控制。教师与学生在交互作用中产生规则与意图。不是以权威教师压制的方式让学生服从规则,而是基于团体内部关系的建构而产生的意义发现与价值分享,使系统得以重建。

四、"创意型班级"的营造

就"创意"而言,关键的概念就是"关系性"。关系变了,创意得以产生。那么,班级中创意得以产生的关系性的变化是怎样进行的呢?根据现有关于"创意型班级"的研究,"创意型班级"营造的四个要诀是:

第一,改变"个人特征"与"构成要素"。在改变同他者的关系之际,改变个人特征具有巨大的意义。例如,提示同过去的 A 生不同的侧面,周遭的人们对 A 生的看法也就变了,彼此相处的方法也会跟着改变。由于发生了不同于以往的反应与行为,产生了新的关系性,创意得以产生。周遭的人认知某个人特征的一种方法就是"贴标签"。在班级中给人贴上某种标签的做法俯拾皆是。比如"某某人是这样的家伙"之类,把某个人从团体中固化下来。比如,B 生平日老实巴交,沉默寡言,"没趣的小子",没有任何朋友,所以对 B 生肆意妄为。在这种情况下容易发生霸凌。个人即便想要变革自身,团体的贴标签也会产生妨碍。又比如,还是那个平日老实巴交的 B 生,尽管想要改变自身,但该团体贴的标签往往不容许他这样做。这样,B 生终究改变不了自己,这个班级就成为固化的人际关系占支配地位的"封闭的系统"了。这是负面标签的例子。当然也有正面标签的例子。因此,重要的是,有了想变革的个人与认可这种变革的团体,才会有个人特征与团体的构成要素的变革。换言之,个人特征的变革唯有借助"那个家伙最近变了"之类的班级团体内部认知的变化,才有可能。班级内部的个人印象的改变,是同周遭同学对他个人认识的变化联系在一起的。同时,这样的个人的变革也影响到团体,会诱发系统内的创意。因此,个人的变革通过团体的认可才可能变革。在组织内部未能认识到个人变化的团体中,创意是不可能产生的。为了带来创意所不可或缺的关系性的变化,教师对个人的变化与接受这种变化的团体的认识是必要的。确认"变化了的事实"是"变化了",对个人与团体的变化来说是必要的。对教师而言,发现变化是重要的角色作用之一。

第二,变革"关系性"。关系性固定化的团体,就像存在着给个人贴标签的做法一样,其内部的层级化和地位也有固定的倾向,而且要改变业已形成了的层级是十分艰难的。有效的方法是改变班级中的"关系性",不至于使班级的同学之间产生阶层。同样的关系性有时会持续,关系性就会固化,而改变学习小组与生活小组之类的成员构成,他们的关系性就不能固化了。倘若小组内部的角色不是固化的,会随着活动的目的与形态改变小组的成员构成与角色,那么关系性就会改变。在某种活动中发挥主角作用的学生,在另一种活动中或许充当配角的作用。人际关系与角色作用的更替可以撼动关系性,成为催生创意性人际关系的契机。积极的"开放的个体",亦即"不断确立自我、解释他者,同拥有多样价值观的人一起思考、合作、协同地解决课题,从而产生新的价值,能够为生活作出贡献的个体"[①]。

第三,设定"场域"与"机会"。在集结多样个性的关系性之际,这种关系性就会催生新的创意。体悟到这种实感与成就感、有用感,将成为进步的能源。为了催生创意,就要准备适当的场域与机会,整顿好环境。在学校与教室中应当特别留意如下一点:学习活动与合唱节活动、学习活动与志愿服务活动的实践协同。在恩格斯托姆(Engestrom)看来,"劳动现场的学习,不同于正规学校教育的相对不同的方法,保持着它的独自发展的边界"。实践活动在现行的教育情境中并没有发挥充分的作用。他指出不能停留于学校一个场域,应"超越单独的活动系统的边界,分析文化多样的不同组织(诸如学校与职岗)之间的交互作用、网络合作、对话与协同,走向新的设计"。就是说,从种种系统中派生出来的,展开活生生的课题解决的学习,是具有巨大意义的。诸如有效地设计体育节、合唱节、志愿服务活动,可以想象其中存在进

---

① 河川茂雄.能动学习的班级创造[M].东京:诚信书房,2017:2.

发创意的诸多契机。超越教室的框架，诸如同其他班级的同学及前辈与后辈，同社区人士的交互作用，可以开拓构筑众多新的关系性的可能性。可以说，有效地设定场域与机会是创意型班级的营造所要求的。

第四，借助教师自身的参与催生创意。从学校教育协同的角度看，在作为自组织化的团体的创意型班级中，教师所起的"触媒"作用是极大的。教师自身浸润在学生团体之中的方式不同，以及教师作为一员，其指导的态度、意图介入的方式不同，班级团体的性质会大相径庭。专制型或者放任型教师的指导可能成为创意型班级营造的最大障碍。

"班级"至今仍然是现代学校教学组织的基础单位，所谓"班级组织"意味着教育与教学的统一、班级组织与教学组织的统一。分层教学是落后于时代的。在班级团体中学生之间的异质性与多样性，正是促进集体思维与学力形成的原动力。"创意型班级"是未来班级经营的一种方式。在今日我国管理型班级虽仍然普遍存在却难以为继的时代，在"走班制"大行其道——打着改革的旗号，却热衷于"分层教学"，迎合应试教育——的氛围下，革新的教师毅然决然地支援学生自组织化的班级团体的经营与创造，尽管步履维艰，却是班级改革的必由之路。

结语：四种团体理论述略

一、团体动力学理论

一般认为，要在个体心理学中实验性地阐明团体过程是不可能的。不过，到 20 世纪 30 年代末期，勒温（K. Lewin, 1939）以独到的方法开创了实验性地研究团体的途径。在他的指导下，利皮特（R. Lippitt）和怀特（R. K. White）所进行的社会氛围（social climate）实验便是最早的成果。该实验使儿童团体分别在专制型、民主型、放任型三种不同的指导方式之下展开活动，从而形成各不相同的团体氛围。这个实验保存了团体的基本特征，尽管在某些层面尚存在差异，但团体过程在本质上是一致的，因此可以在实验室中创造出与复杂、现实的团体同型的团体。这就是勒温信念的基础。

勒温在该实验成功的基础上反复进行理论及技术的研究，最后创立了旨在阐明团体问题的科学——团体动力学（群体动力学）。这是 20 世纪 40 年代中期的事。今日对教学团体的认识绝大部分来自其后的团体动力学研究。这里简述一下团体动力学的基本性质。

团体动力学自问世以来，其研究领域日益扩大，遑论界定其性质，即使是下定义也不那么容易。勒温的高足卡特赖特（D. Cartwright）和赞德（A. Zander）感叹，随着"团体动力学"这一术语的威望升高，其用法也渐趋混乱。大体而言有三种用法：

第一种用法，指团体得以组织与管理的应有模式的一种政治意识形态。这种意识形态强调民主型领导作风、全员参与决策，以及通过团体内活动使个体与社会双方得益的重要性。

第二种用法，指团体动力学中运用的一连串技术。角色演技法、授课或会议中一部分成员对特定话题或问题的"非正式讨论"（buzz session）、团体过程的观察与反馈、团体决策法等技术在团体动力学中得到发展并广泛运用,构成了团体动力学颇具特色的研究领域。

第三种用法,指旨在获取一系列知识——团体的性质、团体成熟度的法则,团体、个体及其他团体之间的相互关系——的研究领域。

此外,还可以指出下列特征:

1. 注重有理论意义的实证研究。勒温是第一位指出心理学中理论构思之重要性的学者,但这种理论不同于单纯的思辨,必须根据实证材料不断接受检验。这种材料主要从实验室实验、现场实验及行为研究法等三种研究中获得。

2. 关注现象的动力学与相互依存性。重要的不只是描述团体的性质及附随于团体的现象,也不仅仅是团体类型与团体行为方式的分类,而是对团体动力性质的注意,亦即团体某一部分的变化将会带来其他部分的哪些变化。

3. 跨学科性。团体动力学不只是社会心理学的一个领域。完整的团体科学必须与社会学、经济学、政治学、人类文化学等社会科学密切合作。

4. 团体动力学的研究前提之一是,它所揭示的规律能广泛地运用于社会问题的解决。这些问题领域包括社会团体指导、团体心理疗法、经营管理等,当然,教育也是其中之一。

二、社会计量理论

前面说过,勒温运用独到的方法开拓了实验性地研究团体的途径。不过,莫雷诺(J. L. Moreno,1934)认为,该方法是他发明的,勒温剽窃了他的成果。其实,勒温并未完全仿照莫雷诺的一套,只是参考罢了。"行为研究法"的构想早在莫雷诺的"社会计量法"(sociometry)中就已经显露出来了。"团体动力学"和"社会计量理论"在基本点上是一致的。不过,从发表的时期看,莫雷诺的略早一些。因此,虽然不能认为"团体动力学"的基础只是社会计量测验理论,但不能否认其的确受到莫雷诺研究的影响。这里简要地叙述一下这种理论。

"社会计量理论"有很多,尤其自莫雷诺创办的期刊《社会计量》在1956年成为美国社会学会的机关刊物以来,其内涵似乎已经脱离了莫雷诺的初衷。而且,莫雷诺本人所下的定义也未必是一以贯之的。不过,可大体作如下叙述。

"社会计量理论"是通过分析团体成员之间所表现出来的吸引力(attraction)和排斥力(repulsion)的关系去揭示团体的结构,谋求团体的再结构化以求改进团体过程的一门实践科学。它所采用的主要方法之一便是社会计量测验(sociometric test)。

莫雷诺认为,人们在团体生活过程中必然会对其他成员分化出好恶的感情来,并且作出一条基本假设:倘若被容许和那些对个人怀有好感并想与之一道活动的成员活动,那么个人就是幸福的,团体过程也是有效的。社会计量理论就是以重组团体乃至社会,使之接近于这种状态为其实践课题的。

使团体按照成员的希望加以重新组织,谓之"社会计量分组"(sociometric grouping)。这是改善团体过程的必要而充分的条件。莫雷诺的理论中贯穿了这样一个信念:支配人际关系的原则乃至人类行为的最重要的准则就是主动性与创造性。

三、集体主义理论

"团体动力学"与"社会计量理论"的基本前提有一个最大的共同点,就是当团体以个人的自由意志为基础形成时,是最有效的。众多的个体构成团体时,其中展开着仅从个体的心理过程来探讨时难以理解的独特的团体过程。不过,既然团体对于个体来说是一种权宜之计的存在,那么个人利益终究应当凌驾于团体利益之上。西欧流行的观点就是根植于这一思想的。从这个意义上来说,两者都是个人主义的团体理论。

与此相反的观念是,更强调团体的意义,没有健全而成熟的团体,个人的福利便得不到保障。这种观念谓之"集体主义"(collectivism),这是基于苏联教育家马卡连柯的实践发展出来的教育理论。

据《苏维埃教育科学辞典》(1963)称,所谓"集体主义",就是"与团体息息相关,觉悟到自身是团体的一部分,把整体利益置于个人利益之上,把孤立的个体与团体的幸福对立起来便不可能有自己的幸福这一信念,是社会主义意识形态、心理、道德的固有特色"。

因此,"集体主义"首先是社会主义道德原理,其最高目标在于个人利益与整体利益的一致。这里所谓的"集体"(collective)的含义比之"团体动力学"与"交友关系理论"的"团体"更为狭隘。马卡连柯认为,所谓"集体",并非是正在起交互作用的某些个体的简单集合,它是有组织的个体追寻共同目标的统合体。在集体中有集体所信任的成员组成的机构,它掌握着团体的全权。成员间的依存关系不仅依赖友情和爱情,而且依赖以责任感为基础的依存关系,或命令与服从的依存关系。这是以拥有明确的组织、规范的具有高度约束力和强有力的领导群为特征的集体,它不是交友关系的自然产物。

集体主义教育"唯有在正确地组织起来的儿童团体中才有可能"。班级团体正是这种集体主义教育的"基础团体"。它的形成一般是以组织班级小组、形成班级核心、构建班级舆论三个支柱为基础的。

20世纪20年代以来的苏联教育积累了丰富的集体主义教育的理论与实践,对儿童思想、道德教育产生了巨大影响,成为国际教育学界珍贵的精神财富。笔者认为,克服团体过程中轻视个体层面、一味强调集体层面的倾向,汲取"团体动力学"理论与"社会计量理论"的有用技术,也是我们亟待解决的重要课题。

四、学习共同体理论

"学习共同体"(learning community)或译"学习群体"。学校班级学习共同体是由学习者(学生)和助学者(教师)共同组成的,通过完成共同的学习任务,旨在促进每一个成员的共同成长。这种共同体强调在学习过程中通过人际沟通与交流,分享各种学习资源,形成相互影响、相互促进的基层学习团体。它与传统的教学组织与教学班级的主要区别在于,强调人际心理的相容与沟通在学习中发挥团体动力作用。

"学习共同体理论"可以追溯到杜威(J. Dewey)的"学校"概念——"雏形的社会"。杜威在《学校与社会》(1899年)中倡导,教育既然是一种社会过程,学校便是社会生活的一种方式。在杜威看来,学校并不是专门学习知识或技能的一个场所,而是一种社会组织。学校教育是一种人与人交往互动的社会活动。这种社会可以"扩大并启迪经验,刺激并丰富想象,对言论与思想的正确性和丰富性承担责任"。

20世纪80年代以来,随着全球化的进展,学校学习共同体创造的教育浪涛汹涌澎湃。波依尔(E. Boyer)在其报告《基础学校:学习共同体》(1993)中指出,基础学校无非就是"为了学习的共同体"。变革的动力之一就是学校内校长、教师及校外相关力量的协同与合作。学校"学习共同体"的创建负有明确而重要的使命:在共同体的每一间教室里,能推心置腹地彼此交流;公正而有纪律;充满温馨的氛围,人人朝气蓬勃。每一个人都是基于共同的愿景而结合在一起的。

日本学者佐藤学一直致力于学校"学习共同体"创建的理论建构与实践探索。佐藤学的"学习共同体"既不是学习团体,也不是班级集体教育的团体。表征为"学习共同体"的共同体,不是地域性、血缘性的共同体,而是由叙事、言说与祈愿的情结构成的富于想象力的共同体。我们的社会不仅是由契约关系和法制关系组织的"市民社会"(个人的集合体),而且是隐含着叙事、言说与祈愿的情结构成的共同体。班级是由契约关系和法制关系组织起来的一个社会。不过在它的里里外外,局部地构成了一个又一个由叙事、言说与祈愿的情结构成的共同体。"学习共同体"是显示共同体的人与人之间"关系"的概念,而不是像"学习团体"和"班级团体的教育"的"团体"那样,意味着划一的、凝固的集合。

在确认上述事实的基础上,可以从形象上区分"学习共同体"的两种类型。一种类型是,分享同样的叙事、同样的言说、同样的祈愿,实现同样的学习的共同体。在这种共同体中,每一个人的差异被消解,探求"普遍的人"构成了共同体成员的实践。另一种类型是,每一个人的差异得以交响的共同体。正如交响乐团运用不同乐器声音的交响演奏成一曲交响乐那样,每一个人的经验得以交流与交集的共同体就是"交响式沟通"。在这种"和而不同"的共同体中,每一个人的自立、亲和及多样性是一个前提。每一个人自身通过亲力亲为的探究,形成与自我共生的众多异质的他者的关系,从而构成了自我参与其中的共同体。可以说,寻求"学习共同体"的实践,是一种迥然不同于"甄别教育"的实践——把抽象的"集体"置换成具体的"个人",把无关系的"他者"置换成亲密的"他者"的实践。一句话,寻求把学校这一"竞争与甄别"的体制置换为"共存与共生"的共同体的方略。

钟启泉教授近期著作集锦

ISBN 978-7-5760-0108-2

《解码教育》
解码教育症候，开拓教师学习新世界

ISBN 978-7-5760-0315-4

《教学心理十讲》
洞察儿童心灵，助力课堂转型

ISBN 978-7-5760-0449-6

《透视课堂：日本授业研究考略》
透视课堂，把握新时代授业研究的脉动

ISBN 978-7-5760-1849-3

《深度学习》
解构深度学习的"前世今生"，拥抱哥白尼式的变革

ISBN 978-7-5760-3460-8

《教学设计》

教学设计，激荡教育智慧的旅程

ISBN 978-7-5760-4002-9

《教学策略》

教学策略，教育技术与艺术的合金

ISBN 978-7-5760-5420-0

《教学革新：从心理学常识起步》

启迪自我的觉醒，发掘多彩的潜能

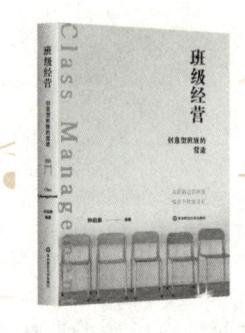

ISBN 978-7-5760-3406-4

《班级经营：创意型班级的营造》

营造创意型班级，哺育个性化成长